中外文稀有版本文献

《反杜林论》

④

反杜林论

【德】弗里德里希·恩格斯 ◎ 著
吴理屏 ◎ 译

中央编译出版社
CCTP Central Compilation & Translation Press

《反杜林论》的出版与传播

（代序）

恩格斯在《反杜林论》中对杜林的批判以及反对杜林主义的斗争，捍卫和发展了马克思主义，不仅使德国社会民主党摆脱了杜林主义的影响，确立了正确的思想理论基础，而且有力地推动了国际工人运动，促进了马克思主义在世界各国的迅速传播和发展。《反杜林论》一书在世界各国广泛的传播，甚至出乎恩格斯的意料，1884 年 4 月 11 日，恩格斯在获悉《反杜林论》在德国及其他国家，特别是在俄国产生了巨大影响后，写信给伯恩施坦说："对于随书寄来的《杜林》，我费了一点脑筋，后来认为是误寄给我的，也就放心地搁在一边了。我根本没有想到，这是暗示要出第二版。使我很高兴的是，事情果然如此，尤其是现在各方面都告诉我，这本东西产生了完全出乎我意料的影响，特别是在俄国。可见，尽管同不足道的对手进行论战不可避免具有枯燥的性质，但是我们百科全书式地概述了我们在哲学、自然科学和历史问题上的观点，还是起了作用。"130 余年来，《反杜林论》以多种语言出版各种版本，这些版本的传播在很大程度上反映了不同时代人们理解《反杜林论》的历史经验。

一　《反杜林论》在俄国及其他国家的出版与传播

众所周知，马克思恩格斯十分重视俄国的革命运动，并与俄国革命家有着密切的联系。1878 年 7 月 16 日，《反杜林论》刚刚出版一个星期，恩格斯就写信给 B.H.斯米尔诺夫说，前一天已经寄给他了一本“反对杜林的著作”，并请斯米尔诺夫告知拉甫罗夫和洛帕廷的地址，恩格斯想把这本书也邮寄给他们。

1894 年，《反杜林论》第三版在斯图加特出版。同一年，沙皇俄国书报审查机关却颁布法令禁止它在俄国出版和传播。禁止的原因在于，恩格斯在其著作中“证明了由于现代资本主义生产方式所造成的不正常的社会经济生活，而导致的社会主义革命的必然性”。因此，《反杜林论》是一本“社会主义教义问答手册”，是民主党人进行宣传的“危险武器”。尽管如此，19 世纪 80—90 年代，《反杜林论》的部分章节还是在俄国被半公开或秘密地发表过几次，并成为“首批俄国马克思主义者的思想武器”。

19 世纪 80 年代初，曾有一本缩略版的《反杜林论》译本在莫斯科的“翻译者和出版者协会”出版。1884 年，“劳动解放社”出版了由查苏利奇翻译的小册子《社会主义从空想到科学的发展》，《反杜林论》中的“暴力论”一章也被作为附录收录其中。列宁高度评价了这个译本，认为查苏利奇这个工作是第一次尝试用俄语翻译《反杜林论》的理论财富。19 世纪 90 年代初，莫斯科马克思主义小组成员翻译了一系列《反杜林论》的片段，并发表在杂志上。彼得堡、喀山、莫斯科、萨马拉等许多城市的地下小组都学习和研究恩格斯这部著作，将其中的思想广泛地运用在理论斗争中。值得提及的是，1889 年至 1893 年，列宁在萨马拉生活时期阅读了《反杜林论》，并撰写了关于这部著作的内容概要，但这份概要没能保存下来。

1904 年，《反杜林论》俄译本在彼得堡雅科温科出版社出版，印数为 2450 册。该书的书名为《哲学、政治经济学、社会主义（杜林在科学中实行的变革）》，没有署译者的名字，实际上，它是由孟什维克马尔托夫根据德文第三版翻译的。

1904 年 10 月，《反杜林论》俄文节译本出版。列宁熟悉这个译本。1907 年 2 月，列宁在《卡·马克思致路·库格曼书信集》俄译本序言中指出，“这本书有策杰尔包姆的俄译本，可惜这个译本翻译得很糟，不仅有许多遗漏，而且有不少错误”。1907 年，B.雅科温科出版社出版了完整译本的《反杜林论》，标题改为《反杜林论（欧根·杜林先生在哲学中实行的变革）》。

十月革命胜利后，列宁领导的俄共（布）中央十分重视对马克思主义经典文献的收集、整理、翻译和出版，并专门成立马列主义研究院负责此项工作。《反杜林论》属于马克思恩格斯较为大部头的著作，直至 1945 年第二次世界大战后，马列主义研究院才出版了比较科学和准确的译本，这一版本共印行了 10 万册。在这个译本中，全部译文都根据 1894 年出版的《反杜林论》德文第三版校订和修改；在“政治经济学”部分中马克思撰写的第十章也根据保存在马列主义研究院里的手稿复印件校订；被列宁在其著作中引证过的地方，全部采用列宁的译文，正文也都采用列宁的术语。在这个译本的附录中还刊载了《反杜林论》的准备材料以及与该书相关的作品，其中包括第一次用俄文发表的恩格斯的论文《步兵战术及其物质基础》。1948 年，该版本再版发行。到 1960 年前，苏联曾用 18 种文字出了 63 种版本的《反杜林论》，总发行量达 2461000 册。

如前所述，尽管《反杜林论》在俄国产生了广泛的影响，但是，对于一部 40 余万字的大部头论战性著作来说，一方面，“多数人懒得读像《资本论》那样厚的书”，另一方面，把它翻译成其他文字也极为不易。因此，1880 年在法国出版的，根据从《反杜林论》一书中摘录出的三章整理而成的小册子《空想社会主义和科学社会主义》很受世界各国人民的欢迎。这部小册子用平铺直叙的方式阐明了科学社会主义的基本理论，用浅显易懂的语言平实地说明了唯物史观和剩余价值学说的创立使社会主义从空想变为科学的发展过程。正是“这本书在许多优秀的法国人的头脑中引起了真正的革命”。而《反杜林论》第一个不完整的法文单行本是 1901 年问世的，由保尔·拉法格和劳拉·拉法格翻译，巴黎“拉克”出版社出版。完整版则于 1911 由贾尔和布里埃出版社出版。此外，1956年出版的法文版《马克思恩格斯全集》也收录了《反杜林论》。

《反杜林论》曾多次被译成英文出版，除了在莫斯科出版的《反杜林论》英文版外，在英美也出版过不少版本的《反杜林论》。例如，美国于1907年在芝加哥首先出版了一部由刘易斯翻译的《反杜林论》。直到1934年，《反杜林论》的全译本才在纽约面世。1936年，英国劳伦斯和威沙特（Lawrence & Wishart）出版社在伦敦出版了该书，1975年再版。此外，《马克思恩格斯全集》英文版和《马克思恩格斯读本》等文集几乎均收录这部名著。

值得提及的是，1935年，《马克思恩格斯全集》历史考证版出版了《〈欧根·杜林先生在科学中实行的变革〉和〈自然辩证法〉》专卷(1935年莫斯科—列宁格勒版)。除收录恩格斯在世时出版过的三个版次《反杜林论》全文外，还发表了恩格斯《〈反杜林论〉的准备材料》和《步兵战术及其物质基础。1700—1870年》。1988年，《马克思恩格斯全集》历史考证版第二版第1部分第27卷发表恩格斯在世时出版过的三个版次《反杜林论》的全文，同时收录的还有恩格斯《〈反杜林论〉的准备材料》，1880年由《反杜林论》改编成的小册子《空想社会主义和科学社会主义》及其1883年德文版《社会主义从空想到科学的发展》。

此外，《反杜林论》还曾在波兰、罗马尼亚、阿尔巴尼亚、南斯拉夫、民主德国、朝鲜民主主义人民共和国和其他一些国家相继被翻译多次出版。

二 《反杜林论》在中国的翻译和传播

百余年来，《反杜林论》在中国得到广泛传播，几代中国读者阅读的该书包括吴亮平译本、中央编译局译本以及其他多种中译本。下面详述之：

1. **吴亮平译《反杜林论》及其重要版本**

《反杜林论》被介绍到中国是在五四运动以后。1920年前后，各地共产主义小组相继成立，马克思和恩格斯的著作得到较为广泛的传播。当时，《新青年》《国民》《每周评论》《建设》等进步刊物相继发表介绍马克思主义的文章和马克思主义经典著作的译文。1920年12月，《建设》杂志3卷1号刊载了一篇题为《科学的社会主义与唯物史观》的译文，即是《反杜林论》第三编“社会主义编”的一部分。这篇译文是《反杜林论》一书中最早和我国读者见面的内容。而《反杜林论》第一个中译本在十年后才问世，译者是吴亮平。

吴亮平曾与张闻天、王稼祥、乌兰夫、左权、伍修权、朱瑞、赵一曼等共赴莫斯科中山大学学习，1927年由张闻天等5人介绍加入中国共产党。最初，吴亮平翻译了《社会主义从空想到科学的发展》，这个小册子是《反杜林论》的一部分，从此与《反杜林论》结下不解之缘，产生了要把这部著作完整翻译出版的愿望。随后，吴亮平与张闻天一起合译了马克思的《法兰西内战》、列宁的《社会民主党在民主革命中的两个策略》《国家与革命》等马克思主义经典著作。正是在参与翻译大量马克思主义经典著作的基础上，他收集了关于《反杜林论》的资料，为翻译这一大部头著作做准备。

1929年秋，吴亮平从莫斯科回到上海，在中共中央宣传部工作。1930年5月，由于受到王明的打击，吴亮平被撤职，但他宣传马克思主义的决心没有改变。经地下党员张庆孚介绍，白天他在一所大学代课，维持生计；晚上进行支部规定的革命活动，夜里从事《反杜林论》的翻译。1930年的上海被白色恐怖所笼罩，要秘密翻译一部27万字的理论高深的宏篇巨著，谈何容易！吴亮平遇到的困难是常人难以想象的。时值炎热的盛夏，酷暑难熬，他埋头于简陋的亭子间，挥汗译著。一方面，他时刻提防国民党特务的跟踪盯梢，饮食起居没有规律；另一方面，为了力求译文的准确，吴亮平根据德文原本，参照俄文和日文两种译本进行翻译。在这样的情况下，废寝忘食的吴亮平仅用了三个月的时间就译完了《反杜林论》这部“马克思主义的百科全书”。随后交给了上海江南书店出版。

1930 年 11 月，江南书店出版了吴亮平翻译的《反杜林论》第一个全译本。该书 32 开横排本，分平装和精装两种。米黄色封面，上端用粗黑体美术字横题书名：反杜林论。下端署有“上海”“江南书店印行”等字样。扉页赤字红边，正文横排，共 601 页。正文前还有写于 1930 年 10 月 26 日的“译者序言”。

《反杜林论》中译本出版不久，吴亮平就被国民党特务逮捕，关押在上海提篮桥监狱。他在监狱中坚贞不屈，团结同牢难友，同敌人进行了不屈不挠的斗争，把敌人的监牢变成了秘密宣传马列主义的特殊学校。吴亮平曾说，《反杜林论》幸好他译得快，不然，就有夭折的危险。如同 19 世纪德国的俾斯麦实行反社会党人非常法，没有能够禁止《反杜林论》在德国和欧洲的传播一样，《反杜林论》中译本一旦出版，就在中国扎根并得到广泛传播。

吴亮平翻译的《反杜林论》“在三年中间，曾经销行了四五版”，主要的版本有：1931 年 8 月，江南书店再版吴亮平译本。1932 年 7 月，上海笔耕堂重印，改竖排平装本，译者署名“吴理屏”。1937 年，上海生活书店重印，竖排平装本，译者署名“吴理屏”，书前有张仲实翻译的 V. Posner 的《〈反杜林论〉出版六十周年纪念》一文。这对当时的读者了解《反杜林论》一书很有帮助。1938 年 3 月，《反杜林论》又被上海生活书店重印一次，以应当时读者的迫切需要。1939 年 5 月，重庆生活书店重印，封面印有“世界名著译丛之三”字样，书前也收录了张仲实翻译的《〈反杜林论〉出版六十周年纪念》一文和“译者序言”。

1932 年，吴亮平被营救出狱。他辗转到中央苏区，从事经济工作。当时，毛泽东非常重视马克思主义著作的翻译和研究，想方设法从各处收集，其中就收集到了吴亮平翻译的《反杜林论》。毛泽东得到这部著作后爱不释手，并多次同吴亮平探讨《反杜林论》中的理论问题，用马克思主义基本理论深入探讨当时中国革命的实际问题。此外，毛泽东不仅注重书的内容，而且还注意译文是否优美。例如“哲学篇”第十一节末尾处，吴亮平用了“太过沉溺于杯中”一句话，毛泽东看了说：“这样好，有味。”他还认为吴黎平这个署名很好。

1937 年，吴亮平跟随红军经过长征来到延安，继续从事中宣部的工作。1939 年，在毛泽东的鼓励下，他花费半年时间，将《反杜林论》的译文根据苏联马克思列宁主义研究院 1938 年订正的新俄译本、德文原本和英文本重新审校一遍，更正了许多初译时由于地下工作条件恶劣而导致的译文错误。此时，延安已经建立了印刷厂，这个校订本就在 1940 年 8 月由解放社出版。全书为竖排 32 开本，用的是粗糙的通廉纸。书前有译者根据尤琴的文章编译的《〈反杜林论〉内容大要》，以及吴亮平于 1940 年 7 月 7 日写的《〈反杜林论〉中译本出版十年小序》，其中简述了《反杜林论》中译本的十年沧桑，并对该书的内容作了简明的提要勾玄，文中有注释。1978 年，吴亮平在《〈反杜林论〉中译本的五十年》一文中写道：“《反杜林论》的 1940 年校订本，对我说来始终具有很大的纪念意义。因为它是我在毛泽东同志的亲自鼓励督促下完成的。假如说，1930 年我第一次翻译《反杜林论》时，主要还是出于对马列著作和革命理论的朴素感情（当时我才二十二岁），那么到了这时，我在毛泽东同志教育下，对搞好《反杜林论》这本名著的译本的认识是比较提高了一些。”

直到 20 世纪 80 年代，吴亮平翻译的 1940 年版《反杜林论》还多次被重印，可见他的译本对于《反杜林论》在中国的传播具有重要作用。这些重印的版本是：1947 年 1 月，上海生活书店重印，32 开竖排平装本；1949 年 12 月，北京生活·读书·新知三联书店重印，注明初版，32 开竖排平装本，封面印有“马列主义理论丛书”字样；1950 年 11 月，生活·读书·新知三联书店重印，注明第二版，大 32 开，横排平装本，封面印有“马列主义理论丛书”字样；1951 年 5 月，生活·读书·新知三联书店重印，注明上海第四版，大 32 开，横排平装本，封面印有“马列主义理论丛书”字样，书后附勘误表；1951 年 6 月，生活·读书·新知三联书店重印，注明第三版，大 32 开，横排平装本，封面印有“马列主义理论丛书”字样，书后附勘误表。

1954 年，吴亮平在北京对《反杜林论》的译本作了第二次校订。这次校订是根据 1950 的俄文本，同时参照德文原本和 1954 年莫斯科的英文本校译的。校译工作早在 1951 年就开始了，直到 1955 年 12 月才全部完成。他重新翻译了《反杜林论》前十四章。1956 年 2 月，该校译本由人民出版社出版，注明新一版，大 32 开，横排平装本。书中有著者注、译者注、俄文版编者注，书后有吴亮平写于 1955 年 12 月 12 日的“校译后记”。这一版本到 1965 年 3 月共印制了 14 次之多。1963 年 9 月还出版了十六开大字本。

1973 年 3 月，周恩来总理在一次干部会上谈到，他同毛主席在一次谈话中提到了吴亮平。毛主席讲，吴亮平 30 年代翻译了《反杜林论》，把马克思主义引入中国，他是第一代马克思主义理论翻译者。后来在陕北为我和斯诺谈话做翻译，把中国共产党和中国革命情况介绍到全世界。大禹治水是用疏导的办法，有进有出，吴亮平在翻译上这一进一出，意义很大，其功不下于大禹治水。此后，毛泽东对吴亮平“其功不在禹下”的评论被广为传播，这促成吴亮平再次较为仔细地校对《反杜林论》。1974 年，吴亮平再次对译文根据德文版作了“名词上文字上的校订”后，由人民出版社出版了第二版。这个版本为大 32 开，横排平装本，书中有著者注、译者注、俄文版编者注，还增加了恩格斯《社会主义从空想到科学的发展》英文版导言。书后附吴亮平写于 1973 年 11 月的“校译后记”。该版共印制 15 次。1980 年 8 月，生活·读书·新知三联书店出版了吴亮平对《反杜林论》的第四次校译本，书后附有吴亮平写于 1978 年 11 月的“校译后记”。

2.《反杜林论》中译文的其他版本

新中国成立前，除了吴亮平翻译的《反杜林论》中文全译本之外，还有很多学者翻译了该书的中文摘译文或部分内容。尽管这些译本均不完整，但是对马克思主义基本原理和方法论在中国的传播也起到了不可忽视的历史作用。了解这些译文或译本的内容和版次，有助于思考马克思主义在中国的传播进程。这些译文或译本主要有：

（1）叶作丹摘译《反杜林论》哲学编第七节“自然哲学。有机界”中“达尔文学说部分”，标题为《达尔文学说之基础的要素》，载于1930年6月出版的《马克思学体系》第三册第39—41页。

（2）钱铁如译，《反杜林格论——哲学·经济学·社会主义·批判》（即《反杜林论》），1930年12月上海昆仑书店出版，该译本分为上下册，但现在只见上册，包括三版序言、绪论和哲学编。全书共228页，32开，竖排平装本。正文前有“译者的话”（写于1930年8月30日），书中有译者注。这个译本后来没有再版过。

（3）杜畏之摘译《反杜林论》第二版序言和“概论”部分第1—6自然段，标题为《反杜林论别序》《现代自然科学中之辩证法》，收录于1932年8月出版的《自然辩证法》第159—168、557—560页。

（4）程始仁摘译《反杜林论》“概论”部分，标题为《唯物辩证法与马克思主义》，著者译为“昂格思”。载于1930年4月上海亚东图书馆出版的《辩证法经典》第135—158页。

（5）周建人摘译《反杜林论》第一编第3、6、10、11、12、13节，第二编第2、4节，第三编第2、5节的部分章节和段落，标题为《杜林君在科学中的革命》。载于1948年8月出版的《新哲学手册》第24—84页。

（6）梁武译《新哲学典范》和《新经济学典范》，1949年10月上海文源出版社出版，《新哲学典范》包括：《反杜林论》第一版序言，引论第2节“杜林先生许下了什么诺言”和第一编“哲学编”。全书共127页，32开，竖排平装本。《新经济学典范》包括：《反杜林论》的第二编政治经济学编，书前有写于1949年7月的“编者序”。全书共134页，32开，竖排平装本。

（7）郑易里摘译《〈反杜林论〉的准备材料》第二编第二章和第三

编第一章，标题分别为《奴隶制度》和《傅利叶》，载于1950年9月版《自然辩证法》第374—375、375—376页。

3. 中央编译局编译《反杜林论》各版本

中央编译局在1970年12月编译并出版了《反杜林论》单行本。该文本正文根据《马克思恩格斯全集》德文版第20卷翻译，书后附《社会主义从空想到科学的发展》英文版导言，其正文根据1958年英文版《马克思恩格斯文选》（两卷集）翻译，同时参考了德文本和俄译本。书后还附有注释230条。后来这个译本收入1971年3月出版的《马克思恩格斯全集》第20卷。1972年，这个译本又被收入《马克思恩格斯选集》第3卷。

1995年，中央编译局编译出版《马克思恩格斯选集》中文第二版，其中第3卷收录了根据德文本重新校改的《反杜林论》。1999年，《反杜林论》单行本的第二版出版。这个版本主要采用《马克思恩格斯选集》第二版第3卷中《反杜林论》的译文，同时也根据德文本再次校改过。为了方便研究者对《反杜林论》的深入研读，这版单行本还收录了《〈反杜林论〉的准备材料》和《马克思和恩格斯关于杜林和〈反杜林论〉的书信摘选》。2009年，中央编译局编译出版的《马克思恩格斯文集》第9卷收录《反杜林论》译文，其正文主要根据《马克思恩格斯全集》历史考证版和《马克思恩格斯全集》德文版作了新的审核和修订。在这里还收录了《〈反杜林论〉的准备材料》，恩格斯的《步兵战术及其物质基础。1700—1870年》，以及恩格斯在《社会主义从空想到科学的发展》中对《反杜林论》正文所作的补充和修改。2012年，中央编译局编译出版《马克思恩格斯选集》中文第三版，在第3卷中再次收录《反杜林论》，其译文同《马克思恩格斯文集》的译文。在2013年即将出版的《马克思恩格斯全集》中文第二版第26卷中，《反杜林论》经过与原文再次核校和修改被收录其中，值得提及的是，在这卷中除了在《反杜林论》正文后附了《〈反杜林论〉的准备材料》和《步兵战术及其物质基础。1700—1870年》两篇相关材料外，首次附上了马克思为《反杜林论》政治经济学部分撰写的两篇材料，即《评杜林〈国民经济学批判史〉》和《经济表及若干批注》，恩格斯正是根据这两篇材料写成第二编第十章《〈批判史〉论述》。

此外，民族出版社根据中央编译局翻译的《反杜林论》中译本出版了蒙文版（1972 年 12 月）、藏文版（1973 年 8 月）、维吾尔文版（1972 年 7 月、1978 年 6 月两版）、朝鲜文版（1972 年 10 月）、哈萨克文版（1975 年 10 月）等民族文字译本。新疆人民出版社于 1977 年 3 月出版托忒蒙古文版。

《反杜林论》各中译本使恩格斯撰写的这部马克思主义经典著作在中国得到了广泛的传播，在一定程度上反映了中国先进知识分子和马克思主义理论家翻译、研究和传播马克思主义的历程，也在一定程度上反映了中国读者接受、理解和思考马克思主义理论的历程。回顾这一历程，可以帮助我们从文献传播的视角理解中国马克思主义理论发展的学术背景，这对我们进一步促进马克思主义中国化、时代化和大众化无疑具有不可忽视的借鉴意义。

（本文来自 2014 年中央编译出版社出版的姚颖所著《恩格斯〈反杜林论〉研究读本》有关内容。）

反杜林論

恩格斯著
吳理屏譯

筆耕堂書店版

反杜林論

恩格斯著　　吳理屏譯

筆耕堂書店版

目錄

第二編　政治經濟學

第三編 社會主義

譯者序言

本書原文名爲'Herrn E gen Dührings Umwälzung der Wissenschaft'，簡名爲"Anti Dühring"乃恩格斯生平最大名著。原文爲反對機械論者形而上學者及俗流經濟學者杜林而作。在十九世紀八十年代時，杜林先生的小資產階級的折衷主義的『社會主義』，曾在德國發生了某種影響，牠甚至影響了某一部分的社會民主黨人。馬克思恩格斯看到了這種理論墮落的危險，於是決定對杜林作一番理論的淸算。

這一淸算的責任，大部分落在恩格斯身上。在一八七六，一八七七年間恩格斯就有系統地發表了反對杜林的文章，這些文章大都經過了馬克思的目，而且其中一部分是由馬克思親自做的。馬克思與恩格斯在文字工作上常時採取了合作的形式，相互檢閱作品，各自擔任專門的部分。因之，本書也可說是恩格斯馬克思二人合作的結晶品。

本書自出版後，普遍地傳誦於西歐。其中緒論一編的第一章與第三編社會主義的第一．第二兩章，經恩格斯改編爲『由空想到科學的社會主義的發展』，這書是科學社會主義的三大基本文獻之一，現時在全世界上幾無國不有此書的譯文了。

唯物辯證法爲馬克思主義的方法論的基礎。馬克思本人雖然隨時隨地均在自己著作上應用這一方法論，可是他自己專門關於辯證法的著作，却是沒有。恩格斯關於哲學的著作雖較多，但關於辯證法的專門論述，亦不多覯。本書論辯證法的兩章，以及一般的論述哲學的第一編，可以說是馬克思與格斯闡明科學社會主義哲學基礎的基本的著作。

本書帶有論辯性質，文字比較艱深，其中杜林先生大著的引句，簡直是詰屈聱牙的不可捉摸。譯者雖盡力求其明瞭，但其中自然不免有難於索解之處。希望讀者對於恩格斯原文，細心精讀，至於杜林著作的引句，則儘可不必多加注意。

中文本係根據德文原本參照俄日兩種譯本而譯成的。英文本譯爲"Landmarks of Scientific Socialism"，內容多有省略，因手下沒有此書，故未能加以參考。譯文有錯誤時，希讀者指出　當於再版時改正。

科學社會主義的理論在全世界上一日千里地往前發展着。譯者希望這一名著的譯本，能够對於馬克思主義思想在中國的傳播以及實際的鬥爭，有所臂助。

吳黎平一九三〇，十，二六。

反杜林論

三版序文

一

這部著作，絕不是什麼『奮激的內心衝動』的成果，恰正相反。

當三年前，杜林（Dühring）先生突然以社會主義專門家及改良家的資格向當世挑戰之時，我的德國的友人，向我作堅決的請求，要我在當時社會民主黨的中央機關報『民衆國家』（Volksstaat）上，批評這個新的社會主義理論。他們以爲這是絕頂必需的，因爲在這樣新進的剛剛最終統一起來的黨裏，必須剷除任何新的派別分裂的論據。因他們比我更有正確判斷德國形勢的可能，所以我不得不相信他們。而且同時看到，一部分社會主義的機關報，熱誠地接受了這個新的社會主義的竄改者，雖然這種熱誠，是對着杜林先生的「好意」，可是同時却使人可有根據，來設想一部分黨的報章，爲着杜林的好意，不惜信仰杜林的學說。還有人竟欲以通俗的形式，在工人中，宣傳這個學說。最後，杜林先生及其小派，更利用了一切手段，廣告，及詭計，使「民衆國家」，不得不對那具着這樣巨大野心的新學說，採取決然的態度。

事情雖是這樣，可是祇在一年之後，我方決定暫時放下別種工作，來作不甚愉快的分析杜林先生著述的工作。這樣的工作，一開始，就不能不加以完成。這工作，不但是不愉快的，而且是很廣泛的。這種新的社會主義理論，表現出是新的哲學體系的最終實際成果。所以對於這個社會主義理論的研究，就必須與哲學體系聯繫起來，而且同時須分析這個哲學體系的本身。結果不得不跟着杜林，進入他的無所不談的廣泛的領域中。這樣就發表了多篇文章，起初，在1877年登載於萊伯錫格的「前進報」上，——「民衆國家」的繼承者。這些文章，就彙集成這部著作。

所以，批判對象的性質，使這批判，不能不這樣廣博，這實是與杜林先生本人著作的科學價値，極不相稱的。但是這樣的廣博，也有兩種好處，一方面牠使我能夠在正方面闡發我對於那些牽涉各方面的爭論問題的理解，這些問題在現時具有一般的理論及實際的興味。這在各章都有；這書雖不抱定目標，要以另一個體系，與杜林先生的體系相對抗，可是應該希望讀者不會略過我的見解中間的內部聯繫。至於我的工作在這方面不是徒然底這一點，那麼我在現在已經有了充分的證明了。

他方面，『創造體系的』杜林先生，在現代的德意志，決不是單獨的現象。近來，宇宙論以及一般自然哲學，政治，經濟等等之體系，好像雨後春筍似的發生於德意志。最不行的哲學博士，甚至大學生，都在創造着整個的『體系』。正好像在現代國家，規定着一種前提，說每個公民要能判斷他有權表決的一切問題；正好像在政治經濟學內，假定着每個消費者都徹底地熟知他自己日常生活所必需的那些產品；——看起來，在科學上，情形也正是如此。有些人以爲科學的自由，就是在於每人有權著述一切他自己所沒有學過的東西，而自以爲這是唯一的嚴格科學的方法。杜林先生，正是這種放肆的假科學的顯着典型之一，這種假科學，在現代的德意志各處盛行，而以其超等的譫語的喧聲，蓋沒一切。詩歌上，哲學上，政治學上，經濟學上，歷史科學上種種的譫語，從研究院及講席上所發出來的讕語，到處散佈的讕語，懷着野心想佔據思想上首要地位或自命深刻思想的讕語，這些讕語和他國單純平俗的讕語不同，是德國智識工業的最顯著的最大批的產品；牠們的格言是：『便宜而惡劣』——這正好像德國其他的製造品一樣；但可惜這種智識工業的產品，沒有和其他工業產品一起，陳列於菲萊台而非亞的展覽會上。甚至德意志社會主義，特別在杜林的好例之後，最近也正在大製其超等的讕語，造出以『科學』自傲的演員，可是對於這科學，他們『實在是絲毫不了解』的。在這上面，我們看到一種幼稚病，牠證明德國學生開始歸依於社會民主黨；牠（幼稚病）是與這個運動，不能分離的；可是在我們工人的健全精神之下，我們希望此種幼稚病可以順利地克服過來。

在有些地方，我最多祇能發表好事者的意見，可是在這些地方，我也不得不跟着杜林先生走，這非我的過處。在這樣的場合，我大部分祇能舉出眞確的無可辯難的事實，來和對方的錯誤或可疑的論據相對抗。在法學以及好幾個自然科學的問題上，我就是這樣的做去。在其他有些場合上，說及了理論自然科學上底一般見解，自然在這上面，就是專門的自然科學家，也不得不越出他的專門的範圍，而論到其他的問題，對於這些問題，像維爾霍夫所講的，他自己也和我們蒙昧人一樣，祇是一個『半通』。我希望，我的很少的不確切與不靈巧的辭句，也受到別人的寬容，自然在這樣的相互爭辯的兩方之中，此種辭句，是常時要有的。

當我作完這篇序文的時候，我看到了杜林先生的廣告，說他的新的『重要』著作：『理論物理學與化學的新的基本法則』已經出版。我充分的自認對於物理及化學的智識不夠，但我總以為對於杜林先生，我是知道得很充分的；所以即使沒有看到這種著作，我也可以預言：杜林先生在這書內所規定的物理和化學規律，在其誤解與庸俗的程度上，可以和他以前所發現的被批評於本書中的政治經濟，世界範疇等等法則，並駕前驅，我可以說，杜林先生所發明的『低溫計』，即測量極低溫度的器械　並不是用來測量高溫或低溫，而是用來測量杜林先生的無知的厚顏。

倫敦　1878年六月十一日

二（註）

本書新版的發行，對於我倒是一樁出於意外的事。這書所批評的對象，在現在差不多已被忘却了；這書不但分載在1877—1878年間登載於萊柏錫格的『前進』報上供獻給數千的讀者，而且還印成巨量的單行本。我在幾年前對於杜林先生所寫的東西，現在還能使誰發生興味呢？

首先我要歸功於下述的情形，就是在反社會主義者的特殊法律頒布之後，本書以及我的其他著作，立刻被禁於德國。誰要是還沒有最後中了神聖同盟諸國內傳統的官僚主義舊習之毒，那末，在他看來，這個法律（即反社會主義的特殊法律）的作用，是可以預先料到的：被禁的書藉，兩倍三倍的暢銷，那些頒佈禁令而無力實行的伯林的先生們，暴露了自己的無力。事實上，因着帝國政府的好意，我的小著，竟出於我意料之外發行新版，我沒有時間　來適當地修正本文，所以大部分都是簡單的翻印初版。

這上面還應指出別一種情形。在本書內所批判的杜林先生的『體系』，包括了非常廣泛的理論的領域，而使我不得不跟着他，到處以自己的見解，來對抗他的見解。消極的批評，於是轉成了積極的批評；論戰文字，於是轉成了多少一貫的我和馬克思所主張的辯證論方法及共產主義宇宙觀之敘述——這個敘述，包括了極大的理論的領域。我們的這個宇宙觀，開始發表於馬克思的『哲學的貧困』及『共產黨宣言』中。牠自問世以來，經過了二十年的潛伏狀態；及至『資本論』出世，牠就以更快的速度，吸收更廣大的羣衆。現在牠不僅在歐洲，而且在歐洲以外，在一切一方面有無產者他方面有不妥協的科學家理論家底那些國家，都引起了人的注意，而得到人的擁護。這樣，看起來似乎有好些讀者羣衆，對於這問題，具有極大的興味，他們爲着本書內的積極的一部分，也就容忍了現在各方面已經沒有興味的反對杜林的論戰一部分。

這裏應該附帶的說及，本書內所敘述的宇宙觀，其主要部分，是爲馬克思所樹立和闡發的，祇有一小部分，是歸於我的；所以自然地，我的這部著作，不給他知道，是不能出版的。我在付印之前，曾把我的原稿讀給他聽，而且政治經濟一部的第十章（『批判的歷史』），是由馬克思自己做的，祇因爲表面上的原因，我不得不稍爲把牠删縮。

這是我們的習慣：卽，在專門的領域上，大家相互幫助。

現在的新版，除一章以外，全是翻印第一版。一方面，我雖然想在許多地方，修改我的敍述，可是我沒有時間來作整個的修改：我負着編印馬克思所遺原稿的責任，這個責任，比任何其他的事，都要重要些。同時，我的良心，也不許我作任何的改變。我的著作，帶着論戰的性質，所以，我以爲對方既然不能絲毫修改，那末我在對方之前，也不應作任何修改。我祇能要求反駁杜林先生答辭的權利，可而對於杜林先生對我們論戰所作的答辭，我沒有看過而且如無特別必要之時，我也不打算去看：我對于他的理論的淸算，是已經結束了。而且，在我的著作出版以後，大學校以極可恥的不公平的態度對待他，因之我對于他更不能不遵守論爭上所應守的一切規律。眞的，大學校爲着這點，已經受着充分的譴責　這個大學，在人所共知的情況之下，答應了剝奪杜林先生教授的自由；所以如果在同樣的人所共知的情況之下壓迫世魏銀格耳、那末這個大學，是沒有權利來表示驚奇的。

我唯一的祇在一章上允許自己作解釋底附加，這章就是第三編第二章：『理論』。

這章完全是敍述我所主張的宇宙觀中的一個中心點；所以如果我更通俗地有系統地敍述這點，那麼我的對手，是不能出來責難的。此外，還有外部的原因。本書的三章（引論一章及第三編一二兩章），我爲我的朋友拉發爾格（Lafargue）修改成單獨的小册子，以法文出版，在法文版成爲意大利文及波蘭文版的原本之後，我以社會主義『由空想到科學的發展』之名，刊行了德文版。這個小册子，在數月內發行三版，接着又出版了俄文及丹麥文的譯本。在這些版本內，都把上述的一章擴大了，所以如果我在刊行原本的新版之時，把那個已經普及國際的版本，置之不顧，而拘守原文，那末這簡直是一種玄學的技倆了。

我所要修改的東西　主要的還有兩點。第一，關于原始人類的歷史；祇在1877年，莫爾干（Morgan）方才提供了瞭解這個歷史的關鍵。因爲以後我在『家族財產及國家的起源』一書中能夠利用那些我的力量所及的材料，所以現在我祇要指出這部較晚的著作就夠了。

第二，我想修改關于理論自然科學的那一部分。在這部分裏，有極拙劣的敍述，現在有許多地方儘可以說得更加明白更加確定。我雖然以爲自己沒有權利來加以修正，可是我總不能不給自己以一個批評。

馬克思和我、把德意志唯心哲學的意識辯證法，保留並轉移到自然與歷史的唯物觀念上去。做這種工作的，可以說唯一的祇有我們兩人。但是辯證法兼唯物主義的自然觀，是需要數學及自然科學的智識的。馬克思是根底極深的數學家，但是對于自然科學，我們祇是作了斷片的割裂的研究。所以當我屏棄商業移住倫敦之時（恩格斯在1870年秋從曼却斯德移住倫敦譯者註），我抽出了研究自然科學所必需的時間，儘可能的在數學及自然科學上來作一個完全的『脫毛之變』（如里別格Liebig所說的）的過程；在八年中，我把一大部分時間用在這種研究上，當我研究杜林先生的所謂自然哲學之時，我還在經歷着這個過程。如果我在當時不能選出妥當的專門語，如果我在理論的自然科學上頗見難色，那麼這是極自然的事。但他方面，我既自覺有些不能確定，所以自己就不能不謹愼；可是沒有一個人能夠指出我與當時事實相悖的眞正的錯誤以及我對當時通行理論的謬誤的敍述。在這上面祇有一個未爲人所承認的偉大數學家，在其致馬克思的信中，誤我不正當地傷害了牠的名譽。

自然，在我簡短地溫習數學及自然科學之時，我祇想在詳細的部分，證實那些對我自己上已無絲毫疑點的事實；——就是，事實上在自然界中，同樣的辯證法的運動法則，也貫通了無量數的變革之錯綜現象，這些運動法則，在歷史上，也統治着一切事變的表面上的偶然性；那些連接地貫徹人類思維發展史的法則，漸漸為思維者的自覺所說明了；這些法則，起初由黑格爾在神秘的形式之中，廣大地闡發出來；要從這個神秘形式之中，引出這些法則，而以單純的妥當的形式把牠表現出來，——這就是我們的一種努力。顯然的，舊的自然哲學——無論牠裏面，包含多少好東西，藏着多少有用的胚胎（註）——決不能滿足我們。在本書內更詳細的證明，自然哲學，特別在黑格爾的形式之內，有這樣的缺點，就是牠不承認自然界有任何時間上的發展及任何『連續性』，而祇承認牠有『並存性』。這樣的觀點，一方面是根據於黑格爾體系的本身，因牠祇認『精神』有進步的歷史的發展；他方面，牠是由于當時自然科學的一般的狀況。所以，在這點上，黑格爾遠落于康德之後，因康德已經用他的宇宙星雲說，說明了太陽系之成立，他更以其海潮妨害地球自轉的發明，指示了太陽系的不可避免的毀滅。最後，在我看來，事情不是在于把辯證法的法則，任意輸入自然界中，而是在于把這些法則從自然界中尋找出來，闡發出來。

（註）和那些無思慮的俗人一起，共同攻擊卡爾福赫特的舊自然哲學，自然比較評斷牠的歷史意義，要容易得多。牠（自然哲學）包含着許多謬見與空想，可是其錯誤的數量，總不比當時自然科學實驗家的非哲學的理論爲多；至於牠包含着許多有意義的理論，那麼這從進化論傳播以來，已經爲人所開始了解了。例如，赫克爾（Hæckel）完全正當地承認了脫萊維拉奴斯（Treviranus）及奧肯（Oken）的功績。奧肯在他原漿（Urschleim）及原胞（Urbläschen），中指出一種東西，作爲生物學的公準，這東西後來眞的發現出是原形質及細胞。如特別就黑格爾而言，則他在許多方面，實在遠處在當時經驗派之上，這些經驗派在解釋任何不懂的現象時，總以爲這現象是一種力——重力，流泛力，電氣的接觸等等；或是在這種解釋不能應用之時，就想出一種不知的原素來：光素，熱素電素等等。這些臆想出來的原素，現在可以說是已經排除了；但是黑格爾所反對的那個大言不慚具着力量的怪物，依然極高興地徘徊於海爾姆霍爾茨的 斯物爾克演辭之中（Helmholtz:『Populare Vor,esungen』『通俗演講集，第二冊，18

71年，第109頁）。黑格爾反對那種從十八世紀法國人傳下來的關於牛頓的偶像化——英國使牛頓享受無限的名譽與財富——黑格爾確定地說，凱柏萊爾（德意志令他飢餓而死的）是近代天體機械學的真正發明者；牛頓的地心吸力說，已經包含於凱柏萊爾的三個法則中，在第三法則內，更明白顯著地表顯出來。黑格爾在他『自然哲學』中，（『Naturphilosophie』第20節，及補述，黑格爾著作集，1842年，第七卷第98以及113——115頁）所證明的東西我們在吉爾霍夫的書中概也可以看到，吉爾霍夫用幾個簡單的方程式，來指示這點，把牠作爲最新數學機械學的結果；（見Gustar Kirchhoff:『Vorlesungen über Mathematitsche Physik』吉爾霍夫：『數學的物理學講義』第二版，1877年，第10頁），實在說來，牠也採取了首先經黑格爾發揮的那種簡單數學的形式。自然哲學者對於自覺辯證法的自然科學底關係，正如像烏托邦主義者對於近代共產主義底關係一樣。

但是要在每個領域上，有系統地來實行這點，這實是一種巨大的工作。不但所應該考察的領域，差不多是無限的大，而且自然科學本身，正經閱着這樣巨大的變革的過程，使那些即有全部空餘時間來研究自然科學的人，也難得能夠追縱不失。可是自從馬克思死後，我負擔着更緊要的責任，所以不得不中斷自己對于自然科學的工作。現在我還

三版序文　一三

祇能以本書所作的說明爲滿足，等將來有機會再來集並發表我所獲得的結果，——或許和馬克思所遺的重要數學稿子一起發表。

但是理論自然科學的進步，不會使我的著作大部分或全部成爲廢物；因爲革命，即理論自然科學簡單地需要把大量積累的純粹經驗的發見，整理起來，而引起的革命——這樣的革命，甚至使最頑強的經驗家，也不得不承認自然過程的辯證法的性質。從前不變的對立，劃然的不能超越的分界，逐漸的消滅了。自從最後『永恆』氣體，能成液體化以來，自從物體可以變成一種不能分別液體與氣體的狀態以後，凝集狀態，喪失了牠以前的絕對性的最後殘餘。根據運動力學的氣體學說，在完然的氣體中，個別氣體分子的運動速率的自乘，與分子的重量成反比例（在相等的氣溫下）；自從這個理論成立以來，熱度就轉成了一種可以直接測量的運動形態。如果在十年以前，新發見的偉大的運動基本法則，還祇被人看作一種保持力（Energy）的法則，看作運動不生不滅的簡單的表現，就是說祇從數量的一方面看去；那末現在這種偏狹的消極的表現，逐漸爲積極的表現所排除，——爲力的變化的理論所排除；在這理論中，每個過程的質的內容，得到了正當的理解；對於世外創造者的最後的回憶，也都消滅了。當運動的量（所謂力），從運動力學上的力（即所謂機械學的力）轉成電氣，熱，一定狀態的潛勢的力，等等之時，或是相反地轉變之時，其量（即運動的量）是不變的——這在現時，已經不必當作新事實來宣傳了。這個思維，已經永遠成爲一種基礎，來更豐富地往前考察變化過程的本身；一切對於自然界的認識，都歸趨於這個偉大基本過程的理解上。自從生物學根據進化論來進行研究以來，有機界領域內部的決定的分類界限，也逐漸消滅了；幾乎不能分類的中間體，日增其數；更精密的研究，使一種有機體，可以編入別一種有機體中；幾乎已成信仰象徵的區別標誌　喪失自己的絕對的意義：我們現在知道有孵卵的哺乳動物；如果消息不錯的話，那末還有四足的鳥。如果在好幾年前，維爾霍夫因細胞發現的結果，不得不把個別動物的統一體，分解成細胞的綜合（他在這上面，與其說是一個具着辯證法觀點的自然科學者，毋甯說是一個進步派），那裏徘徊於高等動物體內的白血球的發明，使關於動物（因之也是人的）個性的概念，更複雜得多了。正是那種認爲不能和合不能解決的兩極性的對立，正是那種強制規定的不動的界限與分類標記，正是牠們，使近代理論的自然科學帶着狹隘的形而上學的性質。要認識這些對立及區別，雖然存在於自然界中，但祇具有相對的意義．反過來，幻想中的不變性及絕對意義，祇是被我們的反省移入於自然界之中的——這個眞理的認識，就是關於自然的辯證法觀念的中心點。巨量積累的自然科學的實際材料，也可強制地引入這個觀點；但是如果把辯證法的思維法則，通用於自然科學的辯證法性質，那麼這個觀點，更容易達到。無論如何，自然科學已經進步到這樣程度，使牠再不能脫却辯證法的綜合。但是自然科學，如果不忘．牠的經驗所蒼集的結果，祇是一種概念，而應用概念的技術，不是天生所有的，也不能得之於通常的日用智識．而是需要眞切的思維工作。這種思維自身也和經驗的自然科學一樣，有同樣的長期的經驗歷史，——如果自然科學不忘這些，那麼牠更可以促成上述的過程（即轉入辯證法觀點的過程——譯者註）。領會了二千五百年間的哲學發展的成果之後，自然科學一方面可以脫離特殊的，離牠而立，處牠之上的自然哲學，他方面可以脫離牠自己的從英國經驗主義傳來的狹隘的思維方法。

1885年，九月二十三日，倫敦。

三

第三版除了很少的文句上的修改以外，都是照樣翻印第一版。祇在一章，即第二部第十章，『批判的歷史』，我作了重要的附加，其理由如下。

在第二版序言中已經述及，這章（即第二部第十章）的主要部分，都是由馬克思作的。在初發表時，牠是預定登在雜誌上的，所以我不能不把馬克思原稿縮短一大部分，而且所縮短的地方，批評杜林學說較少，而獨立說明經濟學歷史則較多。可是這一部分原稿在現時正具有最大的強烈的興味。我以爲我應該盡可能的更加完滿地按照原來文字．來恢復馬克思的原稿；在這上面馬克思說明了這些人，如配蒂(Petty)諾爾司(Norty)洛克(Locke)休謨(Hume)等在古典經濟學發展上所應佔的地位；我更以爲我應該恢復馬克思對於凱納(Qunay)『經濟表格』的說明，這個表格，是一個不可解的斯芬克斯（註）式之謎；牠對於整個近代科學，總是一個不可解決的問題呵。反之，完全關於杜林著作的部分，我在整個聯繫上可能的範圍之內，儘量的刪去。

最後我表示十分的欣慰，因爲從第二版以來，本書所發揮的思想，在科學界及工人階級中，得到了廣大的傳播　而且在全世界一切文明國家，都得到了廣大的傳播。

1894年五月二十三日，倫敦　恩格斯

（註）斯分克斯，乃埃及有名的人首獸身的怪神之像。

反杜林論

(一)引　論

概　論

近代社會主義，在其內容上說來，一方面首先是那統治於近代社會內部的有產者與無產者資本家與工銀勞動者中間的階級對立之認識結果，他方面則是生產無政府狀態之認識結果。但是，由其理論形式言之，則近世社會主義最初好像是十八世紀法國各大啓蒙學者所提意見的更廣大與更徹底的發展。所以，近世社會主義的本身根據，雖然是基於經濟事實之上，可是在開始時候，牠不得不和一切新學說一樣，把先存的思想資料，當作出發之點。

開導法國人頭腦準備他們應付當前革命的那些大人物，自己也是絕頂革命的。他們對於外來權威，不論其種類如何，一概予以否認。宗教，自然觀，社會，國家制度——一切都受到毫無假借的批判，一切都要在理性的審判台下，聲明自身存在的理由，不然就應斷絕自身以後的存在。理性成了測定一切已存事物的唯一的尺度。這正是像黑格爾所說的世界立於首尾倒置地位的時代，——這話的意義，起初是說：他們要把人的理性以及理論所找出的原則，當作一切人的行動與結合的基礎；再後，這話的意義，更是擴大，就是：與上述原理相矛盾的現實(Realität)，實際上經過了上下的顚到；從來的一切社會形態及國家形態，一切傳統的觀念，都應被看作不合理的東西，而束之高閣；以前世界都是爲偏見所統治，一切過去的事情，祇值得憫恤與鄙視，現在呢，曙光出現了；從今以後迷信，不正，特權，壓迫等等，將爲永恆的眞理，永恆的正義，自然的平等及不可剝奪的人權等等所代替了。

但是，我們現在知道，這個理性的王國，不過是理想化了的資產階級的王國，永恆的正義，實現於資產階級的法律之中，平等祇是公民在法律上的平等，資產階級的私有財產權，宣佈爲最基本的人權之一，根據於理性之上的國家，盧騷的公約，在實際上就是而且祇能是資產階級的民主共和國。十八世紀的偉大思想家，亦與其先驅者一樣，總不得超越他們本身時代所規定的界限之外。

但是，除封建貴族與資產階級間的對立以外，還存在着一般的剝削者與被剝削者富裕的遊惰者與勞働的貧民中間的對立。正是這種情形，使資產階級代表，能夠標榜自己不但代表特殊的一個階級，而且代表整個受苦的人類。可是，從其發生時起，資產階級就帶着牠的對立者：資本家不能無雇傭勞働者而生存；當中世紀行會的市民，發展為近代的有產者之時，行會的傭工及行會之外的短工，也同樣地轉為無產者。雖然在大體上說，資產階級在和貴族鬥爭之時，可以要求一種權力，來同時代表當時各個勞働階級的利益，可是無論如何，在資產階級的每個歷史大運動之中，近代無產階級的多少發展的先驅者，也已暴發了他們自己階級的獨立運動。例如，德意志宗教改革及農民戰爭時代的苗宰爾的運動，英國大革命時代的平均派(I,evel'ers)，法國大革命時代的巴貝夫(Babeuf)。隨着這個尚未成熟的階級的革命騷動而共同前進的，還有與之相適應的理論的表現　在十六世紀及十七世紀，有理想社會的烏托邦的描寫；在十八世紀，已直接有共產主義的學說（摩萊里 More-lly 馬勃里 Vably）。在這時候，平等的要求，已經不是僅僅限於政治的權利，這要求應該擴大到個人的社會地位上；應該消滅的，不祇是階級的特權，而且連帶及階級區別的本身。所以，這個新思想的最初的表現，是禁欲的，傾向於斯巴達式主張的共產主義。其後，出現了三大思想家：聖西門，他除無產階級的傾向以外，還保留着幾分資產階級的傾向；傅立葉；最後歐文（或譯渥溫。）歐文居於資本主義生產最發達的國家，受着牠所產生的各種矛盾的影響，於是有系統地發揮自己的消滅階級差別的草案，而直接歸依於法國的唯物主義。

上述三位空想家（烏托邦主義者）的共同特點，即在他們都不是當時順着歷史軌道向前發展的無產階級的利益之代表。烏托邦主義者和啓蒙學派一樣，不是要解放一定的某個階級而是要解放全人類。烏托邦主義者，和啟蒙學派一樣，也想建立一個理性及永恆正義的王國。但是他們的王國，和啟蒙學派的王國相較，則有天壤之別。在他們看來，根據啟蒙學派的原則而建立的資產階級世界，也是不合理的，不公平的，所以應該和封建制度及一切以前的社會形態一樣，同被毀滅。眞正的理性及正義之所以迄今尚未統治世界者，那是在於牠們還未眞確地被人所認識。所缺的，正是那種富於天才的人物，這樣的人物，現在有了，而且把眞理認識了；天才者之所以在現在方才出現，眞理之所以在現在方被認識者——這個事實，在他們看來，並不是以前全部歷史發展所形成的必然的不可避免的結果，而是一種僥幸的偶然情形。這裏的天才者，在早五百年前，也同樣的可以產生，在這時候，人類就可以免去五百年的無謂錯誤與爭鬥的痛苦了。

上述的見解，在本質上，都是一切法國的，英國的，及初期德國的社會主義者（包括魏特林）所共有的。在他們看來，社會主義祇是絕對眞理，理性及正義的表現；祇要一把牠發現，牠就能以自身的力量，征服世界；因爲絕對的眞理，是和時間空間及人種歷史發展相脫離的，所以牠的發現的時間和地方，就成爲簡單的偶然事情。每個學派的創始者，因着主觀理解程度的不同，生活條件的不同，智識淵博程度的不同，思考習練程度的不同，他們的絕對眞理，理性及正義，也各不相同。由此產生的各個絕對眞理間的衝突，祇有用互相平衡的方法，才能解決。結果，不能不得出某種折衷的居中的社會主義，這種社會主義，眞的直到現在，總是支配着法國英國大多數信奉社會主義工人的頭腦——這樣混合品，是從各學派創造者的比較不甚顯著的批判論調，經濟學說，及將來社會制度的想像等等中間產生出來的，這種混合品，包容非常複雜的支派；這種混合品的各個組成部分，愈是像小川中的圓石一樣，在爭論的急流中，磨光牠們銳利的尖角，那麽這一混合品的形成，亦愈是容易。如果要使社會主義成爲一種科學，那麽先就應該把牠置於現實的基地之上。

這時，與十八世紀法國哲學相並立而起來代替牠的，有新發生的德意志哲學，牠到黑格爾達到登峯造極的地步。牠的最大功績，在於回復辯證法，把牠作爲最高的思維形式。古代希臘的哲學家，都是天生的自然的辯證論者，他們中間最淵博的學者——亞里斯多德——已經研究了最基本的辯證法思維的形式。反之在近代哲學中，雖然也有卓越的辯證法的代表（例如，笛卡兒 D scartes 及斯賓諾莎 Sp n za），可是她更厲害地受形而上學的思維方法的支配，——特別是因爲英國的影響——這種思維方法，差不多完全統治了十八世紀的法國人，至少是在他們專門的哲學著作上。在專門的哲學領域之外，他們也能作些辯證法的妙語；我們祇要指出狄台維的（Diderot）『臘摩之孫』及盧騷的

「人間不平等的原因論」就够了。——在這裏，我們只要簡短地指出兩種思維方法的要點；以後我們還要詳細地研究這個問題。

如果我們留意地考察自然，人類歷史，或我們自己的精神活動，那麼我們首先就見到種種聯繫及交互作用無限錯綜的圖畫，在這中間，沒有任何東西，保持他原來的性質，場所及狀態，萬物皆動皆變，皆生皆滅。這個原始的，素樸的但實質上是正確的世界觀，正是古代希臘哲學的世界觀，最初由海拉克立特(Heraklit)明白地發表出來：萬物存在着，同時又不是存在着，因爲萬物皆在流動，萬物皆在永恆的變更中，皆在不斷轉變不斷生滅的過程中。這種見解，無論怎樣正確地理解了整個現象的一般性質，可是要解釋整個現象所由構成的個別部分，則牠實是不夠的；我們如果不能做到這點，則整個現象，也是不能明白的。爲認識這些個別的部分起見，我們應該把牠們從自然或歷史的聯繫中抽取出來，而分別研究每部的特性及特殊的因果關係等等。這是自然科學及歷史研究的迫切的任務——這些科學部門，因着極顯著的理由，在古典時代希臘人的研究中，祇佔着次要的地位，因爲他們首先不得不搜集材料，嚴密的自然研究之萌芽，以後由亞歷山大時代的希臘人，作了進一步的發揮；再後在中世紀時，更進一步，爲阿剌伯人所發展；可是眞正的自然科學，祇是從十五世紀後半期開始，從這時候起，她以更大的速度，往前直進。自然界中個別部分的分析，各種自然現象和自然物品之分成一定部類，有機體內部的各種解剖學部分的研究——所有這些，都是最近四世紀來認識自然上面的偉大進步之基本條件。可是這種研究，同時也傳給我們以一種習慣，把自然物及自然現象，各別觀察，置於一般的大聯繫之外——不是從運動狀態中去觀察，而是從靜止狀態中去觀察，不是看作本質上變化的事物，而是看作恆久不變的事物，不是在活的過程中去理解，而是在死的過程中去理解。以後培根（Bacon）與洛克（Locke）就把這種見解，從自然科學移植到哲學的領域上，這樣的對於事物的見解，造成了數世紀來特殊的狹隘觀點，及形而上學的思維方法。

在形上學者看來，事物及其在腦中的反映，概念，是孤立的，固定的，永久不變的研究對象；她們的研究是個別的，前後不相聯的。他的思維，僅僅往還於直接的對立之中；他的話，卽是：是——是，否——否；除此以外，卽是狡黠之語。在他看來　任何事物或是存在，或是不存在；同樣的，某一事物，不能同時等於自己又等於其他事物。正面與反面絕對是互相排除的；同樣的，在原因與結果之間，也存在着永恆的對立。我們初初一看，這種思維方法，是很合理的，因爲牠正是人的常識所習用的。但是人的常識——在狹隘的家庭生活的範圍中，這是極可尊敬的伴侶，——一踏上研究的廣大世界時，牠就立刻經閱最可驚的變故；無論在某一寬廣領域中——多少是寬廣的，這要看研究對象的性質——形而上學的思維方法，是如何的合用與必要，可是遲早，牠總要遇着一定的界限，在這界限之外，牠就變成了偏面的狹隘的，抽象的思維方法，而陷入于不能解決的矛盾之中，因爲牠祇顧到個別的事物，而忘記牠們的關係，祇顧到牠們的存在，而忘記牠們的產生與死亡，祇顧到靜止狀態，而忘却牠們的運動，一言以蔽之，祇顧到個別的樹木，而不見森林。譬如，在日常生活中，我們知道，而且可以確定地說：某種動物，是否存在；可是在更精密地研究之時，我們看到，這個問題是非常複雜的；大凡律師都熟知，他們自己怎樣想發見胎兒殺害罪的合理的限界，可是結果毫無；同樣的，死的時間，也是不能決定的，因爲生理學證明，死並不是一種倏忽完成的事，而是很遲緩的一種過程。同樣的，每一有機體，在某一期間，既是這個，又是別個，在每一期間，牠總是消化着那些自外間攝取得來的物質，而排泄他種物質；在每一期間，牠身體的某些細胞死亡，而別一些新的細胞，則又產生；在經過較長的時間後，這個身體的物質，完全變成新的，而爲其他物質原子所代替，因之每一有機體，常常是自己，同時又是別個。更次，在更精密地觀察之時，我們可以看到，某種對立的兩極，例如正面與反面，既相對立，同時又是一樣的不能相互分裂，而且無論怎樣對立，牠們還是相互浸潤；同樣的，原因與結果，祇是一種觀念　牠們本身祇在應用於個別的場合時，才有意義；可是我們如果從其對於整個世界的總連繫上來研究這些個別的場合、那麼這些觀念，就互相並行，溶解於整個世界的交互作用之中，在這中間，原因與結果，互相交替，所以現在或此地是結果的，在別一地方，在別一時候，就是原因了；反過來看，也是如此。

一切這樣的過程，這樣的思維方法，是不能裝入於形而上學的框子內的。反之，辯證法在本質上，對於一切事物及其邏輯的反映概念，是從牠們的聯繫上，錯綜上，運動上，生滅過程上，去理解的，——在辯證法看來，上述的現象，正是爲辯證的方法作辯護的證據。自然成爲辯證法的證據，我們應該感謝近代自然科學，因爲牠對於這個證明供給了極豐富的而且日益增加的資料；由此證明，在自然界中，一切事物的進行，終究是遵循着辯證法去，而不是遵循着形而上學的見解。可惜直到現在，能够用辯證法去思維的自然科學家，還是屈指可數；這種新發見的結果與傳統思維方法間的矛盾，就引起了現在統治於理論自然科學上的無限的混亂，而使教員，學生作者讀者，都同樣地陷於絕望的地步。

所以關於整個宇宙，牠的發展與人類的發展，以及這種發展在人的頭腦中的反映，關於這些，如要得到精確的觀念，那麼就一定要用辯證法去思維，一定要顧到生滅過程，進步及退步的變化等等的一般的交互作用。新的德意志哲學，正是在這個意義上發生出來的。康德的科學生涯的開始，就是打破牛頓所主張的太陽系固定不變而且自有名的初次衝擊以後永久存續之學說；他（康德）說明太陽及其他行星，由迴轉的雲霧形成，以爲這是一個歷史的過程。在這上面，他已經作出這樣的結論，即這種形成的過程，指示太陽系在將來也要進入不可避免的毀滅。半世紀以後；他的學說，得到拉帕拉斯（Loplaoe）的數學的證明，再過半世紀後，多光鏡更證明了在宇宙的空間，尚存在着種種濃度不同的灼熱的氣體。

這個新的德意志哲學，至黑格爾而登峯造極，在黑格爾的體系中，整個自然歷史及精神的世界，都被看作一種過程——即永恆的運動，變更，轉換及發展的過程；牠企圖證明那種存在於這些運動與發展中的內在聯繫，——這些都是黑格爾學說的偉大的功績。從這觀點上看來，人類的歷史，已經不再是無意義的暴力底野蠻混亂狀態了，這種暴力，在當時已經成熟了的哲學理性的法庭之前，是一概應受申斥的，是愈早能忘却愈好的。歷史成了人類本身發展的過程，現在思想家的任務，即是在于從一切邪路上，追蹤着依次發展的行程，並在一切表面的偶然性中規定一切過程的內在的規律性。

黑格爾沒有解决這一任務，這在此地是沒有關係的。他的歷史的功績，即在他提出了這個任務；而解决這樣的任務，則一個人是永遠不能的。雖然黑格爾和聖西門一起，是當時最淵博的學者，可是無論如何，他總是有限的；第一，他受自己智識的限制；第二，他爲他的時代底智識與見解的範圍與深度所限制。此外，還有第三個原因。黑格爾是唯心論者；就是說在他看來，他自己的觀念，不是多少抽象的已存事物與現象的反映，而是相反的，在他看來，事物及其發展，祇是「觀念」在現實上的反映、此種「觀念」在世界成立以前，是已經在什麼地方存在的了。在他學說中，一切都是顛倒過來，世界現象的眞實聯繫，完全被改形了。所以黑格爾雖然正確地而且甚至天才地懂得了多種現象的好些細密關係，但因上述的原因，所以在這些詳細敘述中，就有許多是補綴的，文飾的，虛構的——就是說謬誤的論調。黑格爾的體系，在其本身看來，是牠同類中最後的巨大的流產。而且，牠還包含不能解决的內在矛盾：一方面，黑格爾體系的基本前提，是其歷史觀點，承認人類歷史，是一種往前發展着的過程，這一過程，根據牠的本性，是不能在人的靈智領域中，被所謂絕對眞理的發現所完成的；但在他方面，黑格爾的體系又妄想在自身中包涵着這個眞理。包羅萬有永恆不變的認識自然及認識歷史的體系，是和辯證法思維的基本法則相矛盾的；不過這種情形，並不排斥而是認可這個見解：卽，整個外部世界的有系統的認識，可以逐代地得到更可驚的進步。

對於以前整個德意志唯心論的全部矛盾底理解，必然的歸趨於唯物論，但是讓讀者記住，這決不是歸趨於純粹形而上學的完全機械的十八世紀唯物論。舊唯物論，素樸革命地簡單地否認了全部以前的歷史；近代唯物論；與之相反，牠把歷史看作人類發展的過程，而以牠的運動法則的發見，爲自己的任務。十八世紀法國人及黑格爾以爲自然是一個不變的，運行於小循環中的統一體，有永恆的天體，（如牛頓所說的，）有不變的有機體的形態（如林耐Linné所說的）——近代的唯物論，則與這個觀點相反，而綜合自然科學的最新的結論；根據這些結論，自然也有牠自己的時間上的歷史；各種天體，也和那些在適當條件下成長于各天體上的各種有機物一樣，同是有生有死的；而宇宙的循環運動，如果我們可以想像得到的話，那麼牠是採取無限偉大的規模的。在這兩個場合上，近代唯物主義，在本質上說來都是辯證法的，而再不需要任何超越他種科學之上的哲學。既然要求每種專門科學，都須闡明牠自己在世界事物總聯繫中及這些事物認識中的地位，那麼關於此種總聯繫的任何特殊科學，就變成不必要了。這樣，以前的哲學祇留下了一部分，爲獨立的科學，這一部分就是關於思維及其法則的學說——形式邏輯及辯證法。其他一切，都歸屬於自然及歷史的實證科學中了。

如果自然觀上的這種變革，祇在科學研究獲得了確當的實證的認識資料之後，纔能按步完成，那麼在歷史觀上，則在很早以前，許多顯著的歷史事實，已經引起了牠的堅決的變更。1831年在里昂發生了第一次工人的暴動，在1838—1824年間，第一次全國的勞働運動，英國的憲章運動（Cheruist Movement）達到了牠的極盛時期。在歐洲最先進的國家裏，一方面隨着大工業發展的程度；他方面隨着資產階級鞏固其不久以前所獲得的政治統治權之程度，無產階級與資產階級間的階級鬥爭，益出現於歷史的舞臺之上。資產階級經濟學家的學說，以爲資本與勞働的利益，是一致的，以爲自由競爭的結果，會形成全體的協調，及全體人民的幸福；這種學說的騙人性質，已經日益顯著地爲事實所證明了。所有這些，現在都不能否認了；同樣的，對於新關係的極不完全的理論表現，法國英國的社會主義，也不能視若無視了。但是舊的尚未完全消滅的唯心史觀，還不知道任何依據於物質利益之上的階級鬥爭，而且一般的忽視物質的利益；在牠看來，生產以及一切其他的經濟關係，祇是『文化史』上附帶說及的次要因素。新的事實，使人對於全部以前的歷史，不能不作一番新的研究，而且發見了，全部歷史，都是階級鬥爭的歷史，這些互相鬥爭的階級，總是一定的生產及交換關係的產物，一言以蔽之——就是牠的時代的經濟關係之產物；因之某一時代的社會經濟結構，就形成了眞正的基礎，而各該歷史時期的法律及政治制度，宗教哲學及其他的觀念，等等上層建築，歸根到底，均應由這個基礎來說明。因此，唯心論就從牠的最後的隱蔽所，從歷史科學中，逐出來——；由此產生了唯物史觀，發見了新的方法，用人們的存在來解釋他們的意識，而不是像以前那樣，用人們的意識，來解釋他們的存在。

可是舊的社會主義，決不能和這種唯物史觀相容，這正好像法國唯物主義的自然觀，不能和辯證法及近代自然科學相容一樣。舊的社會主義，雖然也批判了現存的資本主義生產方式及其結果，但總不能把牠說明，因之也就不能加以克服；舊的社會主義祇是簡單的把牠看作可惡的制度，而加以否認。但是事情在於，一方面要理解這個資本主義生產方式，把牠看作歷史條件所造成的，某一歷史時期所必然產生的生產方式，因之也就是把牠看作一種必然要趨於毀滅的生產方式；他方面，要暴露牠的內部的性質，此種性質，尚未被發見出來，因爲以前的批判，都是針對着牠的惡結果，而極少注意牠的本身發展的進程。這一任務，因剩餘價值律的發見而解決了。牠證明，無償勞働的佔有，資本主義生產方法及其對於工人的剝削之基礎；資本家即使按照勞働力的全部價值，（勞働力旣是商品，所以在市場上，也有牠的價值，）來購買他的工人的勞働力，他也總是從工人榨取着比他所付之數更多的價值；這種剩餘價值，結局就形成巨量價值，而爲有產階級手中所積累着的日益增加的巨量資本。資本主義生產及資本生產的過程，因此得到說明了。

這兩種偉大的發明——唯物史觀，及揭破資本主義生產祕密的剩餘價值說，——我們是應該歸功於馬克思的。因着這些發見，社會主義變成了科學，現在祇要把牠的細目及聯繫更進一步發展就夠了。

當杜林先生高聲大呼地出演於舞臺上，來宣告他在哲學，政治經濟學及社會主義上所作的整個變革之時，理論的社會主義上及現已死滅的哲學上的情形，大約就是如此。試看，杜林先生口頭上向我們允許的是什麽，再來看……他怎樣實行他的約言。

（二）杜林先生所作的約言

對於我們問題有密切關係的，是杜林的下述的著作：『哲學講義』(Cursus der Philosophie)，『國民經濟學及社會經濟學講義』(Cursusder National—und Sozialökonomie)及『國民經濟學及社會主義之批判史』(Kritische Geschichte der Nationalökonomie und des Sozialismus)。而其中對於我們最有興味的，則為第一部著作。

開卷第一頁，杜林先生已經宣告自己是『預想在現時及最近將來代表這一力量（哲學）的人』。所以他宣佈自己為現在及『最近』將來的唯一現實的哲學家。誰要是和他具不同意見，誰就是和眞理相隔絕。其實在杜林之先，已有許多人對自己作這樣的想像

但是，——除范格尼爾(Richard Wagner)之外——他總算是第一次這樣坦白地自己誇耀自己。而且他所說的眞理，還是『終極的絕對的眞理』呢。

杜林的哲學，是『自然的體系，或現實的哲學……在牠裏面，對於現實作這樣的思維，使任何接近夢幻與主觀偏狹世界觀的傾向 都被排除出去』。所以這個哲學，有這

樣的特質，使杜林先生能够脫出他自己主觀的狹隘的界限之外——這種界限之存在，他自己也是不能否認的。其實，這確是必需的，因牠使杜林先生能够確定絕對的眞理，雖然我們還不知道，這種奇事，應該是怎樣去完成的。

這個『對於精神有獨立價值的知識的自然體系』，『確實地規定了存在的基本形態，而毫不減弱思想的深度』。從其『現實的批判的立場』上看來，牠貢獻了以自然及生活的現實爲根據的現實哲學之因素——這個哲學，不承認任何僅僅表面上的限界，牠在其強有力的革命的運動中，展開自然內部及外部的整個天地。這一體系，是『新的思維方法』，牠的結果，是『根本獨樹一幟的結論及見解……創造體系的思想……確實規定的眞理』。有了牠，我們就有了一種『在集中的自動性中吸取自己力量的大作，（這句話的意義怎樣，是很難懂得的）……『窮根究底的研究……基本的科學……嚴格科學的對于人及事物的見解……各方透徹的思想上的大作……思想所及的種種前提與結果的創造的草案……絕對基本的東西』。在政治經濟學的領域上，杜林先生不僅給我們以『歷史的有系統的淵博的大著』……其中歷史性，還具有一種特長的『我的大規模的歷史的記述』，牠們在經濟科學中，引起了『創造的變更』，——結末杜林提出「自己的完美規定的將來社會的社會主義計劃，牠是『明白的窮究底蘊的理論之實際成果』，所以杜林的哲學一樣，同是沒有過失的，福音似的東西；因爲『祇在那種像我在國民經濟學及社會經濟講義所形容的社會裏，眞正的所有，才得代替表面上的暫時的或暴力的財產』。

杜林所作的，由杜林自己稱讚的這種佳句，很容易的可以更多十倍地舉出來。但是上面所舉的話，已經儘够使讀者疑惑自己是否遇着一個哲學家，或是遇着……可是我們不得不請求讀者，延宕自己的評判，在至親切地明瞭杜林先生窮根究底的學說之時。我們在上面所摘引的話，祇是要指示給讀者看，我們所遇到的，不是那種簡單發表自己思想而讓歷史決定他們（思想）價值的尋常哲學家及社會主義者，而是要和教皇那樣同無過失的非同小可的人物——如果不願意陷入犯罪的異教中那麼對于他的福音似的學說祇好簡單的接受。所以我們在這裏所遇到的，並不是充滿一切社會主義文獻，而且最近充滿德意志文獻的那種著作之一，——在這些著作中，各種的人，以最誠懇的態度，想說明種種問題，對于這些問題，他們自己在回答上，或許多少是缺之材料的；他們雖具種種科學上的文字上的缺陷，但他們所有的社會主義的誠意，是值得讚許的。反之，杜林先生對我們所提供的見解，却由他自己宣佈爲『終極的絕對的眞理』，除牠以外，其餘任何見解，一開頭就被認定是錯誤的了。杜林先生旣具終極的眞理，又具唯一的嚴格科學的研究方法；除這方法之外，其餘一切方法，都是非科學的。如果他是對的，那麼他就是古今最偉大的天才，第一個超人，因他是毫無過失的人；或者他是不對的，在這時候，我們無論對他作了何種的判斷，可是因顧慮他的可能的善意而作的任何好意底考慮，則總是對于杜林先生的致命的侮辱。

旣然具着終極的絕對的眞理，及唯一的嚴密的科學方法那麼顯然的一定要對其餘一切迷惑的非科學的人類，起侮蔑之感。杜林先生對于他的先驅者，非常的蔑視，祇有他自己所認爲例外的少數偉人，在他的法庭前，得到開恩；所有這些，自然並不使我們奇怪。

開始且聽他對于哲學家的意見：『無原則的萊白尼茨（Leibniz），這是在一切御下厭媚的哲學家中，算是最好的了』，對于康德，還可饜額忍受，自他以下，一切都如江河日下；出現了『直接的流亞特別是費哈台(Fichte)寫林(Schelling)等等的放肆無忌，荒唐空虛的胡說……無知的自然哲學的怪異的諷刺畫……康德以後的怪現象』，及『熱昏的囈語』，牠籠罩了『黑格爾這樣的先生』。這位先生，說着『黑格爾式的譫語』。利用『在形式也是非科學的方法』及其『生硬的觀念』來傳播『黑格爾式傳染病』。

對於自然科學家說得也不少，但是名字祇舉出了一個達爾文，所以我們祇能以他為限，『達爾文的半面詩句及戲法，帶着牠的變態論，帶着牠的非常狹隘的理解力，遲鈍的辯別力……據我們意見，特殊的達爾文主義——從牠中間，自然要除去拉馬爾克（Lamark）之學說——祇是齊整的與人性對抗的獸性』。

但是對於社會主義者，還說得更壞。除了其中最貧弱的魯意白朗(Louis Blanc)以外，其餘都是罪人，都不應該享受他們在杜林以前所享受的名譽；這不但是從眞理或科學的觀點上去看，而且還是根據他們個人的性質，來觀察的。除巴貝夫及1871年巴黎公社的幾個社員之外，其餘社會主義者，都不是『人物』。三個烏托邦社會主義者，被稱爲『社會的鍊金術者』。在三人之中，聖西門還算是受了寬大的待遇因爲對他祇責備了他的『傲慢』，而且還以同情態度指示他是爲宗教的迷信所苦的。可是，在說到傅立葉的時候，杜林被衝破了一切忍耐心，因爲傅立葉『暴露了一切狂想的要素……他的思想，除他以外，首先祇能在瘋癲院中去尋找……最荒唐之夢囈……狂想的產品……不堪形容的愚昧的傅立葉』，這是『兒童似的頭腦』，這個『癡人』，而且他甚至不能稱爲社會主義者；他所主張的『法倫』（即社會主義殖民地），絲毫沒有包含一些合理的社會主義的因子，這是『按日常商業模範而構成的殘廢的形體』。最後。『如果誰還以爲這些意見，（傅立葉對於牛頓的意見）……不够證實在傅立葉名字在全部傅立葉主義之中，第一字就是『fou』（法文，瘋狂之意），那麼他自己也可以算入某種癡人的隊伍之中』。最後，歐文『祇有懶散的貧乏的觀念：他在道德問題上的這樣粗雜的思想……在幾地方達到可笑的地步……與常識相反的組笨的理解法……歐文的思想進程，不値得作嚴重的批評……他的虛榮心』等等。如果，杜林極刻薄地以他們的名字，來形容烏托邦主義者：聖西門——聖者（Saint），傅立葉——瘋狂（Fou）安芳登——兒童（en fantin》，那末祗要加上：歐文——嗚呼(O weh!)，而社會主義史的一個極重要的時代，祗簡單地毀滅於這四字之中了。誰要是懷疑這點，那誰就『自己也可以算入某種癡人的隊伍之中』。

至於杜林對於以後社會主義着的評判，那末我們爲簡短起見，紙舉出關於拉薩爾及馬克思的兩段。

拉薩爾：『玄學的穿鑿的通俗化的企圖……極端的煩瑣學者……一般理論與瑣碎雜物的可驚的混淆……無意義的，無形式的黑格爾之邪說，驚人的例證……他所特有的偏狹……最無聊的瑣事之吹噓……我們猶太人的英雄……小册子的作者……卑俗……人生觀及世界觀之內部的脆弱』。

馬克思：『觀點的狹隘……他的大著及作品，從本身看來，卽從純粹理論之立場上看，是對於我們的研究（社會主義批判史）沒有確定的意義的　在一般的思想潮流的歷史上，祗應把牠提出來，當作新的分派煩瑣哲學中一個支派的影響之徵候……集中的及綜合的能力之薄弱……思想及文體之不統一，粗野的語句，英國化的虛榮心……欺瞞……

……粗笨的觀念，實際上這些祇是歷史及邏輯的空想的私生兒……欺瞞的辭令……個人的虛榮心……卑陋的態度……想以俏皮出之的笑話……中國式的學問……哲學的及科學的舊思想』。

諸如此類，不勝枚舉；——上面所舉的，祇是從杜林花園中隨手採摘下來的小花毬。自然，現在我們並不論及，這些客氣的侮蔑之辭——以杜林的這種教養，這些辭句決不使他能找出任何『輕蔑』的東西出來——究竟是否終極的絕對的眞理。同樣的，我們現在也避免對於這些意見是否全有根據的一點，作任何的懷疑，因爲不然，我們或許就要被禁起來，揀選我們所屬的擬人的範疇。我們以爲自己的責任，在於：一方面，舉例指出杜林所說的『文雅及眞正謙虛的用語方法之模範』，是怎樣的一種東西；他方面證實，在杜林看來，他的先驅者之無用，和他自己毫無過失的情形一樣，已經是確實規定之事了。如果事實眞的和他所說的一樣，那麼我們就要對這個上下古今的最偉大的天才，致最深刻的敬禮。

反杜林論

第一編　哲學

（三）部門分類　先驗主義

根據杜林的意見，哲學是世界意識及人生意識的最高形式底發展，在更廣的意義上說來，牠包括着一切智識與意欲之原理。無論在什麼地方，如果人的意識，與許多認識或衝動的結果，或與某一羣生存的形態，發生關係之時，——那麼，所有這一切原理，都應該是哲學的對象。這些原理，乃最單純的——或是從來以爲是最簡單的——因素，從他們中間可以構成複雜的認識與意欲的世界。和個體的化學構造一樣，事物的一般的組織，也可以歸納于根本的形態，與根本的原素。這種基本的構成原素或原理，一經找得，那麼牠們非但對于我們所直接知道和接觸的世界，而且還對于我們所不知道所不能接觸的世界，都是有意義的。這樣，哲學原理，就成了最後的補充；個別的科學，都需要牠的幫助，來形成自然及人間生活的說明底統一體系。除一切存在的根本形態之外，哲學祇有一個眞正的研究對象；自然，及人間世界。所以在整理我們的材料時，就非常自然地得到了三個部門，即：一般的世界範疇論，自然原理的學說，人的學說。在這個次序之中，同時包含着某種內部的邏輯的秩序，因爲對于一切存在均可適用的形式底原則，處在前面，而這些原則所應該應用的具體領域，則跟在後面，處于附屬的地位。這就是差不多按字順述的杜林先生的意見。

所以，他所說的，是關于原理的問題，是關于那些從思維上抽取出來而不是從外界抽取出來的形式的基本原則；這些原則，應該適用于自然及人類世界，自然與人，因之也就應該與這些原則相適應。但是思維從什麼地方去獲得這些基本的原則呢？從牠自身嗎？不是，因爲杜林自己說：純粹觀念的領域，爲邏輯的範疇及數學的形體所限（我們可以看到，後者是雙倍的錯誤）。但是邏輯的範疇，祇能歸爲思維的形式，可是這上面是說存在的形式，是說外面的世界；這種形式，思維永不能從自身中創立出來，導引出來；而祇能從外面世界中，創立並導引出來。既是如此，那麼全部關係，都應顚倒過來：原理並不是硏究的出發點，而是牠的終極的結果；牠們不能適用于自然及人類歷史，而是從自然及人類歷史中，作出抽象來；並不是自然與人類界，適應于原理，而是原理的正確性，要以適應自然及歷史與否爲依歸。這是唯一的唯物論的觀點，杜林的相反的觀點，是唯心的，牠把一切都顚倒過來，而從思維中從創世之前存在于某處的圖式，計劃或範疇等等，來定出現實的世界，這正是像黑格爾所做的那樣。

眞的，我們試把黑格爾的百科辭書(Encyklobälie)及其全部『狂熱的囈語』與杜林的終極的絕對眞理相對照。杜林先生具有，第一，一般的世界範疇，而黑格爾則名之曰邏輯；再後，我們看到兩人，應用這些圖式，或這些邏輯的範疇於自然硏究：卽自然哲學；最後，更把牠們應用于人類世界；或是黑格爾稱爲精神哲學的那種東西。這樣，杜林先生順序的『內部的邏輯秩序』，『極其自然地』把我倒推到黑格爾的百科辭書中；牠就是從百科辭書中忠實地模仿下來的；這樣的忠實，一定使黑格爾派的柏林的密雪萊(Mich let)教授，感極而涕。

如果極其自然地，把『意識』『思維』當作一種早已存在，預先與存在及自然相對立的東西，那麼其結果總是如此。在這樣的場合之中，意識及自然，思維與存在，思維法則及自然法則，這樣地巧合起來，這實是一樁極其不可思議的事情。可是我們如果進一步問，什麼是思維及意識，牠們的來源如何，那麼我們可以看到，牠們是人的頭腦的產物，而人自己則是自然的產物，人生長于一定的環境之中，與環境同時發展；這樣就變成非常明白，就是，人的頭腦的產物，歸根到底，自身還是自然的產物，所　牠不是與自然界中其他一切相矛盾，而是與之相適應。

但是杜林先生，不允許對于事物，作這樣簡單的解釋：他不僅以人類的名義來思維——這在本身看來，已是巨大的成功——，而且還以一切天體中能思維的物體底名義來思維。真的，『如果我們想駁斥或甚至僅僅懷疑牠們（指意識與智識）的至高無上的大力與無條件的真理權，而給以人間的姓字，那麼這實是對于意識及智識的基本形態之侮蔑』。因此，為着對于某個星球上二乘二等於五的事不表示懷疑起見，杜林先生就不能以『人間』的姓字、來決定思維　所以他不得不脫離我們與他相見的唯一現實的基礎，就是說脫離人與自然。因此，杜林先生絕望地陷于意識形態的權力之下，使他自己成爲黑格爾的『沒落者』，對于黑格爾，杜林正是輕蔑地稱之爲『沒落者』。補充的說，我們以後還常時要在別個天體上歡迎杜林先生的。

顯然的，在這樣意識形態的基礎之上，是不能建立任何唯物的學說的。我們以後可以看到，杜林先生不得不常常使自然成爲有意識的行動者，簡單的就是說，在自己的論斷中，引用了上帝的思想。

此外，我們的現實哲學家，還有別種理由，使他把全部現象的基礎，從現實的世界搬到觀念的世界。因爲，關于這種一般的世界範疇之學問，關于這些形式的存在原則之學問，正是杜林哲學的基礎，如果不是從自己的頭腦中，而祇是因頭腦之助，從現實世界中，得出世界範疇論，如果存在的形式，是從現有的事物中，引申出來；那麼據杜林意見，在這上面，我們就不需要任何哲學，祇要對于世界及其中所發生的事情具有實驗的智識就夠了；這種工作所得的結果，也不是哲學，而是實證科學。但是在這樣的狀況之下，杜林的著作，就不啻是枉費精神的工作了。

再次，既然任何哲學，就其本身看來，都成爲不必要，那麼任何體系，都可以不必要，甚至自然的哲學體系，也可以不必要了。相信宇宙的一切現象，都處在有系統的相互聯繫之中，這種相信，推動科學在個別的部分，在全體中，到處尋找這種有系統的聯繫。但是科學對于這種聯繫的恰合原狀，毫無遺漏的敍述，我們所處世界的確切思想映象底形成，——這些對于我們，以及一切將來的後代，都是一樁不可能的事情。如果在人類發展的某一時機，建立了最後的體系，包括着世界物理的精神的，歷史的現象底全部相互關係，那麼，人類認識的領域，或許就完畢了，而且自從社會按照這種體系而組織起的時候起，任何進一步的歷史發展，或許就停止了——這可以說是荒唐之見，是完全無意義之事。這樣，人們就處于矛盾之前：一方面，在他們之前的任務，是——毫無遺漏地認識世界體系的總的聯繫；他方面，他們（人們）自己的性質，也和世界體系的性質一樣，永遠不許他們完全解決這個任務。可是，這種矛盾，不但存在于二種因素——世界及人間——的性質之內，而且還是全部智識發展的主要杜石，而且每天地經常地解決于人類無限進步的發展之中，——這正好像某些數學的問題，祇在無限的系列或連分數之中，得到牠們的解答一樣事實上，世界體系的每一思想上的反映，還是在客觀上爲歷史的條件所限，主觀上爲其著者的肉體及精神的範圍所限。可是杜林先生預先就宣佈他的思維方法，是排除任何主觀狹隘世界觀的傾向的。我們在前已經看到，杜林先生到處存在于一切星球之中。現在我們更看到，他無所不知的。他解決了科學的終極任務，因之就永遠消滅了任何科學往前發展的可能。

和對於基本的存在形態一樣，杜林先生以爲全部純粹的數學、也可以用先驗方法引中出來、這就是說，可以不利用外界給與我們的經驗而引中出來，也就是說從頭腦的本身中，引中出來。在純粹數學中；理性一定要利用『自已創造及想像的產品』、數目及形體的概念，是充實數學的客體，他是可以爲數學自身所造成的』；所以數學具有脫離特殊經驗及現實世界內容而獨立的意義』。

純粹的數學，具有脫離個人的特殊經驗而獨立的意義，這自然是正確的，可是這上面，對于任何科學的一切確實規定的事實，甚至一般的對于一切事實，均可以這樣的說。磁氣的兩極性，水之輕氣與養氣之結合，黑格爾已死，杜林還活着底這些事實——所有這些，不論我的經驗或別人的經驗如何，甚至不論杜林熟睡時的經驗如何，總是有效的。但是說在純粹數學中，理性祇利用自身創造的及想像的產品，那這是完全不對的。數目及形體的概念，完全是由現實的世界中得來的。人們最初從十個指頭，學習計算，就是說，作第一次的算術計算，這十個指頭無論如何，總不是理性自由創造出來的產品。要作計算，首先不但要有應被計算的對象，而且還應說在考察這些對象時，具有辨別牠們一切其他特性的能力，可是這種能力，正是長久的歷史發展及經驗的產物。數的概念和形的概念，同是得自外面世界的，而不是在頭腦中從純粹的思維產生出來的。要能够到達形的概念，先應該有那些具有一定形體的事物的存在，而且應該把這些事物拿來比較。純粹數學的對象，是現實世界的空間形式，及數量關係，所以是非常現實的資料。這些資料，採取了非常抽象的形式，此點祇能在表面上遮掩牠的來源。可是爲要能够純粹地研究這些形式及關係，那末應該完全把牠們與其內容相分裂，把內容暫置不管，當作無所可否的東西；這樣我們就得到不能測量的點，沒有厚度及長度的點，各個A與C，X與Y，不變數及變數，祇在最後，我們才到達理性本身自由創造及想像的產品，即是，到達想像的量。同樣的，數學上的量底相互引申，並不是證明牠們的先驗的起原，而祇是證明牠們合理的相互關係。四方形以其一邊爲中心而旋轉，因而得出矩形的形體，欲到達這種觀念，那末先應該研究一些現實的四方形與矩形——雖其形態尙是極不完全。和一切其他科學一樣，數字是從人的需要上產生出來的：即是從地段面積及器物容積的測量，從日曆及機械學的計算等產生出來的。和一切其他知識領域中的情形一樣，從現實世界上抽象出來的法則，在某種發展階段上，是與現實世界相隔裂，與之相對立，因此看來好像是獨立的東西，是從外而來的法則，而世界則反應該與牠相適應。關于社會和國家的情形，也就是如此；同樣的，純粹的數學，雖然得自世界的本身，而且祇是牠的構成形態之一，可是後來牠却應用于世界中——正因如此，所以牠方能被人適用。

好像杜林先生想像，從數學的公理上，——『這些公理，就是純粹在邏輯上也不許有證明，而且也不需要證明』——可以不需要任何經驗，引申出全部的純粹數學，而後把牠應用於世界；同樣的杜林先生還想像起初從頭腦中造成，基本的存在形態，任何智識的簡單構成因素及哲學的公理，而從牠們中間引申出全部哲學或世界範疇論，再後以高貴的態度，把自己的這一憲法賜給自然及人。可惜，自然並沒有存在，而在1850年的曼台菲爾的普魯士，人也祇是草芥。

（註）

（註）這上面恩格斯尖刻地嘲笑普魯士的憲法，這一憲法，是在反革命的政變後，由德王法來台立哈威廉第四『賜』下來的，那時（1850——1859年）宰相曼台菲爾，也參加了這一憲法的草定。——譯者

數學的公理，表示出數學所不能不從邏輯上取得的貧弱的內容。牠們全部，可以歸結爲二：

1全部大於個別部分。這祇是同語的反復，因爲『部分』的表象，從數量上看來，是對於『全部』的表象有一定的關係的；『部分』二字，不加別的解釋，即是指『數量上的』『全部』是由幾個數量上的『部分』組成的。因爲上面的事實，祇是確定地說出這一事實，所以我們並沒有絲毫往前推進。對於這種重複，還可以用下述方法來證明：全部是幾個部分所組成的東西；部分祇是可以集合起來成爲全部的東西；所以個別部分

小於全部——這種空洞的重複，更顯著地指示了內容的空洞。

2如果二個量，等於第三個量，那麼牠們自己也是相等的。像黑格爾所指示的，這個原則，是邏輯上可以担保正確的結論，所以這一結論，就是在純粹數學之外，也已得到證明了，其他關於相等和不相等的公理，祇是這個結論的邏輯的發展。

無論在數學上或是在其他學問上，這樣貧弱的原則，是不能引動任何人的。如果要往前推進，那麼我們應該考究眞實的關係，得自現實實體的關係與空間形式。線，面，角，多角形，正六面體、球等等的表象，都是從現實中得出來的，祇有觀念極爲幼稚的人，才會相信數學家，以爲第一條線，是得自點在空間的運動，第一個面，是得自線的運動，第一個體，得自面的運動等等。文字已經起來反這種見解。數學上三面測量的形體、稱爲立體、Corpus solidum，所以根據拉丁文，甚至是指可以觸到的物體；這樣，牠所採取的名稱，不是從理性的自由想像中得來的，而是從粗率的現實中得出來的。

但是這種冗長的敍述，有什麼用呢。杜林先生在42—43頁上熱烈地歌頌純粹數學對於經驗界的獨立，純粹數學的先驗性，及其對於自由創造的產品及理性自身的想像模型的依賴；再後，他就在第63頁上說道：『有些人很容易忽視，這些數學的要素（指數量，時間，空間，及幾何學的運動），祇在形式上是理想的，在一講到自然的現實構成部分，實際的量或形的時候，立刻就需要他們的經驗的規定。所以絕對的量無論屬於何種範疇，差不多是完全經驗的東西』…… 但是『數學上的範疇，和機械學上的範疇不同，牠准許有一種與經驗相分裂的表徵，而且多少是充分的表徵』——這多少是可以應用於任何的抽象，可是完全不能證明後者（即抽象）不是從現實情形中抽象出來的。這樣，在世界範疇論中，純粹的數學，是從純粹思維中產生出來的；可是在自然哲學中，牠（純粹數學）又差不多完全是經驗的東西，是得自外面世界，然後才抽象出來的東西。我們究竟相信誰呢？

（四） 世界範疇論

『包羅萬有的存在，是唯一的。牠既是自足之物，所以牠不許有任何與自己並立或處於自己之上的東西。如把別的存在，與他並立起來，那末就是使牠成爲牠所不能成的東西，就是——使牠成爲更廣大的全部底一部分或組成分子。既然我們恰切地把外間世界裝入我們統一的思維的框子之中，那麼任何應該裝入我們統一思維中的東西、都不能保留牠自身的兩重性。沒有什麼東西，能夠逸出這個思維統一體之外。任何思維的實質，是在於把意識的要素，綜合起來，成爲統一體……正是因爲思維有統一的能力，所以產生了不能分裂的世界的概念／宇宙(Universum)即在字面上講來，已經是指萬物綜合爲統一體的那個東西了』。

杜林先生這樣的說。根據數學方法『任何問題，如果是關於單純的……數學的原則，那麼牠就應該根據公理，以簡單的基本形式來解決『——這樣的方法，首先應用到這裏來。

『包羅萬有的存在，是唯一的』。如果重複，卽是已經說過的主格之簡單重複，算是公理，那麼我們在此就有了最純粹的公理。在主格內，杜林先生給我們說；存在包羅萬有，在動格中，他就勇敢地說道：在這樣狀況之下，什麼東西，就不能存在於牠之外。那是何等偉大的『創造體系的思想』！

實在說來，確是創造體系的思想。我們還讀不到六行，就看到杜林先生用着我們的統一的思想把存在的唯一性(Einzigkeit)，轉成牠的統一性(Einheit)。因爲任何思維的實質，在於統一體的綜合，所以存在當被人思維之時，是受統一的思維的，世界的概念，是受不可分裂的思維的；而且因爲所思維的存在，以及世界的概念是統一的，現實的存在及現實的世界，也成了不能分裂的統一體。這樣，『當精神能夠把握存在的單純的普遍性之時，對方面就再沒有餘地了』。

于是在我們之前，就有了軍事的遠征；奧斯脫利茨及葉納，凱尼格來茨與薛旦與之相較，都完全要退避三舍。我們動員了一個公理之後，經過了一頁我們已經在兩三個原則中廢棄，排除，消滅整個的對方：神，神的靈威，天，地獄，淨罪之火以及靈魂的不滅。

我們怎樣從存在的唯一性轉到牠的統一性呢？很簡單：就是我們一般的對牠作出自己的表象。當我們一以自己的統一思想，把握唯一的存在之時，牠（存在）在思維中就變成統一的，理想上統一的東西了，因爲任何思維的實質，在於綜合意識要素爲一個統一體。

最後的意見，顯然是錯誤的。第一，思維是在於把意識的對象分解成牠們的因素，正好似牠把同類的因素，綜合成統一體一樣。沒有分析，不會有綜合。第二，祇在意識的因素或其現實的原型之中已經早已具有統一性的時侯，不願犯粗率錯誤的思維，才能把意識的因素，聯合成統一體。如果我把靴匠的毛刷，包括於最高統一的概念『哺乳動物』之中，那麽牠決不會因此而獲得乳房。所以存在的統一，即是把存在看作統一體的觀點的辯正，還依舊是需要證明的；如果，杜林先生給我們說。他自己爲存在是統一的，而非兩重性的，那麼在這上面他祇發表了他個人的，對於他人並無關係的意見能了。

如果我們要以純粹的形式，來指出他的思維過程，那麼牠就是這樣的：『我從存在開始。這樣，我自己思維着存在。存在的觀念，是統一的。但是思維與存在，是應該一致的，牠們相互適應，牠們「相互吻合」。所以在現實上，存在也是統一的，所以任何對方的東西，是不存在的』。如果，杜林先生這樣坦白地對我們說，而不是像上面那樣對我們提供神祕的敍述，那麽他的意識形態，或許就成爲明顯可見的了。企圖以思維與存在的一致，來證明某種思維產品的現實性——這正是『某個』黑格爾的最狂熱的幻想之一呵！

卽使杜林先生的全部論據都是對的，那麽，他也沒有從精神主義者那裏，奪得絲毫的陣地。精神主義者簡短地對他回答道：在我們看來，世界是不能分解的；世界上人間與天上的分解，祇在我們特殊人間的，爲原始罪惡所壓迫的觀點看來，是存在的；就本身看來，卽是說在上帝之下，一切存在，是統一的。他們將跟着杜林走上他所痛愛的其他星球，而向他指示一個或幾個星球，在這星球上，沒有犯罪，所以在那裏也就沒有人間世界與天上世界的對立，在那裏世界的統一性，也就成爲信仰的教條。

在這上面最可笑的是：杜林先生想根據存在的概念，證明上帝是沒有的，可是實際上他却用了本體論的立證方法，來證明上帝的存在。本體論的立證法說道：當我們思維着上帝時，我們把她思維成一切完美事物的總體。但是，現實的存在，首先就屬於這種完美的事物之中，因爲沒有現實存在的物體，是一定不完美的。所以，我們在上帝的完美性中，還應該包括現實的存在。因之，上帝是一定存在的。杜林先生正是絲毫不差地這樣的論斷着：當我們自己思維着存在的時候，我們把她當作一以概念來思維．那些包容于一個概念中的東西，自身是統一的。這樣，存在如果不是統一的，那麽牠就不能與自己的概念相適應。所以，牠應該是統一的，所以沒有上帝，等等。

如果我們說到存在，僅僅說到存在，那麽其統一性僅僅在于：所說的一切對象，實是自身存在着的。祇在這種存在的統一性中，——而不是在別的東西中——牠們方爲思維所綜合，一般的說，牠們都是存在着，這樣的話，非但沒有給牠們以任何其他共通或不共通的特性，而且甚至暫時把這些特性，排出于研究之外。一切事物，有存在爲其共通之點，我們如果從這一單純的基本事實，離開以一粍（一米突的千分之一），那麽在我們眼前，立刻就出現這些事物的區別．例如，一種是白的，別種是黑的，一種是有生命的，別一種是無生命的，一種是屬于人間的，一種是屬于彼岸的——關于這一切，我們不能僅僅根據他們平衡地同具存在的屬性底這一事實，來作結論。

雖然世界的存在，是其統一性的前提，——因爲世界在被統一之前，首先自然就應該存在，——可是世界的統一，却並不在于牠的存在。在我們眼界所達的範圍之外，存在一般地成為公開的問題。世界的眞實統一性，在于牠的物質性；而這種物質性的證實，不是祇用二三段魔術式的辭句，所能奏效，牠是需要長期的緩慢的哲學為自然科學的發展的。

讓我們再讀下去。杜林先生給我們所說的存在，不是『那種純粹的存在。此種存在，自身自相等的，牠不應該有任何特別的規定，而且在實際上祇是思維的空虛(Gedan-kennichts)或思維的缺乏底同一物』。可是，我們很快的就看到，杜林的世界，眞的是從存在開始，這個存在，沒有任何內部的區別，任何運動及變更，所以事實上正是思維的空虛底同一物，所以也可以說是眞正的空虛。祇從這種空虛的存在上，發展着現在分化的變化的世界狀態，牠表現着發展與停頓；祇在我們懂得這點之後，我們方才能夠不顧這種永恆的變化，而『確立不變的普遍存在的概念』。這樣，我現在就有最高階段上的存在的概念，在這階段上，牠包含了固定及變化，存在及停滯。達到這點後，我們看到：『種屬及種類，一般的，總的及特殊的東西，祇是最簡單的區別手段，沒有牠們是不能懂得事物的機構的』。但是所有這些，都不過是區分質量的手段；考察過牠們之後，我們就更往前進：『種屬的對立物，是量的概念，牠是單一的，牠再沒有包含任何種屬的區別』，這就是說，我們從質轉到量，而量總是『可以測量的』。

現在我們試把『這些可以一般引用的嚴格分析的範疇』及其『眞正批判的觀點』，和黑格爾的生硬思想，粗暴狀態及熱昏囈語相比較。我們可以看到，黑格爾的邏輯，也和杜林先生一樣，從存在(das Sein)開始，這種存在，也和杜林先生的存在一樣，是一種虛無；從這個存在及虛無，轉到生成，其結果就是某種存在，『實在』(das Da ein)，這就是更高的更豐滿的存在形式——這完全是和杜林先生一樣的。一定的存在，進於質，質進於量，這也是和杜林先生一樣的。爲着要在一切相同的原素上沒有缺陷起見，杜林先生在說到別一件事情時，對我們說道：『不管在數量上如何帶着逐步的性質，但那種從無感覺的領域進於感覺的領域底轉變，總是由質的飛躍來完成的。……關於這點，我們……可以確定的說，牠是與同一性質的簡單的累進，是無限地不同的』。這正是黑格爾式的數量關係的交錯線，在這線上，純粹量的增加或減縮，在一定的交錯點上引起了質的飛躍，例如，在燒水或冰凍時，沸點與冰點，是一種交錯點，在這交錯點上（在通常的氣壓之下），完成了由舊的到新的凝集狀態之飛躍，因之就是量轉成質。

我們的研究，也企圖窮根究底，深探杜林的基本範疇的根源，可是我們却探得了黑格爾的『熱昏的幻想』，探得了黑格爾邏輯的範疇（第一部，存在論），牠們按着黑格爾的『次序』，而且差不多沒有任何遮掩剽竊手段的企圖！

但是杜林先生從他所辱罵的前驅者黑格爾那裏剽竊了全部存在的範疇以後，他還不以此爲滿足。他在給出上述飛躍的變化底例子之後，昂然地關於馬克思這樣的說道：『例如，馬克思引證黑格爾的混亂與模糊的表象，以爲量轉爲質，還是何等的滑稽』。混亂與模糊的表象！杜林先生，在此地轉變的是誰，滑稽的是誰？

這樣，所有這些好東西，不但不是根據原則，由公理來決定，而且反是從外面，從黑格爾的邏輯借用來內。而且在全章內，甚至還沒有絲毫內在的連繫，因爲這種連繫，却不曾從黑格爾那邊抄來；歸根到底，一切都歸於毫無內容的關于空間時間關于固定，變化等等的詭辯。

黑格爾從存在轉到本體，轉到辯證法。在這上面，他研究反映的定義，牠們內部的對立與矛盾，例如正面與反面；更後，就轉入因果關係，即原因與結果的關係，最後，以必然性爲結束。我們在杜林那裏，也可以看到同樣的情形。黑格爾稱爲『本體論』的東西，杜林先生改稱爲『存在的邏輯的特性』，這種特性，首先歸結於『力的衝突』及對立。相反的，杜林激烈地否認矛盾；對于這個問題，我們以後還要說到。其後，他就轉到因果關係論，由牠更轉入必然性。所以杜林先生關于自己如果這樣的說：『我們不是從籠中來談哲學』，那麼這句話應該這樣去了解，就是他是在籠中談哲學，正是在黑格爾的範疇圖式論的籠中談哲學。

（五）自然哲學時間與空間

現在讓我們轉到自然哲學。在這上面，杜林先生也儘有充分的根據，表示不滿于他的先驅者。自然哲學『墮落到這樣地步，使牠轉爲空虛的基于無知之上的假文學』，而且『成爲薛林及此類先生們賣淫式的哲學的清談，這些先生們，描摩自己爲絕對的僧侶及大衆的蠢惑者』。對于謬論的厭倦，最後終于把我們從這些『怪物』中拯救出來，可是代自然哲學家而起的，還是一些『無原則』至極的自然科學家；『至于廣大的民衆，那麼很明白的，對于他們，更大的吹牛家之隱退常時使更小的但更實際的後繼者，用別種牌子，來重複前者所已說過的東西』。自然科學者本身，表現出某種在籠罩世界的思想王國中舉行旅行底傾向』，所以在理論上，就發表了『無系統的疏忽的結論』。総而言之，這上面需要有人幫助，而且僥倖有杜林先生帶上全副武裝，起來執行他的任務了。

為正確地估計此後關于世界在時間上的發展，在空間上限制等等底解說起見，我們應該重新回到『世界範疇論』的幾個地方。

正和黑格爾一樣（百科辭書第93節），存在帶上了無限性——黑格爾把牠稱為惡的或假的無限性——往後就對這種無限性，舉行考查。『在思維上不含矛盾的無限性之最明顯形式，是數目在數目系列上的無限的積累……好像我們在每個數目之外，更可加上別的單位，而且，進一步的計算的可能，永不會窮盡，好像這樣，在每個存在狀態之外，也可以加上更新的狀態，而無限性即在于這些狀態的無限的形成。所以，這個正確地被思維着的無限性，祇有一種基本形式及一個方向。因爲，在我們的思維上，這種變化形態的積累，朝着某種方向或是朝着相反的方向，固然無關重要，可是無論如何，對于這種後退的無限性之表象，祇能是太過粗率的思維的結果。實際上，如果要在相反的方向，經歷這種無限性，那麼在其每一個別的形態中，牠的後面，將跟着無限的數目的系列。那時我們將得到無限的數字系列的矛盾；這樣，無限性的第二方向的假定，成爲沒有意義的了』。

從這樣的關于無限性的觀念中所得之第一結論，就是：世界因果的連鎖，總應該在某一時候有牠的起端：『相互浸潤的無數原因，是不可思義的，因爲牠們需要數的無限性，作爲前提』。這樣，就證明了終極原因之存在。

第二個結論就是，『一定數量的法則：現實某種獨立物體的同種成份底積累，祇在形成定數的形式之下，才可思議得出』。在每一時候不但是現存的星球數，而且一切存在于世界上的物質的最小獨立部分之總和，都應該是一定的。這種必然性，正是一個眞實的理由，指示任何結構爲何不能不有原子。任何現實的分解，總是具有有限的定性，而且是應該具有的，因爲不然，或許就得到無限的數之矛盾。根據同樣的理由，不但地球已經環繞太陽的次數，應有一定——雖然其次數不能指示出來——而且週期的自然過程，都應該在過去有一個起端；任何的分化，任何前後相繼的自然的繁複性，都應該以幾個不變的狀態爲根源。這樣的狀態，可以沒有矛盾地被思維爲悠久存在的東西；可是如果時間自身是由各個現實的部分組成，而不是相反的，爲我們悟性根據思想上的可能性的猜度，而任意分解出來，那麼就是連這種表象，也是不可能的。至于時間之現實的及內部不一致的內容，那情形就不同了；這一領域上各種不同事實與存在形式在時間上的眞正的充實。正是因爲有自身的區別，並屬于可以計算的範疇。如果我們設想，某種狀態，沒有變更，而且在其自身的同一性中，沒有任何連續上的不同，那麼更特殊的時間概念，就轉成更一般的存在的觀念。沒有內容的連續性的積累，究竟應該怎樣講，這甚至是不可思議的。——這就是杜林先生的論斷，他不少以自己發見的重要，自鳴得意。開始時候，他祇表示一種希望，希望把牠們（卽他的論斷）『至少承認爲一種並非不重要的眞理』，可是我們再往下就看到：『我們提起這些非常簡單的方法，用了這些方法，我們給無限性的概念及其批評取得了從所未有的意義：……這樣簡單的普遍空間觀念及時間觀念的各個要素，是由真正深刻的及非凡尖銳的考察而得的」，

我們取得！真正深刻的非凡尖銳的考察！我們是些什麼人？現代是在什麼時候？誰給了更深刻與尖銳的分析？

「設定：世界在時間上是有起端，在空間上是有限制。證明：真的，如果我們假定，世界在時間上沒有起端，那末無論到什麼時候，都在經歷着永久性，因之也就在經歷着世界事物狀態的踵接相繼的無限系列。但是系列的無窮性，即是在于牠永不能用連續的綜合方法來完成。因之，無窮地經歷着的系列，在世界上是不可能的；所以，世界的起端，是牠的存在的必需條件，這正是在設定的第一部分中所要證明的。至于設定的第二部分那麼我們假定相反的論斷，以為世界是從那同時存在的事物中所產生出來的無限的統一體。但是對于這種數之大小——這數並沒有在任何顯著表象的某種界限之內敍說出來——我們祇能用綜合各部分的方法，把牠表現出來，至于這數的總體，則我們祇能用完成的綜合方法，或用自身單位反覆附加的方法，把牠表現出來。所以，要把世界思

維爲一種充實全部空間的統一體，那末就應該把無限的世界各部分的連續的綜合，看作已經完成的東西，即是說，不得不把計算一切同時存在的物體所需要的無限時間，當作已經過去的東西。但這是不可能的。所以現實事物的無窮的積聚，不能看作是現存的總體，也不能看作是同時存在的東西。所以，世界根據牠在空間中的寬度，是不包括於界限之中的，這就是所要證明的東西』。

這些見解，差不多是按字地從一本頗有名聲的書上抄下來的，這書就是出版于1781年的康德的『純粹理性的批評』，在這書上，大家可讀第二卷，第二部，第一篇，第二章，第二節：純粹理性的第一正反律。杜林先生的光榮，在于他給康德所發表的思想，定了一個名稱：『定數的法則』，而且發見了，曾有一個時候，雖已有世界的存在，可是沒有時間。至于其餘一切，就是，一切在杜林先生論斷中還有些意義的東西，那麼其中『我們』，是康德，至于作是所提到的現代，那麼牠總共祇有九十五年。無疑地，『非常簡單』！好個『從來未有的意義』！

但是，康德並沒有說，上述的主張已爲牠的證明所窮根究底。反之，在旁一頁上他說明並證實相反的情形：世界在時間上沒有起端，在空間上沒有終極。他就是在這上面，見到正反律以及不能解決的矛盾；在這些主張中，第一個和第二個，同樣可以得到證明。才能較弱的人們，因爲『像康德這樣的人』，也在牠 間遇到不能解決的困難，所以對于所提的問題，或許有些危懼。可是我們勇敢的『根本特殊的結論與見解』的製造者，却並不如此；他從康德的正反律中，熱心地抄襲對他有用的東西，其餘則棄置不顧。

這個問題的全部，是解決得非常簡單的。時間上的永久性，與空間上的無限性，祇就字面的意義看來，已不能在任何方面有一種終極，無論在前在後，在上在下，在左在右，都是這樣的。這個無限性，是和我們在無限數目系列中所有的無限性，完全不同的，因爲後一種無限性，直接從單位，從最初的因子開始。對於數目系列的表象，不能適用於我們的對象，這在我們試着把牠應用於空間的時候，就立刻發現出來了。無限的系列，如翻譯成空間的話，就是從某一點起按着某種方向前進而達無限距離的線。這樣的方法，是否在遼遠的階段上表現着空間的無限性呢？完全沒有：反之，要給出空間測量的觀念，至少需要六條線，從同點上出發，按三種反對的方法進行；我們至少要有六種這樣的測量。康德極明白地懂得這點，所以祇是間接地迴轉地把他的數目系列，移用於宇宙的空間性上來。可是，杜林却強迫我們接受空間中的六種測量，但以後却又立刻對於高奧斯（Causz）的數學神祕主義，表示不可言喻底厭惡，這位高奧斯，正是不願意以尋常的三面空間測量爲滿足的呵。

在應用於時間之時，雙方進行的無窮線，或無限的單位的系列，具有某種譬喻的意義。如果我們把時間看作一種從單位開始的系列，或是看作一種從某一點出發的線，那麼我們因此立刻就是說，時間是有起端的；我們的前提，正是我們所要證明的東西。我們給時間的無限性以偏面的，不澈底的性質；但是偏面的分成兩段的無限性，正是自身的矛盾，正是「在思維上沒有矛盾的無限性」之直接對立物。要避免這樣的矛盾，祇能規定，我們計算系列時所由開始之單位，我們往前量線時所由出發之點，可以是系列中的任何單位，線上的任何一點；我們把牠們置於何處，這在線及系列看來是無關重要的。

但，『所計算的無限數目的系列』之矛盾怎樣呢　祇在杜林先生告訴我們以計算這個無窮系列的手術時，我們方能親切地去考察牠。當他把自己的計算，從—杜林（即無限大之數）歸結到零時，我再來和他說話。顯然的』他的計算，無論從何處開始，他還遺留了無窮盡的系列，同時與之一起的，還遺留了他所應該解決的任務。讓他倒轉自己無窮的系列，1+2+3+4……幷且企圖從無窮的終點重數到單位；這顯然的是對於事情毫無所知的人的企圖。而且此外，如果杜林先生說：已過去的時間的無限系列，已經算過，那末他因此就是說，時間是有起端的，因爲不然他就不能開始『計算』。因之，他又把所應該證明的東西，當作前提了。所以，關於所計算的無限系列的表象，換句話說，即杜林式籠罩全世界的一定數量的法則，是前提客語的矛盾（Contralictio in adjecto），在自身中間，包含着矛盾，而且是極愚蠢的矛盾。

所以下述情形，是很明白的：有終極而無起端的無限性，並不比較有起端而無終極的無限性，多無限些或少無限些。很少的辯證法的知識，一定能使杜林先生領會，終極與起端，是一定要像北極與南極一樣，相互連繫起來的，如果拋棄終極，那麼起端即成終極，卽系列中所有的同一終極；反過來亦是如此。如果沒有數學上利用無限系列的習慣，那末全部幻想或許是不可思議的。因爲在數學上，一定要從確定的終極的東西開始，然後轉到不確定的沒有終極的東西，所以數學上一切正數負數的的系列，一定要從單位開始，不然就無從幹起。可是，數學家的理想上的要求，對於現實世界，並不是一種必然的法則。

其實，杜林先生永不能思維出一種沒有矛盾的現實的無限性。無限性，是一種矛盾，而且滿含矛盾。無限性，不得不完全用有限的量來構成而且實在正是如此，卽此一點，已是一種矛盾了。物質世界是有限的這種假定，比較物質世界是無限的那種假定，也不會引起較少的矛盾；任何排除這種矛盾的企圖，像我們在上面所看到的，一定要引起新的更壞的矛盾。正是因爲無限性是種矛盾，牠是在時間上空間上沒有終極的無限的往前發展的過程。這種矛盾的排除，將是無限性的終極。這點黑格爾已經正確地懂得了，所以他以當然的輕蔑的態度，來對付那些在這矛盾上作詭辯的人們。

再往下講。因之，時間有了起端。但在起端之前，是怎樣的呢？世界處在不變的狀態中。因爲在這種狀態中，並沒有發生任何連續的變更，所以比較特殊的時間概念，變成了比較一般的存在的概念。第一，我們在這裏絲毫不管在杜林先生的頭腦中、變成了怎樣的概念。現在所說的，不是時間的概念，而是現實的時間　杜林先生決不能以這樣便宜的價格，脫出這個現實的時間。第二，無論時間的概念，怎樣轉變爲比較一般的存在概念，可是我們絲毫沒有因此而前進一步。因爲任何存在的基本形式，是空間及時間，時間以外的存在和空間以外的時間，是同樣的荒謬。黑格爾的『沒有時間而經歷着的存在』(das zeitl s Vergangne S in 與新雪林派的『不能思維的存在』(das u vordenklic'ie Sein)，和這種時間之外的存在相較，還算是比較合理的觀念。所以杜林先生非常的慎重將事：實在，這是時間，但這是那樣的實質上不能稱爲時間的時間，因爲這時間的本身，並不是從現實的部分構成的，而祇是由我們的理性任意分割出來的；祇有爲各種事實所眞正充實的時間，才是屬於可以計算的東西；毫無內容的繼續性的積累，究具何種意義，這實是不可思議的。這個積累的意義，應該是怎樣，這在此地對於我們無關重要；問題在於世界是否在這裏所提出的狀態中繼續下去，牠是否經過時間上的繼續性？從這種毫無內容的繼續性底測量上，絲毫不會有什麼結果，這正好像對於空虛的空間，作無目的底測量一樣；這點我們早已知道了；黑格爾正是因爲這種工作的乏味的性質，所以把這無限性，稱爲壞的。根據杜林先生意見，時間祗是因變化而存在，而不是變化存在於時間之中。正是因爲時間是和變化不同的，對牠獨立的，所以時間可以用變化來測量，因在測量某物時，總是需要一種與所測量之物不同的東西。再次，在本身之中沒有發生任何顯著變更的時間，決非完全不是時間；反之，這正是純粹的，沒有被外部混合品所雜亂的時間，因之也就是眞實的時間，原來的時間。事實上，我們如果要設想一種完全純粹的，與一切沒有關係的外部混和物相割裂的時間之概念，那麼我們不得不把一切對此無關的，在時間上並行或繼續發生的各種事變，置之度外，換句話說，我們要設想一種其中沒有發生任何事變的時間。那時，我們不把時間的概念，沉沒於一般的存在的概念之中，而祗是這樣地到達於一種純粹的時間的概念。

可是，上述的一切矛盾和謬誤，和杜林先生在提出不變的世界原始狀態時所陷的混亂，比較起來，還算是兒戲似的小事。如果世界曾經處於一種絕對不發生任何變化的狀態，那麼牠怎能從這一狀態轉到別個狀態呢？絕對不發生變更的，而且無數年來處於同一狀態的東西，決不能自己脫出這樣的狀態，而轉入於運動及變化的狀態之中。因之，第一個使世界運動起來的刺激，一定是從外面，從世界以外來的。但是，大家知道，『第一個刺激』，祇是稱呼上帝的別名。上帝及天上世界——這些概念，杜林先生在口頭上，堅決地把牠們逐出於世界範疇論之外，可是同時他自己又以更尖利的、更深刻的方法，把他們引入於自然哲學之中。

再後，杜林說：『在大小之量是屬於經常存在原來的地方，牠在自己的確定性上是不變的。這個原則……對於物質及機械力，是適用的』。我們在此可以附帶的說，杜林先生的第一個預定，正是最可寶貴的例子，證明杜林所吹噓的公理反復的態度，是怎樣一種樣子：在某種量不變的地方，牠是留着不變的。這樣，世界上所有的機械力的數量，是永遠一樣的。我們且不管這個事實，卽是，上述的話，就算是對的，那樣牠在哲學上在三百年前也已被笛卡兒所知道及規定了；在自然科學上，三十年來已經引用着力之不滅的學說。杜林先生把牠限於機械力，決不能對這學說，有絲毫的裨益。但是，在世界處於不變狀態的時候，機械力在什麼地方呢？對於這個問題，杜林先生執拗地拒絕作任何的回答。

杜林先生，永遠不變的機械力在什麼地方，而且做些什麼呢？回答：『宇宙的原始狀態，或是正確一點說，沒有包含任何時間上變化的積累之物質不變存在的原始狀態——對於這個問題，祇有以自願摧殘自己創造力為聰明的那種理性，方能加以拒絕』。因之：或是不要辯論，接受我的不變的原始狀態，或是我，善於創造的杜林，將宣佈你們是精神上的閹人。這自然可以嚇退某些人。但是我們已經看到杜林先生創造力的幾個狀態，我們暫且棄置杜林先生的優雅的謾罵辭，不加反對，而再起來質問：杜林先生，請你原諒。機械力究竟怎樣呢？

杜林先生立刻發氣起來。他吃吃地講道：眞的，『最初邊際狀態的這種絕對的一致，本身不能給出任何轉變的原則。可是記住，在實質上說來，對於我們所熟知的存在連鎖內的任何最少的新環，都是如此的。所以，誰要是想在目前主要場合上，找出難點，那末他不應該忽略比較不重要的場合。此外，在我們能力所及的範圍內，儘有一種可能，去插入許多逐步向上的中間狀態，所以，也就是插入連續性的橋梁，以便按此可以向後到達變化完全停止的地步。眞的，根據純粹的邏輯，這個連續性，並沒有除去主要的困難，但是對於我們，他是一切的規律性，一切我們所知的一般轉變之基本形式，因此我們也可以有權來利用牠，好像我們利用上述原始平衡狀態與其破壞之間的媒介成份一樣。如果我們根據近代機械學上不成何種大問題（！）的概念，而要思考所謂（！）不動的平衡狀態，那麼就完全不能解釋，物質怎麼樣能夠到達變化的狀態』。但是除了物體的機械學以外，還存在着由物體運動進於最小部分運動的轉變；可是這種轉變，怎樣發生，『要了解這個，我們直到如今還沒有任何共通的原則，所以如果這些現象，尚處黑暗之中，那麼我們對此是不應該奇怪的』。

這就是杜林先生對於所提問題的全部回答。如果我們想以這些眞正可憐的空虛的遁辭及廢語爲自足，那麼我們不但應該以自願摧殘自己創造力爲聰明，而且還以盲目的不求理解的信仰爲聰明。絕對的同一性，自身不能轉到變化上去，這點杜林先生自己也承認。絕對的平衡狀態所能藉以轉入運動中的手段，是沒有的。那麼究竟怎樣呢？於是有三種謬誤的空虛的遁辭。

第一，他說，如果想把我們所熟知的存在連鎖中從一環進於次環的轉變，規定起來，那也是同樣的困難。杜林先生好似以爲他的讀者也是小孩子。大家知道，存在的連鎖中最小一環的個別轉變與連繫之規定，正是自然科學的內容；即使這上面，有些地方情形不大好，可是任何人，甚至杜林先生，總不會想到用『沒有』去解釋那正在發生的運動，反之，他們總以爲這種運動，是以前某種運動的移動、變化，或連續的結果。在這裏，我們正看到了一個骨直的假定，以爲運動是從非運動，即從沒有中產生出來的。

第二，我們見到『連續性之橋』。眞的，牠在邏輯上沒有排除難點，可是無論如何我們總是有權可以利用牠當作非運動與運動之間的媒介之環。可惜，非運動的連續性，在於不動，所以，怎樣因牠之助而能造成運動的問題，比較從前，更多一層神祕了。無論杜林先生怎樣把那種從全無運動的狀態到普遍運動的狀態之轉變，分成微塵似的小部分，無論他給這種轉變以怎樣長的時期，我們還是沒有得到一萬分之一粍（粍乃一米突的千分之一）的進步。在沒有創造的行爲之時，我們永遠不能從沒有轉到一些東西，無論道『一些東西』，怎樣的少，少過數學上的微分，都是一樣的。因之，連續性之橋，甚至還不是杜林先生獨自一人所能夠走過的驢馬的橋（註）

（註）此處在原文是文字的遊戲；德文 Eselbrucke （字面譯義爲『驢馬的橋』）係指懶惰的小學生之參攷書。——譯者

第二，在近代機械學保留其意義之時（據杜林意見，機械學正是思維形成的最主要工具之一），完全不能解釋，怎樣能從非運動轉到運動。可是，熱力學告訴我們，物體的運動，在某種條件之下，轉成了原子的運動（甚至在這上面，運動也是從別一運動中產生出來 而永不是從非運動中產生出來），於是杜林先生狡滑地諷示道，這或許可以給我們以嚴格的靜的狀態（處於平衡的狀態）與動的狀態（運動的狀態）中間的橋梁。但這些現象，就『有些』陷於『黑暗的境域』中了。杜林先生就是這樣地把我們遺留於黑暗之中。

看，我們在深刻地考究之後，竟到何種境地：我們更深地沒入於更顯著的謬論之中，我們終於到達那種不得不到達的地步——『黑暗的領域』。但這並不怎樣使杜林先生

介意。他在下頁甚至這樣厚顏地說道：他『已經從物質本身及機械力的特質中，直……把眞實的內容，來充實不變的固定狀態的概念』。這樣的人，還說別人是『吹牛大家』呢！

幸而在這樣『黑暗中』的四無聲援的全部迷亂狀況之下，我們還無疑地有一種興奮的慰安：『其他星球上居民的數學，除了我們的公理之外。是再不能根據於別的其他的公理的』。

（六）　自然哲學　世界創成論　物理學　化學

再往下，杜林先生就轉入現在世界產生的理論。他說，物質的普遍散布的狀態，已經是約尼哲學的出發點，可是特別從康德以來，原始的星雲狀態的假定，又開始操着重要的作用，而且全世界的引力以及熱的散放，應該去說明各個固形天體的逐漸的形成。近代的熱力學，可使那些關於宇宙原始狀態的推論，帶着更確定的性質。雖是如此，『氣體似的散布的狀態，祇在我們可以更確定地說明其中機械學體系的場合，方能成爲嚴格的結論之出發點。不然，不但觀念在實際上是模模糊糊，而且原始的星雲，隨着往後的結論，也變成更加濃厚，更加不能透視……現在，一切尚處在散布的觀念之模糊與無稽的狀態之中，這一觀念，尚不能有更詳細的規定』、因此，我們所有的『這個氣體似的宇宙，祇是非常空虛的觀念』。

一切現存的天體，是從旋轉的星雲體產生出來，康德的這一學說，可說是從柯白尼克以來天文學上的一個最大的進步。開始時候，人們具着這樣的牢不可動的觀念，以爲自然沒有任何時間上的歷史。直到現在，總以爲天體自從時間開始以來，始終停留在同一規道及狀態之中，即使在個別的星球上，不可分裂的有機體，有的死滅了，可是至少牠們的種屬及種類，總是不變的。自然，大家都明白見到，自然處於經常的運動之中，可是他們總以爲這種運動，是不斷的同一過程的反覆。這種觀念，完全與形而上學的思維法相適應，康德首先打破了這種觀念，而且他利用了這樣科學的方法，使大多數他所應用的證明，直到現在，還保持牠們的效力。自然，嚴格的說來，康德的學說，直到現在還祇是一種假定，可是柯白尼克的世界體系，直到現在，也不過是一種假定呵。自從分光器以充分證據打破一切反對意見，證明星辰界上的灼熱氣體以來，科學上對於康德學說的反對，也沉默下來了。就是杜林先生自己，如不求助於這種星雲狀態的階段的話，也不能建立自己的世界結構，可是他對之還是要發洩自己的憤意，第一，他要求在這個狀態中證明出某種機械的體系；第二，因這一要求，不能滿足，所以他對於星雲狀態說應用一切侮蔑的言辭。可惜現在科學，還不能把這一體系說明到使杜林先生完全滿足的地步。可是，對於許多其他問題，現代科學，也還是很少能夠回答。為什麼蟾蜍沒有尾巴，對於這個問題，現代科學，祇能囘答道：因為牠喪失了尾巴。如果誰要是高興批評這一回答，而說道：蟾蜍的問題，無論如何，還是處在喪失觀念之模糊與無稽的狀態之中，這一觀念，尚不能有更詳細的規定，而且祇給我們以非常空虛的觀念，如既誰要是這樣說，那麼這種應用道德於自然科學上的舉動，是不會使我們得到絲毫的進步的。這種惡意的言辭與憤懣的表示，可以發之於任何時候，任何地方，所以牠們在無論什麼地方，無論什麼時候，都是不適當的。可是誰阻礙着杜林自己去找出原始星雲狀態的機械學的體系呢？

幸而再往下點我們看到，康德的星雲說，『和宇宙媒介體的完全的同一狀態，換句話說，就是和不變的物質狀態，完全不相適合』，康德從現存天體追溯星雲狀態，而以此種可能爲滿足，他的頭腦裏，甚至還沒有夢想到不變的物質狀態；這眞是幸福的康德！附帶說及，如果在現代的自然科學中，康德的星雲球態，是指原始的星雲狀態，那麽這顯然是祇以相對的意義來理解的，這一星雲狀態的原始意義，一方面在於牠是現存天體的開始，他方面在於牠是我們現在知識程度下我們所能追溯的物質之最初形態。這一事實，對於在原始星雲狀態之前物質已經經過無數其他形式之那種思想，非但沒有把牠排除，而且更需他作爲前提。

杜林先生以爲這是他的假定的長處；在我們及我們科學現在還處於暫時的原始星雲說的地方，杜林先生的科學的科學，幫助他更深遠地達到更古的時候，達到這樣的『宇宙媒介體的狀態，這一狀態，不能理解爲靜的——指這個表象的近代意義而言——也不能理解爲動的』（就是說，一般的不能理解——恩格斯）『我們以宇宙媒介體之名，稱呼物質及機械力的統一，這個統一，可說是邏輯的現實的公式，其目的在指示物質的不變的狀態，作爲一切所列舉的發展階段之前提』。

顯然的，我們還遠沒有解脫物質的不變的原始狀態。在這裏，這一狀態，被稱爲物質及機械力的統一，而這個統一，則又是邏輯的現實的公式等等。所以，當物質與機械力的統一消滅之時，運動就開始了。

這一邏輯的現實的公式，不是別的，正是柔弱無力的一種企圖，想利用黑格爾的『自在的存在』(An sichsein) 和『自爲的存在』(Fürsichsein) 之範疇，來作現實哲學之用。在黑格爾看來，處於『自在』狀態中的，是潛在於某種物件，某種過程或概念中的，尚未發展的對立之原始同一性；而進入於『自爲』狀態中的，則是這些潛在原素的區別與分化；牠們中間的相互鬥爭，即由此開始。如此看來，我們應該把原始的不動狀態，看作物質及機械力之統一，而把進於運動的轉變，看作兩者的區別與分化。但是這種表象的方法，絕不能證明杜林先生的空想的原始狀態之現實性，而祇證明牠可以歸於黑格爾的『自在』範疇之下；至於同樣空想的這一狀態的轉變，則可歸於『自爲』的範疇之下。黑格爾，來帮忙呵！

杜林先生說，物質是一切現實的担當者，因此在物質之外不能存在任何機械力。再次，機械力是物質的狀態。在不起何等變化的原始狀態中，物質及其狀態，卽機械力，是統一的。以後，當某種變化開始發生之時，其狀態自然不得不與物質相異。杜林說不變的狀態不是靜的，也不是動的，不是處在平衡狀態中，也不是處在運動中，杜林先生要以這樣神祕的辭句與保證，來使我們滿足。可是我們還始終不知道，在這樣狀態的時代，機械力是在什麼地方，而且沒有外來的刺激，就是說沒有上帝，怎樣能夠從絕對的不動轉到運動。

在杜林先生以前的唯物論者，也論及物質及運動等問題。杜林把運動歸爲機械力，作爲運動的所謂基本形態，因此他自己就沒有一種可能去理解物質與運動中間的眞正關係，這一關係，對於一切以前的唯物論者，也都是不明白的。其實，全部問題，非常簡單，運動是物質存在的形式；無論在什麼時候，無論在什麼地方，總不會有一種沒有運動的物質。宇宙空間中的運動，個別天體上較少物體的機械的運動，採取熱的形式，採電流或磁流形式的分子的運動，化學的分解及化合，有機的生命——每一個別的物質原子，在每一瞬間，總是經常處在上述的一種運動形態，或同時處於數種運動形態之中。一切的靜止，一切的平衡狀態，祇是相對的，牠們祇對某一特定運動形態而言，才有意義。例如，某一物體在地球上可以處於機械的平衡狀態，就是說機械的靜止狀態，可是這並不妨礙牠參加地球的運動以及全部太陽系的運動，同樣的，這並不妨礙牠的物理學的最小部分，經歷牠的溫度所引起的變動，也並不妨礙牠的物體的原子經過某種化學的過程。沒有運動的物質，和沒有物質的運動一樣，同是不可思議的。因之，正和不能創造或毀滅物質的本身一樣，運動也是不能創造和毀滅的——這一思想，以前的哲學（笛卡兒表現得如下：世界上所有的運動的數量，總是一樣的。因此，運動不能被創造，牠祇能被轉移。當運動從一個物體轉到別個物體之時，因其移動，因其主動，所以我們可以把牠看作是被轉移的，受動的運動之原因。這種主動的運動，我們稱爲力，而受動的運動，則稱爲力的表現。由此可以完全明白，力與力的表現，是同樣大的，因爲牠們兩者之間，完成着同樣的運動。

這樣，沒有任何運動的物質狀態，成了最空虛的荒謬的觀念之一，成了眞正的『熱昏的囈語」。要到達這種狀態，一定要地球上的某一物體，處於相對的機械學的平衡狀態，把自己看作絕對的靜止狀態，以後再把這種表象，轉移於全宇宙。自然，如果把全世界的運動，歸合成單純的機械力，那麼上述的轉移，就更是容易了。而且這樣地把運動簡單限於機械力，還有一種好處，就是牠使自己可以把力看成凝聚狀態中的靜止物，因之在該一瞬間，就毫無活動。例如，像當時所遇到的，運動的轉移，是各種中間的環所進入的較為複雜的過程，因之，真正的轉移，鎖鍊中最後一環的施放，就可以延遲到任何的時候。例如在實礮之時，我們可以任意選擇發射之時機，在這時候，撥動鎗機，舉行射擊，這就是說因火藥燃燒之助，惹起獲得自由的運動之轉移。所以，可以設想出，在不變的狀態之時，物質是充滿了力的；看來這就是杜林先生在說到物質與機械力的統一時所理解的情形，（如果他一般的還能理解的話）。但是這樣的觀念，是沒有意義的，因為牠把那種具着相對性質的，在某一瞬間祇是一部分物質所處的狀態，轉移於全宇宙中，而把牠看作絕對的狀態。但是，即使不顧這一方面的話，那麼還是存在着難題：第一，宇宙怎樣充實起來，因為在我們時代，鎗礮是不會自己實彈的，第二，誰的手指撥動鎗機呢？我們可以任意旋轉，可是在杜林先生的指導之下，我把每次總是重新回到上帝的指頭上。

我們的現實哲學家，從天文學轉到機械學及物理學，而且嘆息道：熱力學自從發現後，整個世　以來，還是超越美以爾（R bert Mayer）所已達到之點不遠。而且，據他意見，全部學說，還是非常的黑暗：我們不得不『重新提起，在物質運動的狀態以外，還有靜止的關係，而這種關係，在機械學的工作上，絲毫沒有測量物……，如果我們以前稱自然爲偉大的勞働者，而現在更要嚴密地解釋這一辭句，那麼我們應該補充，不變的狀態及靜止的關係，並不是什麼機械的工作。這樣，從靜的到動的之間，我們又沒有媒介的橋樑，如果所謂潛熱，直到現在　總是理論上的障礙石，那麼我們在此應該承認缺點的存在，在應用於宇宙現象之時，更不應該否認這一缺點』。

全部這樣的符咒似的話，不是別的，正是作者良心不安的發露，作者明白地感覺到，他所說的．運動從絕對不動中產生出來的假定，使他陷於絕望的迷途，可是他始終還恥向唯一的救主求助，即向天地的創造者求助。甚至機械學（包括熱力學）中，也無從找得從靜的到動的，從平衡狀態到運動的橋樑，那麼怎樣可以追着杜林先生來尋找種從不運動狀態到運動的橋樑呢？在他承認了最高神力之後，他或許可以幸福地脫離苦難。

在通常的機械學中，從靜的到動的中間的橋樑，是外來的刺激。如果把百磅重的石頭，舉到十米突高，而懸空吊着，形成不變的靜止的狀態，在這時候，如果想說，這一物體的現狀，並不表示任何機械學的工作，或是說，牠與最初位置之間的距離，在機械學的工作上，找不到測量物，如果他想這樣說，那麼他祇能向幼兒們去講。每個路傍的人，都可以給杜林先生解釋，石頭不是自己向上昇到繩子上，而初步第一册機械學教科書，儘可以給他說明，如果讓這個石頭落下來，那麼牠在落下時所產生的機械學的工作，正和提高十米突時所化費的一樣。甚至石頭懸在上面的這一簡單的事實，已是一種機械學的工作，因為當牠懸掛長久的時候，繩子就要斷，繩子因化學分解的結果，沒有充分的支持石頭的強度，一切機械學的過程，都可以歸結到這種『簡單的基本形態』——用杜林先生的話——，工程師，如果有了充分的外部刺激，而還不能設置從靜止狀態到動的狀態之橋，那麼這樣的工程師，現在還沒有。

運動的測量物，不得不是牠的反面——靜止——，這一事實，在我們的形而上學者看來，無疑的是一個困難的問題及苦樂。因爲這是顯然的矛盾，而且在杜林先生看來，則任何矛盾，都是無理的。但無論如何，這總是事實，即，懸着的石頭，是一定的機械運動的數量，根據石頭的重量及其對於地上的距離，這種數量，可以確切地計算出來，而且可以注意地加以利用，例如，垂直地落下，斜面地滾下，或紡錘似的迴轉；這種情形，也可適用於實彈的鎗礮。從辯證法的觀點上看來，運動表現於其反面，即表現於靜止中，這一事實，絕不是什麼難題。在辯證法看來，這種對立，像我們在前所見到的，祇是一種相對的東西；絕對的靜止，無條件的平衡狀態，是不存在的。個別的運動，趨向於平衡，可是總的運動，又破壞了這一平衡狀態。這樣，靜止及平衡狀態，在其存在之時，祇有限制的運動的結果；自然，很顯明的，這種運動，是可以用自己的結果來測量的，是可以用牠來表現，而再以某種形式從牠上面得出來。但是杜林先生不能以如此單純的事物的說明爲滿足。他正如眞正的形而上學者一樣，開始時在運動與靜止之間掘道實際上不存在的鴻溝，以後就奇怪，他不能在他自己所造成的鴻溝之上建立橋樑。他可以同樣的成績，坐在自己形而上學的洛幸納特（Rossinate，意大利小說上的名馬）馬上，追逐康德的『自在之物』，因爲歸根到底，隱藏於這個不能捉摸的橋樑之後的，不是別的，正是這一自在之物。

但是熱力學，以及成爲熱力學理論的『障礙石』之潛熱，究竟是怎樣呢？

如果在通常氣壓之下，要把處於冰點上的一磅冰，燒成具有同樣溫度的水，那麼所損失的熱度的數量，等於同樣的把一磅水，從零度熱到攝氏79.1度，或把79.1磅的水熱高一度時所需的熱度。如果再後，把這一磅水，熱到沸點，即100度，以後再變成100度熱的水汽，那麼當水完全變成汽之時，其所消失的熱度數量，要多七倍，這熱度足够使537.2磅的水，昇高一度。這種消失的熱量，就稱潛在的熱量。如果以冷却的方法，把蒸汽轉爲水，把水又轉爲冰，那麼以前潛在着的熱量，又發散出來了，就是說，這熱量可以被人感到，而且可以測量。在蒸汽凝結及水冰凍之時，熱度的發散，就是蒸汽冷到100度時祇是逐漸轉成水，而水冷到冰點時祇是極慢地轉成冰的這一事實之理由。學

實是這樣。現在試問當熱量處於潛在狀況之時，牠究竟怎樣呢？

根據熱力學，熱度是由於物理上的活動物體的最少部分（分子）的或多或少（看溫度及凝集狀態如何）底震動——這種震動，在某種條件之下，可以轉爲任何其他的運動形式，——這種熱力學在解釋上述事實時，以爲喪失了的熱度，是執行了一定的工作，是轉成了某種工作。在冰溶化時，個別分子相互間密切緊接的連繫，因之失去，而爲比較自由的結合所代替；在沸點的水轉成蒸汽之時，也發生了這樣的狀態，使個別的分子，相互不發生任何顯著的影響，並且在熱的作用之下，甚至往各方面分散。顯然的，任何物體的個別分子，在氣體的狀態中，比較液體具有更大的力，在液體的狀態中，比較固體，具有更大的力。這樣，潛在的熱量，並沒有消滅，牠祇是改變了，採取了分子澎漲力的形態。當個別分子所以能夠保持這種絕對或相對的相互自由之條件，消滅以後，就是說當熱度降到最低限度的100度或零度之下時，這種澎漲力，減弱下去，分子用着和從前相互離散同樣的力量，又相互凝集，這一力量，於是消滅，但這祇是使牠的力重新表現於熱的形式上，而熱之量，正和以前處於潛在狀態中的熱量一樣。這一解釋，以及全部熱力學，自然還祇是一個假定，因為誰也沒有看見過分子，至於分子的運動；更不要說了。這種解釋，正和一切新近提出的理論一樣，包含着許多缺點，但是牠至少能夠解釋現象，而絕不與運動不生不滅的原則相矛盾．這一解釋，甚至可以正確地說明熱力在其轉變之時，存在於何處。這樣，潛在的熱，並不是熱力學的障礙石。反之，這一理論第一次給出上述過程的合理的解釋，可以爭論的地方，祇是在於物理學家繼續把那已經變成別種分子力形式之熱量，稱為陳舊的已不適當的『潛在』的名詞。

因之，固體，液體及氣體的不變狀態與靜止關係，無論如何，總是一樁機械學上的工作，因為這種工作，正是熱量的尺度。地殼以及大洋的水，在現存的狀態之下，是充分確定的一定數量的發散的熱，這個熱的數量，是和機械力的一定數量相合的。在地球所由產生的氣體變成液體，再後由液體變成大部分固體的時候，一定數量的分子力，以熱的形式，放射於宇宙的空間。所以杜林先生神祕地所說的困難，是不存在的；雖然在應用到宇宙現象的時候，我們要遇到我們認識手段之不完備所引起的缺點，可是無論在什麼地方，我們都不會遇到理論上不能解決的障礙。從靜的狀態到動的狀態中間的橋樑。在這地方也是一種外部的刺激——即，他種物件對於處在平衡狀態中的對象發生影響之所所引起的冷却或溫熱。我們更深入地探究杜林的自然哲學，我們更明顯地發見杜林先生一切企圖之無望，因杜林先生企圖以不動的狀態，說明運動，企圖找得一種橋樑，使純粹固定的靜止的狀態，可以由本身轉成活動的運動的狀態。

幸而，我們暫時脫離了不變的原始狀態，杜林先生轉說到化學，在這上面，他告訴我們現實哲學直到現在所獲得的三個自然不變的法則：

（1）一般物質之數量（2）單純的（化學的）原素之數量，（3）機械力之數量——所有這些，都是不變的量。

所以，物質不生不滅的性質，以及物質自單純原素組成時，原素的不生不滅性，與運動的不生不滅性——，所有這些，都是表一種現得極不充分的，自古以來已周知的事實，這就是杜林先生在其無機界自然哲學研究後所能提供我們的唯一積極的見解。可是所有這些，我們早已知道了。但是我們祇有一點不知道，就是，這些竟是『不變的法則』，牠們本身，竟是『事物體系的絕疇的特性』。在我們眼前，正發生在說到康德時的那樣的情形：杜林先生取了一些世人周知的事實，貼上自已的商標，而把牠稱為『根本特出的結論及見解……創造體系的思想……深入根底的科學』。

可是，這還不應該使我們失望。杜林先生的最根本的科學與最好的社會體系，無論具着怎樣大的缺陷，可是他總可以深信地說道：『宇宙內所有的金子，總是同一數量的，牠和一般的其他物質一樣，是不能增加和減少的』。但可惜杜林先生沒有告訴我們，我們用了這些『現有的金子』，可以購買些什麼。

（七）自然哲學　有機界

『從壓力及衝擊的機械學，至感覺與思想的結合之間，存在着一個統一的，唯一的中間階段的層階』。用了這種斷言，杜林先生就可以不必對於生命的發生，說出確定的意見來；——雖然推測世界發展直至其不變狀態而且在其他天體上感覺着如在自己家中的這樣的思想家，大家是可以希望他在這個問題上有確切的見解的。而且，如果沒有補上上述黑格爾的質量關係的交錯線，那麼上面的這一斷言，也祗有一半是對的（參考第四章）。無論怎樣徐徐進行，從一個運動形式進到別個運動形式的轉變，總是一種飛躍，總是一種決定的轉變。無論是從各個天體的機械學轉變到個別天體上微小物體的機械學，或是從物體的機械學轉變到分子機械學——包含那些爲狹義物理學研究對象的運動，如：熱，光，電，磁——其性質也是如此。同樣的，從分子的物理學到原子物理學或化學的轉變，也是依靠決定的飛躍來完成的；從尋常化學作用到蛋白質化學作用——即我們所謂生命——的轉變，更是如此。往後在生命的範圍內，飛躍逐漸變成更稀少和不顯著了。因之，黑格爾還是不能不改正杜林先生。

爲到達有機界的邏輯的轉變起見，杜林先生利用了目的之概念。這又是從黑格爾那裏仿效來的，黑格爾在其『邏輯』——關於概念的學說——一書中，因目的論（即關於目的之學說）之助，從化學作用轉到生命。我們在杜林先生書上，無論往何處看，總遇到某種黑格爾的『生硬的思想』而杜林先生自己則坦然地以爲這種思想是自己的窮根究底的科學。如果在這裏，我們研究，把目的及手段的觀念應用於有機界上，究覺有理與適當到某種地步，那麽我們或許離題太遠了。無論如何，就是應用黑格爾的『內部的目的』，——即並非爲有意行動的第三者，如先知之明，納入於自然之中的目的，亦即存在於事物本身必然性中的目的　——就是這個方法，也會使那些沒有充分哲學教養的人，進而不斷地無思慮地把自覺的有　的行動，歸於自然。杜林先生在別人稱須帶着『心靈主義』氣味之時立刻表示極大的道德的憤怒，可是他自己『深信地』確說，『本能主要的是爲着與他們遊戲相聯的滿足而建立的』。他向我們說，可憐的自然『不得不經常地一再整飭對象界的秩序』，而且此外，牠（自然）還有許多其他事情，『牠們（這些事情）要求自然有一種比常人所想更大的巧妙（S.b.ilita t）』。但是自然不僅知道牠爲什麼創造這些或那些東西，牠不幸要做婢女之事，牠不但具有巧妙　——即此，牠已是完成於主觀自覺思維中的美妙的東西了——，牠而且還有意志；因爲在本能中，牠還附帶執行現實的自然條件——營養，生殖等——，對於這一附加的任務，『我們應該看作不是直接所欲之物，而是間接所欲之物』。這樣，我們就到達一種自覺思維，自覺行動的自然，我們就立於『橋樑』之上，眞的，這一橋樑，不是從靜止渡到運動，而是從汎神論渡到自然神論。杜林先生或許自己也想稍爲研究些『自然哲學的半面詩』？

不，這是不能預定的。我們的現實哲學家關于有機界所能告訴我們的，祇限于反對「自然哲學的半面詩」，反對「帶着無思慮的浮面性而且帶着科學的神秘性之吹牛主義」，反對達爾文主義的「詩化的特徵」等等底論戰。

首先就責備達爾文，說他把馬爾塞斯的人口論，從政治經濟學移到自然科學上，說他處在飼畜者的觀念的影響之下，說他的生存競爭論不過是非科學的半面詩。總而言之，全部達爾文主義，除他從拉馬爾克所引用的以外，都是一片反對人性的獸性。

達爾文從他的科學研究的旅行中，得出結論，即動物及植物的種類，不是永久的，而是變更的。為更進一步在國內發揮他的這個思想起見，除了用人工方法培養動植物以外，再沒有更好的觀察之地了。在這方面，英國可以說是古典的國家；在別個國家，例如在德國，工作的成績決不能像英國在這上面所達到的那樣好。而且這一研究上大部分的成績，是得之於最近的一個世紀；所以事實的確證，就沒有多大的困難。達爾文發見，人工方法的培養，在同一種類的動物及植物中所引起的區別，比較那些大家所認為是異種的動物及植物中所引起的區別，更要厲害些。這樣一方面在某種範圍之內，證明了物種的可變性，他方面證明，具有不同種屬表記的有機體，可能的有共同的祖先。達爾文以後更研究，在自然界本身之中，能否找出這種的原因，使牠不必經過動植物培養者的自覺意志，而能於某一時期內，在活的有機體中，引起人工培養所到達的那種變更。他找得這種原因，是在於自然所產生的巨數胚種，與實際成熟的少數有機體之不相符合。因爲每個胚種，都企求發長，所以必然的發生生存的競爭，此種競爭，不但表現於肉體鬥爭或吞食的形式上，而且還表現於取得空間及光線的鬥爭上，這鬥爭就是在植物中，也可以看到。顯然的，在這個鬥爭之中，那些具有某種利于生存競爭的個別特質，甚至最小特質的個體，有更大的成熟與繁殖的機會。這些個別的特質，有遺傳的傾向，如果這些特質在同種的某些個體中遇到，那麼因爲重複的遺傳，牠們可以按照已經採取的方向，更形加強起來。反之，沒有這些特質的個體，容易在生存競爭中敗北而逐漸消滅。這樣，種屬即按照自然淘汰，即適者生存的原則，而發生着變更。

杜林先生起來反對這個達爾文的理論，根據杜林先生自身的意見，生存競爭的觀念的起源，是在於經濟學人口論者馬爾塞斯見解的一般化。這樣，上述的學說，也就具有紳甫式的馬爾塞斯人口過剩見解所固是的一個缺陷。——可是達爾文腦中並沒有想到，生存競爭觀念之起源，應該求之於馬爾塞斯。他祇是說，他的生存競爭的學說，是應用於全部動植物世界的馬爾塞斯的學說。可是幼稚地不經批判而接受馬爾薩斯學說的達爾文，無論犯着何等大的錯誤，但每人都明白地知道，人們儘可不必需要馬爾塞斯的眼鏡，而看出自然界中的生存競爭，看出自然浪費地所產的無數胚種之量與一般能够到達成熟地步的小量中間底矛盾，——這一矛盾，實際上大部份是由生存競爭，而且由極殘酷的生存競爭來解決的。好像當李卡圖所用來證明工資法則的馬爾塞斯的論據，已被遺忘之後，工資法則，還保持了牠的意義，同樣的，生存競爭，儘可以不顧任何馬爾塞斯的解說，而存在於自然界之中。其實，自然界中的有機體，同樣的具有牠們自己的人口法則，這些法則，差不多還完全沒有研究過；這些法則之確立，無疑地對於物種發展的學說將有決定的意義。可是誰在這一方面給以決定的刺激呢？不是別的，正是達爾文。

杜林先生取巧地不說這個問題的積極的一方面。他儘管是非難生存競爭的學說。據他的意見，無意識的植物與溫順的草食動物類之間的生存競爭，無從說起：『根據文字的確切意義講來，在動物界中，祇在奪取食物，弱肉強食的範圍內，才有生存競爭。他旣把生存競爭的概念，限定於這樣狹隘的範圍內，自然就可以對他自己所限定於動物界中概念之獸性，表示十足的憤意。可是這種道義上的憤慨，實際上祇關係到杜林先生的自身，他正是這種狹義生存競爭的唯一的作者，所以對之祇能單獨負責。因此，不是達爾文尋找『猛獸世界內自然的一切行動的法則與智識，因爲相反的達爾文正是把全部有機界，包括於爭鬥的法則中，而是杜林先生自己所製造的幻想的幽靈，在尋找着這些。生存競爭的名稱，我們願意讓牠作爲杜林先生極高道德的憤怒之犧牲品，可是這種爭鬥本身的事實，就是在植物界中也是存在着的——每片草地，每畝種穀之地，每個樹林，均可給杜林先生證明；事情不是在於名稱上，不是在於應否說『生存競爭』，或說『生存條件的缺乏，機械的作用』，而是在於這一事實怎樣影響於物種的保存及變更。關於這個問題，杜林先生處於執拗的不變的靜默之中。因此，自然淘汰問題，還一如往昔。

可是達爾文主義，『從無有之中，產生他的變化與分化』。是的，當達爾文講到自然淘汰時．他並沒有考慮到那些引起個別物體的變更底原因，而主要的祇是說明，怎樣這些個別的相異．逐漸成爲某一部屬，種屬或種類的特徵。在達爾文看來，最主要的，還不是在於找出這些原因——這些原因直到現在，一部分還是完全不知道，一部分也祇能極其概略地敍述出來——而是在於找出這些原因的作用所採取的，並保持其確定意義的合理形式。達爾文在這上面，使他自己的發見，採取過分廣大的行動的範圍，他把自己的發見，看作物種變化唯一的因素，而爲着那重復發生的變化在變成一般化時採取何種形式的問題，忽略了這個變化的原因之問題——這種缺點，是達爾文以及其他眞正推進科學的大多數人所共有的。而且如果說，達爾文祇是利用了『畜牧者的智慧』，從無有之中，產生出自已個別的變化，那末，從這觀點上，也應該假定，畜牧者及蒔花者，也是從無有之中來產生那種並非祇是假定的而是現實的動植物形式的變更。但是，這些變化及個別分化在實際上是怎樣產生的，給這一問題的研究以刺激的，不是別人，還是達爾文。

最近以來，特別是因赫克爾（Haekel）之助，自然淘汰的觀念，是已擴大了，物種的變化，已經開始被人看作是順應及遺傳之相互作用的結果，並且順應被認爲是產生變化的因素，而遺傳則是保持這些變化的因素。但就是這點，杜林先生也以爲是不當：『自然所給與的或所剝奪的眞正對於生活條件的順應，要有自覺表象所決定的本能及形爲形式爲前提。不然，順應祇是表面上的，而在這上面發生作用的因果關係，不能超越物理化學，及植物生理學過程的最低階段之上。在這上面引動杜林先生怒氣的，還祇是一種名稱。其實，這一過程的名稱無論叫作什麼，問題祇是在於 這些過程，是否在有機體的種類中引起變化？可是杜林先生又是沒有給以一字的回答。

『當某種植物在其生長之時，不是選擇那種能得最多光線的方面前進，那麼這種刺激的作用，最多不過是物理的力與化學作用的結合，如果在這場合上，不是以比喻的意義，而是以眞實的意義來說明順應，那麼這將在概念之中，注入心靈主義的混亂』。他對別人這樣的嚴格，但他自己却正是確切地知道，自然爲何製造這些或那些東西，他自己敍述自然的巧妙，而且甚至說到自然的意志。這眞是心靈主義的混亂，但是誰的呢；赫克爾的，還是杜林先生的呢？

不但是心靈主義的混亂，而且還有邏輯上的混亂。我們已經看到杜林先生用盡一切力量堅持着要使目的之概念在自然中佔着地位：『手段與目的間的關係，並不要以自覺意志爲前提』。但是他所堅決駁斥的無自覺意志，無表象爲媒介的順應，除了不自覺的目的行爲之外，還是種什麽東西呢？

如果，靑蛙及以樹葉爲食的蟲。具有綠的顏色，如果沙漠上的動物，具有沙的黃色，而兩極寒帶的動物主要的具有雪似的白色，那麽牠們之得到這些顏色，並不是故意的，並不是爲何種表象所指導：反之，這種顏色正是要由物理的力與化學作用來說明。但無論如何，毫無疑義的，上述的動物，因有這種顏色，所以能夠合於目的地順應牠們所生存的環境，這是說牠們因此能够更少爲牠們的敵人所看到。同樣的，某些植物用以捕捉或呑食接近自己的蟲類之機關，也是順應——甚至合於目的地順應——於這種作用的。因此，如果杜林先生堅持說順應一定要在表象之下完成，那麽換一句話，他就是說，合於目的之行動，應該由表象之助而完成，應該是自覺的，故意的。這樣，像現實哲學所發揮的一樣，我們又轉到自覺地追蹤某種目的底創造者，即追蹤上帝的地步了。

『以前這樣的解釋，曾被人稱爲自然神論，而沒有特別爲人看重（杜林先生說），但到現在，世人在這方面好似又更加退步了』。

我們從而應轉到遺傳。在這問題上，根據杜林先生意見，達爾文主義也是走着錯誤的道路，因爲杜林先生以爲根據達爾文意見，全部有機界，都是從一個始祖傳下來的，而是唯一的一個物體的子孫。杜林先生以爲，並無何等血肉關係的同種自然物之獨立並存，在達爾文看來是沒有的，所以當生殖或其他繁殖方法斷絕之時，他就立刻結束他的退步的目解。

說達爾文把現存的一切有機體，從唯一的祖先引伸出來，這話客氣點講，祇是杜林先生的『自身自由創造及想像的產品』。在『物種原始』（Origin of Species）（第六版）的最後一頁上，達爾文直的說，他以爲『一切生存的物體，不是特殊的創造，而是若干少物數體的直系的子孫』。赫克爾更要進步些，而假定『植物界有一個完全獨立的祖先。動物界有另一個獨立的祖先』，而在這兩者之間，還有『若干獨立的祖先，從牠們中間，每個與上述二者完全獨立，而從自己的原始滴蟲形態發展出來』（創造史，第397頁）。這一原始物是由杜林先生發明的，為的是使他可以把這原始物與原始猶太人亞丹相對照，而加以誹謗，可是不幸杜林先生不知道，因斯密斯（George Smith 英人）的關於阿西里亞的研究，發見這一猶太人是原始的賽密特人，一切聖經上關於創世及洪水等等的神話，都祇是古代宗教性的傳說的斷片，牠同樣地散播於猶太人以及巴比侖人，黑而及人及阿西里人等等的中間。

自然，達爾文在血統斷絕之時，立刻含糊過去，對於這點，自然值得作嚴厲的應受的責備，可惜，我們的全部自然科學，都應受這樣的責備：在一個有機體從別個有機體產生出來的系統斷絕之時，『自然科學就含糊過去了』。直到現在，自然科學還沒有到達這樣的地步，使有機物的產生，不要單靠其他物體的繁殖；甚至從化學的原質中獲得單純的原形質或其他的蛋白質，甚至這點，自然科學直到現在也還是不能做到。因之，關於生命的起源，自然科學現在所能確說的，還祇是：生命的起源，大概是由化學的方法來完成的。可是，或許現實哲學能够在這上面幫助我們，因牠擁有不具血統關係的獨立並存的自然物？這些自然物是怎樣產生的呢？自己生出來的嗎？但是，直到現在，就是最大膽的自生論的擁護者，也並不忘想以這種方法，在細菌，菌之胚種，及其他極原始的有機物之外，來造成別的東西；蟲，魚，鳥，及哺乳動物等更不必說了。如果這些同種的自然物（當然是有機物，因爲這地方祇說有機物）中間沒有血統的關係，那麼當『血統關係斷絕之時』，牠們，（自然物）或是牠們的每個祖先，祇能靠着個別的創造形爲而出現於世界。這樣，我們又回到創造者，又回到世人所稱爲自然神　的東西。

再次，杜林先生宣佈達爾文極淺薄的表誌，說他「把特質的性之構成的單純行爲，當作特質產生的基本原則」。這又是我們窮根究底的哲學家自由創造及想像的結果。相反的，達爾文確定地聲說：『自然淘汰』的話，祇指變化的保留，而不是指牠們的造成（第六十三頁）。這種達爾文所從來沒有說過的假造的話，祇是用來幫助我們去理解杜林先生的下述深思熟慮的見解：『如果在生殖的內在範疇中，尋求某種獨立變化的原理，那麼這種思想，許是完全合理的，因爲這樣的思維，即是把一般發生的原理與生殖的原理統一起來，而把所謂自生，從最高觀點去看，不是把牠看作再生產的絕對的對立，而是把牠看作生產——這樣的思維，是完全自然的』。能夠說出這樣蠢話的人，竟還敢厚顏地責備黑格爾爲『夢囈』！

達爾文學說的刺激，引起自然科學的偉大的進步，杜林先生對此，發表了醜惡的矛盾的謾駡辭，這些謾罵辭，我們已經聽得儘够了。無論是達爾文或是他的繼承者，都不想看輕拉馬爾克的功績；而且正是他們第一次重新提起他（拉馬爾克）的偉大的科學功績。但是我們不能忽略這個事實，卽在拉馬爾克之時，科學還沒有充分的材料，可使他對於物種起原的問題，除了預察將來，卽預言之外，還能有別的回答。可是在拉馬爾克之後，不但在蒐集動植物學及解剖植物學的領域上集積了龐大的材料，而且此外還產生了兩種完全新的科學部門，這兩種科學，對於這裏所討論的問題，有決定的意義，這就是：植物及動物的胚種發展的研究（胚胎學），以及各個地層內所保留的有機物遺骸的研究（古生物學）。特別是發現了，在有機物胚種進於成熟有機物的逐漸的發展，與地球歷史上按次出現的植物與動物的順序二者之間，存在着顯著的吻合。這種吻合情形，使進化論得到最確實的基礎。但是進化論學說本身尙是非常新的，所以無疑地，往後的研究，將極大地修正現在的及嚴格達爾文式的對於物種發展過程的表象。

但是，關於有機物的發展，現實哲學能給我們說些什麼積極的東西呢？

『物種的變化，是可以容許的假定』。但是在牠之旁，『相互沒有血統關係的同種自然物底獨立並存』亦是有效的。根據這點，應該得到結論：異種的自然物，即變化的物種，相互發生血統關係，而同種則否。可是，這不完全是如此的，因爲就是關於變化的物種，我們在他處也讀到，血統關係在他們的形成中，祇應說是操着『非常次要的』作用。因此，這種因素，雖然是『次要』的，可是總承認其爲因素了。可喜，杜林先生對於血統關係作了許多惡言及攻擊以後，終於從後門把牠放進來了。對於自然淘汰，也是如此，因爲杜林先生在對自然淘汰所由完成的生存競爭，發表了整個的道德上的憤激之後，突然說道『這樣，有機物性質的更深的原因，在於生存的條件及週圍的關係，而達爾文所着重的自然淘汰，則祇能當作次要的因素』。這樣，雖然還是次要因素，自然淘汰，總算已被承認了。可是和自然淘汰一起的，還有生存競爭。因之也有神甫式的馬爾塞斯的人口過剩論！——這就是我們從杜林先生那裏所知道的一切東西，至於其他，那麼他叫我們讀拉馬爾克。

最後，他警告我們不要濫用變態及發展兩字。他說變態是不明確的概念，而發展的概念，則祇有在發展法則可被實際證明的範圍內，才可允許。爲代替上述兩字起見，我們應該說『構成』(Komposition)，那時一切都就緒了。還是老套頭：事情的實質，一如往昔，可是我們如果變換名稱，杜林先生就非常滿意了。如果我們說小鷄由鷄蛋成長而來，那麼這我們要陷於混亂，因爲我們祇是極不充分地指示進化的法則。如果我們一說牠的『構成』，那麼一切都明白了。因此，以後我們將不再說：『這個小孩很好的成長起來』，而祇說『這個小孩，處於好極的構造過程之中，這樣我們祇有恭喜杜林先生，因他值得和『尼伯龍指環』的作者，並肩而立，不但在高貴的自尊心上是這樣，就是在將來的作曲者的資格上，也是如此。

（八）　自然哲學　有機界（終結）

『應該考慮到……爲向我們的自然哲學部門供給牠的一切科學前程起見，需要何種實證的智識。牠的根底、首先在於數學上的全部主要的成績，再次是機械學上　物理學上，及化學上的嚴密知識的主要原理，以及生物學上動物學上及其他同樣學問上的一般自然科學的結論』。

杜林先生以這樣深信的堅决的態度，敍述杜林先生在數學上及自然科學上的博學。但是根據貧弱的『自然科學一節』，特別是根據牠的貧弱的結論，看不出在牠後面有什麼深刻的實證智識。無論如何，爲發表杜林式的物理與化學的神話起見，在物理學上，祇要知道表現熱力等量的方程式就够了，在化學上祇要知道一切物體分成原素及原素的結合，也就够了。此外，如果誰像杜林先生那樣（第一三一頁）能夠說『重力作用的原子』，那麼這就證明，他在關於原子與分子的區別上，還是『盲目』的。大家都知道，原子的存在，不是爲着重力或其他機械學的物理學的運動形態，而祇是爲着化學作用。再後，讀了關於有機界的一章，在這章內，除了空虛的，矛盾的而且在要點上神話似地全無意義的空話及完全虛無的結論以外，再找不出別的東西——讀了這章以後，已經忍不住要設想，杜林先生在這地方正在敍述他自己所很少知道的事物。當讀者看到他的提議，要以後在關於有機生活的學問中（生物學），應用『構造』一字以代『發展』

一字之時，讀者的設想，將變為相信。誰要是曾提議這樣的東西，那麼這就證明他對於有機體的形成，全然無知。

一切的有機體，除最下級的以外，都是由細胞形成的，這細胞即是細小的，祇在極強顯微鏡下可見的，具有內部之核的蛋白質的球。通常，細胞還生長外面包皮，那時牠的內容，多少是液體的。最下級的細胞體，由單細胞組成；最大多數有機體，都是多細胞的，即是許多細胞相聯的複合體，這些細胞，在下級有機體中還是同樣的。可是在高級有機體中，就逐漸採取更加不同的形式，集合及活動。譬如，在人體之中，骨，筋肉，神經，腱。靭帶，軟骨，皮膚，總而言之，一切組織，都是由細胞組成，或是從細胞發展出來的。可是對於一切有機的細胞體，從最簡單的，大部無皮的，內部有核的蛋白質球之『阿美巴』(Am be) 到人止，從最少的單細胞的 Desmidiacea（一種最小的海藻）到最發展的植物止，他們細胞增加的共同的方法，就是分裂。最初。細胞的核，牽動到止中，這種把核分成兩端的牽動，逐漸更加厲害了；最後核一分為二，而形成兩個細胞核。細胞自身，也經歷同樣的過程；兩核之中，每個都成為細胞質所凝集的中心點，兩部分細胞質之間，由一層膜來連結着，這膜逐漸更加狹小，直至最後，這兩部分細胞質，相互分裂開來，而以獨立的細胞形式，繼續存在下去。自受胎後。動物的卵的胚種，以這種反覆分裂的方法，逐漸發展爲成熟的動物，同樣的，在成熟的有機體中，已消費的細胞底更易，也是這樣的進行着，如把這樣的過程稱爲構造，而把這上面『發展』一字的應用，稱爲『純粹的空想』，那麼祇有對於這種過程絲毫不懂的人——在我們現代很難假定這樣的人——才能這樣做；在這上面祇有最通常意義之發展，而所謂構造，則在此斷然的絲毫沒有！

關於生命，杜林一般的怎麼去理解，這點我們在下面再說。特別的說，他對於生命，抱着這樣的觀念：『無機界也是一個自己完成的運動的體系，祇在眞正分化開始之時，祇在物質的循環，從內部一點按照可以變成爲小形體的胚種形態，經過特別之管而完成之時，方可以說到狹義的，嚴格意義的眞實生命』。

狹義地嚴格意義地講來，這句話，即使就其文法上的無限錯亂不說，也是全無意義之談。如果祇在眞實分化開始之時，才有生命，那麼我們應該把赫克爾的全部原生動物界，而且根據分化一字的理解法如何，還應該把更大部分的有機物，宣佈為死物。如果祇在這種分化可因小的胚種形態之助而轉移之時，才有生命，那麼至少一切低等的有機物，包括單細胞的有機物，都應該承認不是生物了。如果生命的表誌是一種經過特別之管的物質循環，那麼我們還應該把整批腔腸動物（Coelenterata）——祇水母類除外——就是把一切水螅及其他植蟲類，除出生物之外。如果以爲生命的基本表徵，是從內部一點經過特別之管的物質循環，那麼我應該把一切無心臟的或有幾個心臟的動物，當作死物。這上面除上述的以外，還包含一切蠕形動物，海星，及輪蟲類（按黑克斯來的分類爲 Annuloida 及 Annulosa）有殼蟲類的一部分（蟹）最後甚至一種脊椎動物，針魚（Amphioxus）。此外，一切植物也都是死物了。

這樣，杜林先生欲以狹隘的嚴格的意義，來形容生命，於是給出了四種相互矛盾的生命表誌，在這中間，一種表誌非但把全部植物而且差不多把一半動物界，算入永久的死物之中。實在說來，誰也不能講，杜林先生在允許給我們作『根本的，特殊的結論及見解』之時，是在欺騙着我們。

在另外一個地方，他說道：『在自然中，我們也可看到，從最低等到最高等的一切組織的基礎，是一種簡單的類型』這一類型『在最不完備的植物之最下級的運動中，也可完全見其一般的本質』。這個意見，又是『完全』的無謂之談。在全部有機界中所看到的最簡單的類型，是細胞，牠確實是最高等組織的根基。可是在最低等的有機物中，我們還看到許多通在細胞之下的東西，例如，普羅特阿美巴 Protamoebe)，沒有何種分化的單純的蛋白質物，再次還有整批其他的滴蟲及全類有管類之物（Siphoneae）。所有這些物體之所以與高級有機體相聯結，祇是因爲牠們主要的構成原素，是蛋白質，所以他們完成蛋白質所固有的機能，卽生存與死亡。

再往下，杜林先生給我們說道：『在生理學上，感覺是和某種甚至最簡單神經機關的存在相聯的』。所以，全部動物界的顯著的的特徵，是牠們的感覺能力，就是說，對於自己狀態的主觀意識的領略。植物與動物間的明確的界限，在於到達感覺的飛躍之這一點。大家所知的過渡形態的存在之事實，不但沒有抹去這種界限，而且這種界限，正因爲這些外觀上不確定的或不能確定的形式，而成爲邏輯上的需要』。再往下道：『反之，植物完全的永遠的沒有些少感覺的痕跡，甚至對於感覺，沒有絲毫的能力』。

第一，黑格爾（『自然哲學』第三五一頁，補遺）說道：『感覺是種特殊的分化(differentia Specifica)即是動物的絕對的特徵』。因此，這又是黑格爾『生硬的思想』，杜林先生簡單的把牠歸併過來，而使牠榮膺終極的絕對的眞理之高位。

第二，我們在此地第一次聽到植物與動物間的過渡形態，聽到一種外觀上不確定的或不能確定的形態。事實上，這樣的過渡形態是存在着的，有某些有機體，我們竟堅決地不能說出牠是植物抑是動物；這個事實，令杜林先生看來，有設定區別標準的必要；可是在同樣精神之下，他自己承認這樣的標準，是不值得批評的。我們儘可不必詳述植物與動物間的可疑的中間形態，知覺草在稍被觸動之時，就把葉子或花瓣捲起；此外還有食蟲植物，難道這些都沒有絲毫感覺的痕跡，以及絲毫對於感覺的能力嗎？杜林先生如不陷入『科學的半面詩』的話，那末他自己也是不會這樣說的。

第三，杜林先生說，感覺在生理學上是和某種甚至最單純的神經機關的存在相聯，這話又是他自由創造及想像的產品。不但是全部最原始的動物，而且一切植蟲，至少是牠們的大多數，都並無何種神經機關的痕跡。按照一般的原則說來，此種神經機關祇在蠕形動物中才開始遇到，杜林先生正是第一個人，說上述的機物，因爲沒有神經，所以沒有感覺。感覺並不是一定和神經相聯的，而只是與某種現在還未確切規定的蛋白質物相結合的。

其實，杜林先生的動物學智識，已由他向達爾文所大膽提出的問題，指示出來了：『難道動物是從植物發展出來的嗎』？祇有對於動物與植物，絲毫不懂的人，才會提出這樣的問題來。

一般的關於生命，杜林先生祇能對我們說下面的話：『因造形地創造出來的組織（Plastisch bildende Schematisierung，這究竟是什麼意思，實不可知）之助而完成的新陳代謝，總是眞正生命過程的特殊的表誌』。

我們關於生命所聽到的，就只有這些，而且此外，在讀到『造形式創造出來的組織』時，我們還陷入純粹杜林式囈語的無意義的不可索解的泥坑中。所以，我們如果要知道什麼是生命，那麼我們應該更親切考察這個問題。

有機物的新陳代謝，是生命的最一般最顯著的現象，這句話，在最近三十年來，已不知被生理學的化學家及化學的生理學家重複了幾千萬次；杜林先生的全部功績，卽在他把這話給我們翻譯成他自己的優雅而明白的辭句。如果規定生命是有機物的新陳代謝，那麼這就等於規定生命是……生命，因爲有機的新舊代謝，或因『造形地創造出來的組織』之助而完成的新陳代謝，正是本身需要用生命來解釋，需要用有機物與無機物的區別，卽有生物與無生物的區別來解釋的辭句。因之，在這樣的解釋之下，我們還是絲毫沒有前進。

新陳代謝的本身，卽使沒有生命也是可以存在的。有整批的化學過程，可以在具備充分的原料時，反覆地造成自己再生產所必需的條件，而且這一過程的執行者，正是某種一定的條件。例如，以燃燒硫黃的方法製造硫酸：在這上面，獲得硫黃二酸化物SO_2，如果加入蒸汽及亞硝酸，那麼硫黃二酸化物吸取輕（輕氣）及養（養氣），而轉成硫酸H_2SO_4。在這上面，亞硝酸放出了一部分養，而轉成酸化窒素，此種酸化窒素立刻從空氣中吸取新的養，轉成窒素之高度酸化物，以後立刻就再把這種養放出給硫黃二酸化物、而重新進行這樣的過程；所以在理論上，爲要使無量數的硫黃二酸化物，養及輕變成硫酸起見，祇要極少的亞硝酸就應該够了。——再次，在把液汁浸潤有機體或無機體的膜皮及脫拉奧比（Traube）的人工細胞之時，也發生新陳代謝。因此，在這上面，關於新陳代謝，我們還是絲毫沒有得到進一步的理解。因爲特著的用來解釋生命的新陳代謝，自身還要用生命的概念來解釋。因此就不能不尋求另外一種解釋。

生命是蛋白物的存在形態，這種存在的形態，實質上就是在於經常的自己把蛋白物的化學的構成要素，更新起來。

在此地，所謂蛋白物，是按近代化學的意義去理解的，在近代化學上，蛋白物這一名詞，包括一切構成上類似尋常蛋白並被稱爲蛋白質物（Proteinsubstanz）的物體。這個名詞，是不適當的，因爲在一切與牠類似的物質之中，尋常的蛋白，操着最無生命的被動的作用，牠和蛋白一起，完全是爲供給往前發展的胚種底滋養料。可是現在關於蛋白物的化學的構成，所知道的還並不多，因這個名詞比較別的更要一般些，所以牠還是優於其他名詞。

無論在什麼地方，要是我們遇到生命，我們總是看到牠與某種蛋白物相結合的；並且無論在什麼地方，要是我們遇到任何不處於解體過程中的蛋白物，那麼我們也必然看到生命的表現。毫無疑義的，如果要引起這些生命表現的分化，那麼在活的有機物中，一定還需要有別種化學結合之存在；但是在赤裸裸的生命過程上，牠們並不是必需的，或是祇任當作食品變成蛋白的範圍內，是必需的。我們所知道最低等的生物，剛剛祇是單純的蛋白塊，可是牠們已經表現了一切基本的生活現象。

可是，一切生物所共有的生活現象，究竟是什麼呢？首先在於蛋白物從自己的周圍，攝取適當的物質，把牠同化，而個體中舊的部分，則歸於分解與排泄。其他無生命的個體，也在自然現象的運行中變化分解，並結合；可是這樣一做之後，牠們已不復成爲以前那樣的東西了。風化的岩石，已不再是岩石。酸化的金屬 變成了銹。可是，在無生命的物體中是破壞的原因底東西，在蛋白質中却成了生存的基本條件。當這種不斷的構成部分的轉變，不斷的攝食及排泄的交替，在蛋白物中停止之時，蛋白物本身，從此就停止牠的生存，牠歸於分解，就是說死亡。生命，卽蛋白物的生存形態 其特點卽是在於每個活的機體在某一瞬間，同時是自己 是別的東西，這種情形的發生，和無生命的物質不同，是不依靠於牠從外面所受到的任何過程的。反之，生命，即用攝食及排泄的方法以進行的新陳代謝，是自身完成的過程，生命是此過程的進行者蛋白質所固有的，內部所包含的。沒有蛋白質，就說不到生命。從此應得結論，即，假使在將來化學能夠以人工方法製造蛋白質之時，那麼這蛋白物就應該表現出生命的現象，即使是最微弱的生命的現象也好。自然，化學能否為這樣的蛋白物發見適當的食物，這還是一個問題。

從蛋白質的主要機能中，即那種賴攝食及排泄以進行的新陳代謝中，從蛋白質所特有的造形性中，產生出一切其他的最單純的生命因素：感受性——這在蛋白體及其營養物的相互作用之中，已經包含着了，收縮性——這在極低的階段上當吞取食物時，已經表現出來了；生長的能力——在最低的階段上，這就是分裂的繁殖；內部的運動——沒有這種運動，食物的攝取與消化，都是不可能的。

我們的生命之定義，自然是非常不夠的，因牠還遠沒有包括全部的生活現象，而勉強限於其中最一般的最單純的生活現象。一切定義，在科學上，都祗有極小的價值。

如果要對生命，作眞正窮根究底的說明，那麼我們應該順次地考察一切從最低到最高的生命表現的形態。可是，在日常的應用上，這樣的定義，是極其便利的，沒有牠們就不行；無論如何，假使我們不忘牠們的不可避免的缺點，那與牠們是不能爲害的。

可是，讓我們重新歸到杜林先生這邊來。如果他在地球的生物學的領域上失敗了，那麼爲自慰起見，他儘可以在他的星辰的天上尋找救星。

『不僅那些有特別設備的感覺機關，而且整個客觀的世界，都建造得這樣，使之能夠喚起快樂及痛苦。以此爲根據，我們假定，快樂與痛苦的對立，在我們所知過的這一形式之中，是普遍一切的，而且應該把牠看作在宇宙的各個世界上，本質都是相同的感情……這樣的一致，具有不小的意義，因爲牠正是理解感覺之宇宙的關鍵……因之，對於我們，主觀的宇宙，並不怎樣比較客觀的宇宙爲疏隔。應該把這兩個世界的構成，用同一的定型去思維……這樣我們就獲得一種意識論的起端，這意識論的適用範圍，是不僅限於地球上的』。

這人的．袋裏既有理解感覺之宇宙的鑰匙，那麼對於他，在地球的自然科學上的一些嚴重錯誤，打什麼緊呢？再往前進！

（九） 道德及法 永恆的眞理

杜林先生在整整的五十頁中，以深刻的論述意識要素的科學爲名，向讀者供獻了平淡意見與模糊預言的混合物，換句話說就是空虛的淸談；我們絕不想摘引這種混合物與淸談的例子。在這裏我們祇摘引一點：『誰要是祇以言語之助來思維，那末他還不知道抽象的及眞實的思維，究竟是什麼意義』。根據這一見解，動物是最抽象的最眞實的思維者，因爲牠們的思維，永不爲煩勞的語所混濁。無論如何，從杜林先生的思想及表現這種思想的言語上，可以看到，這種思想怎樣的不能與任何言語相適應，而德文怎樣的不適於表現這樣的思想。

最後，我們才轉到第四節，感到身體爲之一鬆。在這節內，除了這些冗長的贅言之外，至少在某幾地方，關於道德及法律，還給了一些明白的意見。在這一次，我們一開始就被延請往其他星球上旅行：道德的本質，應該『也存在於一切非人間的生物中，

——雖然不是具同一的配合及複雜性——在這些生物中，活動的理性，不能不自覺地整頓生命的本能的表現……我們對於這種結論的興味，不會是特別的大……可是，這一思想，即，其他星球上的個人生活與共同生活也應該從這一方式出發——這方式不能廢棄或越過那些合理行動的生物底一般基本組織——這一思想，健全地擴大我們的眼界』。

如果，杜林先生的眞理對於一切可能的其他世界之適用性，在這章內，超出常例地，不是規定於結末而是規定於起首，那末這是有充分的根據的，如果一承認杜林先生的道德觀及正義觀可以適用於一切的世界，那麽就可以健全地把牠的效力，擴大到各時代。在這裏不多不少，正是說到終極的絕對眞理的問題。道德的世界，『和一般的智識世界一樣，有牠恆久的原理及單純的原素』；道德的原理，『超越歷史，超越近代民族性的區別……個別的眞理　從牠們中間，在發展過程中，形成更完全的道德意識及所謂良心——這些個別的眞理，在被徹底認識的範圍內，可以要求像數學的眞理及實用那樣底適用性及廣大底意義。眞正的眞理一般地是不變的，因此，如果以爲認識的正確性，依靠時間及現實的變化，那麽這一般的就是蠢見』。所以，嚴格科學智識的可靠，及日常理解的充足，不准我們在處於愼重考慮的狀態時，懷疑智識原理的絕對意義。『罰是繼續的疑惑，已是病的弱點之徵候，牠不是別的，正是無限混亂的表現，這種混亂，有時甚至想在牠自己的虛無的體系化的意識中，造成某種確實地位的外形。在道德的問題上，一般原理的否定，是與風習及其原則在地理上歷史上的複雜性相聯的；祇要在此之外，承認道德上的邪惡之不可避免的必然性，那牠（即否定）就可自以爲是超越於普遍道德衝動的嚴重意義及實際作用底承認之上。這種腐蝕的懷疑論，不是用來反對某些個別的學說，而是用來反對人類趨於自覺道德性的能力，牠最後終於進入眞正的虛無，而且在實際上甚至進入比虛無主義還壞的東西……他自然能够毫不困難地在他所反駁的道德觀念的野蠻的混亂狀態中操支配的作用，而爲無原則的任意妄爲，大開門戶。但他嚴重地錯誤了，因爲祇要簡單地指出，理性在尋求眞理之時，不可免的要陷於錯誤，祇要舉出這樣的一個類推，已經可以明白，自然的錯誤，怎樣的並不一定排除那執行道德上的正確結論的可能』。

我們直到現在祇是安靜地傾聽杜林先生關於終極的最後眞理，關於思維的最高權，認識的絕對正確性等等底華美的辭句，因爲祇有在我們現在所達到的一點上，問題方能解決。直到現在，祇要考察現實哲學的個別主張究竟怎樣有『至上的意義』，怎樣能『無條件的要求眞理權』，祇要這樣就够了。在此處，我們已經進抵這樣的問題，即人的認識的結果，一般的是否能够有至上的意義，而要求無條件的眞理權，如果能够，那麼究竟是那些。當我說人的認識之時，我並不是對於其他星球上的居民，——對於他們，我沒有光榮去認識　帶有什麼侮辱的意味，而祇是因爲動物也能認識，雖其認識並非至上。狗認自己的主人爲上帝，雖然這一主人或許是最大的混蛋。

人的思維，是否是至上的呢？在未回答『是』或『否』以前，我們應該先研究，究竟什麼是人的思維。這是不是一個單獨個人的思維呢？不是。牠祇是無數萬萬過去、現在，將來的人之個別的思維。所以，如果我至高無上地說，這是綜合于我的表象中的一切人——包含將來的人——之思維，就是說，牠之認識現存世界，祇在人類能够充分長久地存在，幷且這種認識在認識機關及認識對象上不受何種限制的範圍內，才有可能，說這話時，我祇說了極其平淡的無何實效的話。但是上述思想的最有價值的結果，可以當我說是在於，牠使我們對於我們現在的認識，採取極不深任的態度，因爲我們恐怕還差不多是處在人類歷史的起端，而應該改正我們錯誤的後代，比較我們所能够改進其認識錯誤——在這上面屢屢對他們表示疏忽的態度——的先代，將一定更要衆多些。

杜林先生自身以爲意識，也就是思維與認識，必然地祇能在個人的系列中發表出來。我們所以能够認爲每一個人的思維，具有至上性，祇是在於我們還不知道任何能在健全正常狀態中強迫給人以某種思想的權力。至於每一個人思維結果的至上的意義，那麼我們大家都知道這是不能說的，因爲根據我們以前的全部經驗，牠們（指個人思維的結果）所包含的因素，其需要改進的部分，毫無例外地，總是比較其不需要改進的或正確的部分爲多。

換句話說：思維的至上性，實現於最非至上的思維的人底中間；無條件地能够要求眞理權的認識，實現於相對的謬誤的系列之中。但是前者及後者，除了以人類無限的繼續的存在爲根據以外，都是不能完全實現的。

在這地方，我們又遇到上述的表象所必需的人類思維的絕對性與其常在有限思維的個人中之實現兩方面中間的矛盾，——這一矛盾，祇能在無限的過程中，在無限的——至少在我們實際上是無限的——人類世代的交替中找得解決。在這意義上說來，人類思維是至上的，同樣地又是非至上的，他的認識力，是無限的，同類地又是有限的。牠們兩者，根據資質，使命，可能，及其歷史最終目標，是至上的無限的；可是在其個別的表現上，在各該歷史的時機，牠們又是非至上的，有限的。

關於永恆的眞理，情形完全是一樣的。如果人類在某一時期達到了這樣的地步，使他祇根據於一種永恆的眞理，根據於一種具有至上意義與絕對眞理權的思維結果，那麽人類或許就達到這點，使智識界的無限性，現實地可能地全被完竭，這樣，或許就完成了算盡無量數的奇蹟。

然而，可不是存在着確實規定，稍加懷疑，卽等於發狂的那樣的眞理嗎？例如二乘二等於四，三角形內的內角等於兩直角，巴黎在法國，人不食則餓死等等的眞理嗎？這裏，難道不總是存在着永恆的眞理，終極的最後眞理嗎？

自然，根據自古周知的方法，我們可以把全部認識的領域，分成三大部分。第一種包括一切以無機界為對象，多少可以應用數學方法的科學：其中包含數學，天文學，機械學，物理學，化學。如果誰歡喜對於極簡單的事物，應用高大的話，那末，儘可以說，這些科學的某一些結論，是永恆的眞理，是終極的最後的眞理，而且也因此這些科學被稱為精密的科學。可是，並不是一切結論都是這樣：自從引用變量並把其變化推廣到無限小及無限大的領域以來，以前曾是嚴格合于道德的數學，也墮落了：數學吃了認識的蘋果，這一蘋果，使牠走上偉大進步的道路，同時也使牠進入迷亂的道路中。一切數學上問題的絕對適用性與無可辯難的確定性之純潔狀態，永遠的消滅了；矛盾的領域開始出現了，我們到達了這樣的地步，使大多數人之研究微分積分，不是為着去理解他們所做的事情，而是為着純粹的信仰，因直到現在，牠所得結論總是正確的。天文學上機械學的情形更壞，在物理及化學上，更是處於種種假定之中，却似落在蜜蜂羣中一樣。其實除此之外，也再不會有別種情形　在物理學，我便探究分子的運動，在化學上探究分子之原子的構成；如果光波的交叉，不是一種寓言的話，那裏我們是絕對沒有希望在什麼時候會親眼看到這些有趣味的東西的。這樣，終極的最後眞理，與時俱進地變成非常稀少了。

地質學上的情形，更是惡劣；地質學在本質上主要的是研究那種不但爲我們所不曾經驗過的，而且還是爲一切人所不曾經驗過的過程。所以在這上面要取得終極的最後眞理，是絕頂困艱的，而且其結果還是極其貧乏的。

第二種科學，包括的有機物的研究。在這個領域上，存在着這樣複雜的相互關係及因果關係，使在其中不但每個已經解決的問題，喚起無數新的問題，而且每一個別的的問題，大部分祇能斷片地經過許多年的以至數世紀的研究，才得解決；在這上面，對于事實聯繫的有系統的理解，不斷使終極的絕對眞理的四周，包圍着蒼鬱的假定之林。爲正確地證實這樣簡單的事實，如哺乳動物的血液循環起見，從嘉倫(Galen)到馬爾片繼(Malpighi)，需要多少的中間階段！卽在現在，我們對於血球的產生，也知道得何等的少，爲要在某種病的現象與其原因中建立合理的聯繫起見，我們是缺少怎樣多的中間體！而屢屢還有這樣的發見，如細胞的發見，竟使我們不得不完全修正一切從來在生物學上所確立的終極的絕對眞理，而且其中的一大部分不能不永遠的屛棄。所以誰要是在這上而想確立眞正的・實在不變的眞理，那末他不得不以最平泛的事實爲滿足 例如，一切人一定要死 雌的哺乳動物，都有乳腺，等等。他甚至不能說，高等動物的消化的進行靠着胃腸，而不是靠着頭；因爲在消化上必需有集中於頭腦中的神經活動。

可是，第三種科學，即按歷史的順序，及現在的狀況，去研究人的生存條件，社會關係，法律及國家形態，及其觀念的上層建築，如哲學，宗教，藝術等等之科學，在永恆眞理的這一點上，情形更是惡劣。在有機界中，我們至少要遇到好些在我們直接觀察上是大規模地反覆着的現象。自亞歷斯多德以來，有機物之種類，大體說來，還是一樣的。可是，在社會史上，自從我們脫離原始時代。即所謂石器時代以來，現象的重複，祇是例外，而不是通例；即使在某一地方，有這樣的重複，可是牠們永不會在完全一樣的條件下發生的。例如，地球上一切文化民族都曾有過原始財產共有制的這一事實，以及這一制度崩毀的形態，就是如此。所以在人類歷史的領域上，我們的科學，比較在生物學的領域上還要落後。而且，有時即使能在例外認識某一歷史時代的社會與政治形態之內部聯繫，那麼這通常總是常這些形態，已經一半腐化或瀕於沒落的時候。所以在這上面，認識根本祇帶着相對的性質，因爲牠祇限於說明某種社會及國家形態的聯繫與結果，牠們祇存在於某一時代及某些民族中，而且帶着暫時的性質。所以，誰要是在這領域上，追求終極的最後眞理，那麼除了最平凡的事實的常識，如人們一般的沒有勞働不能生活，人們直到現在大部分部是分成壓迫者及被壓迫者，拿破崙死於一八二一年五月五日等等以外，再不能得到什麼了。

可是特別地，正是在這一領域上，最時常地聽到所謂永恆的眞理，終極的最後眞理等等。以『二乘二等四』，『鳥有嘴』等語爲眞理者，祇是故意要從永恆眞理存在的事實，一般的作出結論，說在人類歷史上也存在着永恆眞理，永恆道德及永恆正義等等，好似這些都具有像數學的結論及實用那樣的意義。可是我們可以確實的預言，這一位博愛家，將乘着第一次的機會向我們聲說，以前永恆眞理的製造者，多少都是蠢夫及牛皮大家，說，他們完全陷於錯亂與謬誤之中，他們的錯亂與謬誤的存在，是非常自然的，而且正證明他的眞理的存在；他是現在出現的預言者，在他的皮包中藏着終極的最後眞理，永恆的道德與永恆的正義。這已經是有過數百次數千次了，現在祇是要奇怪，爲什麼還有這樣輕信的人，在不僅關於別人而且關於他自己的場合上，竟還會相信這點。可是無論如何我們至少還遇到一位這樣的預言者，他在別人說無人能夠單獨發見極終的最後眞理之時，他是按照常態，發生最高的道德的憤慨。在他看來，這樣的否定，甚至簡單的懷疑，都是證明柔弱，錯亂，虛無，與腐蝕的懷疑論，牠比單純的虛無主義還要壞，牠是野蠻的混沌狀態等等。總而言之，與一切其他的預言者一樣，毫不企圖用科學的批判方法去研究及判斷，而祇是不管一切骨直地大聲宣告道德的憤慨。

在上述的敍述中，我們還儘可以指出研究人類思維法則的科學，即邏輯及辯證法。可是在這上面，所謂永恆眞理的情形，也並不比較好些。其實，杜林先生已把辯證法宣佈爲純粹的無稽之談，可是以前及現在所寫的許多關於邏輯的書，也充分地證明，在這上面所謂終極的最後眞理，也比常人所想像的要少得多。

我們現在所處的認識階段，雖和一切以前的一樣，並不是終極的，但我們對於這點儘可不必吃驚。我們的科學已經包含着無數的材料，誰要是要在某一科學部門上成爲專門通曉的人，那麼他就應該有極大的專門化。這樣的知識，在其本質上，或許還應該在許多代中帶着相對的意義而祇是絕漸的被人充實起來，或是如宇宙論，地質學，人類歷史等，單單因歷史材料的缺乏，已經應該永遠是不完備的非完成的知識，誰要是對於這樣的知識，要求眞正的，不變的，終極的最後眞理之標準，那麼這祇是證明自身的無知及自身觀念之不定．卽使其背景並非像現在這樣要求個人毫無過失，其錯誤也是一樣的。眞理及錯誤，以及一切形成兩極對立的思維的規定，都是在非常狹隘的領域上，才有絕對的意義，這點我們已經看到，如果：杜林先生稍知辯證法初步，那麼他也應該知道，因爲辯證法正是指示一切兩極對立的不充分。我們一在上述狹隘領域之外．應用眞理與錯誤的對立，那麼牠就帶着相對的性質，而不適於精密的科學的表現方法。如果我們要在上述範圍之外．應用這一概念，而把牠看作具有絕對意義的東西，那麼我們眞的陷於泥坑之中了：對立的兩極，互易其位，眞理變成了錯誤，錯誤變成了眞理，舉例說，有名的鮑愛爾(Boyle)的法則，根據這一法則，在不變的溫度之下，氣體的容積，是與加於牠上面的壓力，成反比例的。可是雷諾(Reyuault)發見，這個法則，在某些場合上是不對的。如果雷諾是個『現實哲學家』，那麼他應該宣佈：鮑愛爾的法則，是變動的，因之，牠不是實在的眞理，這樣，牠一般的就不是眞理，這樣，牠祇是錯誤。如果這樣說，那末蕾諾所犯的錯誤，比較鮑愛爾法則中所包含的錯誤更大：他的眞理的一粟；或是就埋沒於錯誤的砂丘上；這樣他或許就把自己的起初正確的結論，變成錯誤，而與這一錯誤相較，則鮑愛爾法則，雖然包含極少的錯誤，還可說是眞理了。但是，科學家的蕾諾，決不許自己作這樣的兒戲，他繼續研究，而發見鮑愛爾的法則，一般的祇是近似的正確　特別是對於那些可因壓力而變成流動液體的氣體，在壓力臨近這一液化點的時候，鮑愛爾法則，將完全失去作用。　這樣，　就發見了。鮑愛爾的法則祇在一定的範圍內，是正確的。可是就在這一範圍內，牠是否是絕對地終極地正確的呢？沒有一個物理學家，敢作正面的回答。他將說道：這一法則，祇在一定的壓力與溫度的範圍內，而且祇對某些氣體，發生效力，就是在這樣狹隘的範圍內，他也並不否認這樣的可能，即將來的研究，或將需要更狹隘的限制或別種的措辭　（註）在物理學，終極的最後眞理的情形，就是如此。所以在眞正科學的著作上，總是避免這些教條式的道德的表辭，如錯誤及眞理；反之，我們在現實哲學那樣的著作上，却到處可以遇到，這樣的著作，強命我們把空虛的胡說，當作至上思維的至高無上的結果。

（註）自從我寫了這行以來，我的預定。好似已經得到證實了。孟及立也夫（Mendelejeff）與卜古斯基（Boguski）利用更精密器械所舉行 最新的研究，發見一切純粹的氣體；都有壓力與容量之間的可變的關係；氣的澎漲的係數，在從來所用的一切壓力之下，都是正的（容量的減少，比較壓力的增加爲慢）；對於空氣，以及其他已經試驗過的氣體，那麼每一氣體，都有某種壓力的限度；因之在低氣壓之下，上述係數是正的，而在高氣壓之下，則是負的。這樣，直到現在，在實際上尚是適用的鮑愛爾法則，還應該有好些特殊法則來補充。（現在——在一八八五年——我們知道，任何「純粹」的氣體，都是不存在的；一切氣體，都已經可轉成流動的液體）。

可是，幼稚的讀者，或許要問；在什麼地方，杜林先生曾直地宣佈，他的現實哲學的內容是最後的眞理，而且是終極的最後眞理呢？那麼，在什麼地方？例如我們在上面第二章內所部分地摘引的對於他自己體系的頌辭。或是，當他在上面所引的地方說：道德的眞理，在被徹底認識的範圍內，可以要求與數學的結論及實用有同樣的意義。再次，杜林先生不是說，根據直正批判的立場以及窮根究底的研究，他到達了這些終極的根底，到達了『根本的範疇』，因此，他就使道德的眞理，帶上終極的最後眞理之特質了或是，如果杜林先生不是爲自己，爲自己的時代，提出這一要求；如果他祇想說在渺茫的將來，或許能夠確立終極的最後眞理；如果他祇是更混雜地想說那些與『腐蝕的懷疑論』及『荒唐的錯亂』相似底東西——如果這樣，全部的高聲大嚷，究有什麼意思，而且杜林先生所要的究竟是什麼？

如果在眞理及錯誤的概念上，我們並沒有看到何等進步，那麼在善與惡的概念上，這樣的可能更少了。這些概念的對立，完全發生於道德的領域上，就是說發生於人類歷史所屬的一個領域上，在這一人類歷史的領域上，終極的最後眞理，剛剛是最少遇到。善惡的觀念從一個民族到別個民族，從一世紀到別世紀，變更得這麼利害，使之前後簡直相反——可是，或許有人辯駁道，無論如何善總不是惡，惡總不是善，如果把善惡混同起來，那麼一切道德均歸消滅，而每人皆能任所欲爲——如果除去一切外觀上的裝飾，那麼這正就是杜林先生的意見。但是問題是不能這樣簡單地解決的。如果事情是這樣的簡單，那末關於善惡或許就沒有任何爭論，每個人或許就都知道什麼是善，什麼是惡。

可是現在實在情形怎樣呢？現在向我們宣傳的道德是什麼樣的呢？首先是從往昔信仰時代所傳下來的基督教的封建的道德，這道德在牠內部又分成天主教及耶穌教的道德，更下又分成多許種類，從羅馬天主教的，正統耶穌教的直至誠虛「開導」的道德。在這種道德之旁，存在着近代資產階級的道德，此外並有將來無產階級的道德；這樣，祇什歐洲國家，在過去現在與將來，就已經提出了三大類同時相並存在的道德說。其中那一種是正確的呢？如果律以絕對的終極性，那麼一種都不是；可是自然，表現根本改造現社會的觀點，或表現將來觀點之道德，即無產階級之道德　具有最多的長久存在的原素。

可是，如果近代社會中的三個階級，封建貴族，資產階級，及無產階級，各有牠自己的道德，那麼我們從這上面，祇能得到這樣的結論，即：人們自覺地或不自覺地，是從自身階級地位所處的實際條件中　就是說從他們的生產及物品交換的經濟條件中，取得自己的道德觀念。

但在上述三種道德理論中，也有些共通的東西；或許這至少是永久不變的道德的一端？對於這點，我們回答道：上述表現同一歷史發展過程上三個不同階段的道德理論，具有共通的歷史的背景，即此一點，牠們已不能不有許多相同之處。而且，對於一樣的，或差不多一樣的經濟發展的階段　道德的理論，也不得不多多少少的必然相互吻合。自從動產上的私有財產權發展以來，在一切存在着這種私有財產權的社會裏，道德的箴言　不得不是：『勿偷盜』。這個道德的箴言，是否永恆的道德真理呢？絕對不是。在一切偷盜的動機都完全消滅的社會裏，就是說，自從祇有神經病者會犯偷盜的時候起，如果某一個道德提倡者，想來莊嚴地宣佈『勿偷盜』爲永恆的眞理，那末他將受到如何厲害的嘲笑！

根據上述理由，我們拒絕任何欲以道德的教條作爲永恆，終極，往後不變的道德律之企圖——這一企圖的口實是：道德世界，也有超越歷史及民族區別之上的恆久的原理。相反的，我們主張，任何道德理論，直到現在，歸根到底總是當時社會經濟狀況的產物。因爲直到現在，社會總是發展於階級對立之中，所以道德總是階級的道德：牠或是爲統治階級的統治及利益辯護，或是當被壓迫階級充分有力之時，牠就表現對於這個統治的反抗，而擁護被壓迫者的將來的利益。而且整個的講，在道德上，也和在人類其他一切知識部門上一樣，發生着進步，——對於這點，誰也不起懷疑。可是，就在現在，我們還沒有越出階級道德之外。祇在不僅消滅階級對立，而且在實際生活中 消滅一切關於階級對立的回憶之社會發展階段上，超越一切階段矛盾及矛盾回憶之上的，眞正人類的道德，方才成爲可能。在我們說了上面的話以後，讓讀者自己去評價杜林先生的一切自負的意見罷；杜林先生在舊時階級社會裏，欲在未來社會革命之前，強替將來無階級的社會，套上永恆的，不與時間及現實變化相干的道德！即使他理解了將來社會構造的根本特質之時，——這種理解，我們現在還是沒有看到——情形也是如此的。

在結末時，還有一個『根本獨創』，同時『深入底蘊』的發見。在關于惡的根源之問題上『帶着固有欺瞞性的貓的類型，存在于動物界之中，這一事實，和此種性質存在于人間的事一樣，對于我們，是有同等的意義：…所以如果不想在貓的存在或一般猛獸存在的事上，探求什麼神祕的東西，那麼惡並不是什麼祕事』。這樣，惡就是貓。所以，惡魔沒有角和馬蹄，而有爪和綠眼。當歌德使美非史多費兒採取黑狗的形式，而不是黑貓的形式之時，歌德就是犯了不可饒恕的錯誤。惡是貓！這就是不但對于一切世界適用，而且「對于貓類」也適用的道德！

（十）道德及法　平等

我們已經多次地認識了杜林先生的方法。這方法就是在於：把每個認識對象的種類，分成表面上最簡單的因素，而對這些因素，應用同樣簡單的表面上好似不解自明的公理，以後就利用着這樣所獲得的結論。同樣的，任何社會生活的問題『應該以個別的單純的基本形態，由公理來解決，正好像數學上的單純的……基本形態一樣』。這樣，數學方法在歷史上，道德上及法學上之應用，應該在這些領域上，使我們確信所獲結果的眞理性，使牠們帶着眞正不變眞理的性質。

這個方法，祇是舊時所愛用的觀念論的或稱爲先驗的方法之變相，牠不是從對象的本身，認識對象的特質，而是從對象的概念中，演繹地得出一些特質。起初從對象上作出對象的概念，以後把形象一轉，從對象的反映，即從其概念上，去測度對象。不是概念應該與對象相適合，而是對象應該與概念相適合。杜林先生，以彼所能到達的最單純的因素及終極的抽象，來代替概念．可是這絲毫沒有變更事情的實質：最簡單的因素，最多也祇帶着純粹概念的性質，這樣，現實哲學在這地方也祇是純粹的觀念論，不是從現實本身引申現實，而是從觀念去引申現實。

如果這樣的觀念論者，不是從人的周圍的現實社會關係，而是從概念，或是從什麼『社會』的最單純的因素，去構成道德及法，那麼在這上面，他所建造的結構，有些什麼材料呢？顯然的，有兩種：第一，就是，尚能包含於其基本抽象之中的現實內容的極少殘物；第二，就是我們觀念論者從自己意識中所發展出來的內容。但他從自己的意識中能夠找得什麼呢？大部分關於道德及法律的見解，以肯定的或否定的形式所贊許的或批駁的態度，總多少是確切地表現他所處的社會及政治的條件；再次，這些見解，或許是從此等文獻上所得的概念，最後或是某種個人的奇特見解。我們的觀念論者，儘可以任所欲為，可是他從門裏逐出去的歷史現實，又從窗外飛進來了。作者幻想他自己作出適用於一切世界及一切時代的道德與法律學說，但實際上，他祇是給了經過曲解的，或是脫離現實基礎的，首尾倒置的，置於凹面鏡前的當時保守及革命思潮的反映。

這樣，杜林先生把社會分成牠的最單純的原素，而且看到，這一最單純的社會，至少是由兩人組成的。以後，杜林先生就以公理處置這兩個人，結果得到了道德的基本『公理』：「兩個人的意志，在本身講來，是完全相互平等的，一方不能對他方提出任何積極的要求」。這樣，『道德正義的基本形式，已經形容出來』，同樣的，法律正義的基本形式，也已表現出來，因爲『爲發展法律基本概念起見，我們祇要分析兩個之中的極其單純及基本的關係就夠了』。

兩個人，或是兩個人的意志在本身講來，是完全相互平等的，——這不但不是公理，而且是極厲害的誇張。首先兩個人在本身上講來，或許是性別不同的，這一簡單的事實，立刻使我們歸結到這點，即社會的最簡單的原素——如果我們暫時同意於這樣的兒戲行爲——不是兩個男子，而是一男一女，他們組成了家庭，這就是爲着生產目的之最單純的最原始的團結形式。可是，這決不爲杜林先生所喜。因爲，第一他要使社會的兩個創造者，儘可能的更加平等，第二，就是杜林先生也不能從原始的家庭中造出男女間的道德與法律的平等。這樣，二中任擇其一：或是全社會所賴以繁殖起來的杜林先生的社會分子，預先就被命定毀滅，因爲兩個男子總不能相互生出小孩來，或是我們應該設想他們是兩個家長、在後一個場合上、整個簡單的基本公式，轉成了牠的反面。牠不是證明人的平等，而最多祇是證明家長的平等，因爲牠在這上面忽略婦女，所以牠祇是格外證明婦女之受壓迫。

我們在此不得不向讀者作極不愉快的通知：讀者此後在長時期內再不能脫離這兩個有名的個人。這兩個人在社會關係領域上所操的作用，大約與以前其他星球的居民在杜林先生哲學上所操的作用相等。對於這些居民，我們希望以後是再不會遇到了。一到解決任何經濟，政治等等問題的時候，一下子出現了這兩個人，而且立刻根據公理解決問題。這就是我們現實哲學家的偉大的，創造的，構成體系的發見！但可惜我們爲顧全眞理起見，不得不指出，這兩個人不是由他發見的。這兩個人是十八世紀時代大家所共通的。他們已見於盧騷的不平等論中（一七五五年），附帶的說，在那裏他們正是公理地證明了杜林先生所說的剛剛相反的情形。再次，他們在從亞丹斯密到李卡圖的政治經濟學家的著作上，也操着主要的作用；可是他們中間，每人所操之業不同——大部分是獵人及漁夫——而相互交換自己產品，他們至少在這點上，也是不平等的。此外，在整個十八世紀，他們主要的，是祇被當作說明的例子，杜林先生的特點，祇是在於把這一說明的方法當作一切社會科學的基本方法，以及一切歷史構成的標準。自然，要幫助自己具有『關於事物及人的嚴格科學的觀念』，是很難的。

可是為建立基本的公理——兩個人及其意思，完全不平等，沒有一人能對別一人發出任何命令——為着這一目標，決不能用初次隨便遇到的兩個人。這兩個人，應該這樣地脫離一切現實，脫離一切存在於地球上的民族，經濟，政治，及宗教的條件，脫離一切性的及宗教的特點，使這兩人除了一個『人』的概念以外，再沒有什麼，在這時候，他們自然是『完全平等了』。所以這是到處搜索及指示『心靈主義』傾向的杜林先生所召來的二個眞正的幽靈。自然，這兩個幽靈，應該執行他們召喚者所命令的一切事情；正是因為如此，所以他們的一切戲法對於其他的人們，是完全沒有關係的。

但是，再往下看杜林先生的公理論。二個意志，都不能相互向對方作積極的要求。如果其中一個竟作了這點，而以暴力，來實行他的要求，那麼就發生了不正的狀態，而杜林先生即以這個基本的格式，來說明不正，強制及奴役，簡言之，即說明全部值得指斥的過去的歷史。以前盧騷在上面所引的著作中，已經利用這兩個人，而以同樣的公理態度來說明完全相反的情形，即是：在A和B兩個人之中，A之所以能夠奴役B，的確不是靠着暴力，而祇是使B處於非A不能存在地步——這一觀念，在杜林先生看來，眞的是已經太過唯物的了。試從別一方面來觀察這一問題：兩個失舟落海的人，漂流到荒無人煙的島上，在這島上組成了社會。他們的意志在形式上是平等的，他們倆都承認這點。可是物質上在他們中間，存在着巨大的區別。A堅決和有力，B則優柔，懶惰而軟弱；A伶俐，B愚笨。經過多少時候，A就經常以自己的意志來強制B，起初用說服方法，以後就根據着已定的習慣，但始終還採取自願的形式。可是，無論是保持自願服從的形式，或是採取強制蹂躪的方法，奴役還終究是奴役。自願的奴役狀態的接受，發生於整個中世紀，在德　我們直到三十年戰爭時代及以後，還遇到這種情形。當普魯士在一八〇六及一八〇七年的軍事失敗之後，廢除了農奴制以及窮乏，疾病及衰老時領主照顧農民的義務，當這時候，農民向皇帝請願，讓他們依舊處於奴隸狀態之中，不然誰在窮乏時照顧他們呢？這樣，兩人的範疇『適用』於不平等及奴役，正如『適用』於平等及互助一樣，因我們在社會會遭毀滅的威脅之下，不得不承認他們爲家長，所在以這範疇中，就預定了世襲的奴役關係。

可是，我們暫時把這些情形擱在旁邊。假定，杜林先生的公理論，使我們相信了，我們熱烈地贊成兩個意志的完全平等權，『一般人類的最高權』，及『個人的最高權』——這些眞是偉大的言語的壯觀，甚至世帝爾尼耳（Stirner 無政府主義創始者）的唯一者，以其全部所有，與之相較，也變成一錢不值了——雖然這個唯一者，比較還有相當的理由。這樣，我們一切人現在都完全平等與獨立了。是否全體呢？不是，無論如何還不是全體。存在着『可以允許的隸屬關係』，牠們的『原因，不應該尋找於兩個意志本身的行動之中，而應該尋我於旁的領域上：例如，在講兒童時，理由就是在於自己判斷的不足』。

眞的！隸屬的原因，不應該尋找於兩個意志自身的行動之中！自然，不，因爲一個意志的活動，不能令牠發現出來！但是，應該尋找於旁的領域之中！究竟這一旁的領域是什麼，這是別一個意志被壓迫的具體的規定，牠的不充分的自決力。我們的現實哲學家，已經這樣遼遠地脫離了現實，使在他看來，眞實的內容，即這一意志的顯著的規定，和抽象的毫無內容的『意志』一字相較，已經是『旁的領域』。無論如何，我們應該認定，平等權也可有例外。牠對於未具充分自決力的人，是不發生效力的第一號的退讓。

再次『在兩人之中，一人如果是動物與人的混合物，那麼第二個完全的人，或許可以提出這樣的問題，即：他的行動對於前者，是否應該像對於別一個人的那個樣子呢……所以我們關於兩個道德上不平等的人——其中一個在某種意義上帶有動物的性質——的豫想，是根據上述的不平等而存在於人羣內部或各人羣之間的一切關係之典型基本形態』。讓讀者在這些混亂的辭句中，自己誦讀悲鳴似的議論罷；在這議論中，杜林先生迴轉不已，好像耶穌教的神甫一樣，其目的是在決斷地規定，人性的人，可以怎樣厲害地反對獸性的人，他對於他可以怎樣厲害地應用不信任，軍事詐術，嚴厲的甚至恐怖的手段，並且欺騙，他自己絕不根據不變的道德原則來行動。

所以當兩個人『在道德上不平等』之時，平等也就消滅了。如果這樣，那麼盡可不必推出兩個完全平等的人來，因爲在道德方面不會有兩個人是完全平等的——上述的不平等，據作者意見，是在於：一個人是人性的，別一個人帶着幾分獸性。可是人從動物界中蛻化而來的這一事實，已經決定，人永不能完全脫離這種獸性的原素，所以事情祇是在於牠們分量的多少，在於獸性及人性的不同的階段。把人類分成判然的二羣，分成人性的人與獸性的人，分成善人與惡人，分成羊及羯羊——這樣的分類，在現實哲學之外，祇在基督教中可以遇到，基督教非常徹底地甚至有自己判別分類的世界的審判者。可是在現實哲學上，這樣的審判者是誰呢？應該設想，這一問題將以基督教實際上的解決辦法來解決，在基督教裏，信仰極深的羊，對於自己的卑俗的隣人——羯羊——操最高審判者的作用，而得人所共知的成功。『現實哲學』的教派，如果一旦成立，那末牠在這點上一定不會較信仰極深的僞聖人爲次。可是，這點對於我們是沒有關係的；我們所感到興味的，祇是在於他承認，因爲個人中間道德的不平等，平等又歸於消滅了。

第二號的退讓。

再往下看，『如果一人按照眞理及科學而行動，而別一個人則按迷信及偏見而行動，那麼……通常總是要發生相互的爭執……因某種無能，粗暴及兒惡的癖性，常時要引起衝突……暴力不但是對付幼兒及狂人的最後手段。整批自然人羣及文化階級的特質，使牠不可免的必須屈服這個因邪惡之故而陷於敵對地位的意志，把他處於共同生活的範圍之中。在這上面，他人的意志，也應該被承認是平權的；不過因爲牠的侵害與敵對行動的邪惡性質，所以他就有報償的必要，假使他在這上面受到暴力，那麼他祇是受他自己不正行動的反作用而已』。

所以，不僅道德上的不平等，就是精神上的不平等，也儘夠排除兩個人中間的『完全平等』，而建立這樣的道德，使之可以爲文明掠奪國對於落後民族的一切可恥行爲作辯護，直至爲俄國在土耳其斯坦的暴行作辯護。當一八七三年夏，考夫曼將軍（Kaufmann）襲擊韃靼人的葉幕達（Jomuden）族，焚燬帳幕，命令屠殺他們的婦人兒女之時——在命令上說，是根據和好的『高加索的習慣』——，他也是說，他不可免的必須屈服那因邪惡之故而陷於敵對地位的葉幕達人的意志，把他們處於共同生活的範圍之中；

他即說他所採用的手段，是最合於目的的；誰要是抱着某種目的，誰便要使用達到這一目的之手段。可是他終究還沒有殘忍到這樣地步，使他在以後還嘲笑葉幕達人，說他以報償形式在他們之中施行屠殺，正是承認他們的意志的平等。在這一鬥爭中，自稱在行動上根據眞理及科學的超等的人，歸根到底，也就是現實哲學家——正是這些人負着使命要去決定究竟什麼是迷信，偏見，粗野及惡的癖性，而且爲報償起見，在什麼時候必須用暴力及壓迫。這樣，平等現在轉成了應用暴力之報償，而第一個意志以屈伏的手段承認第二意志的平等權。第三號的退讓，在此處這簡直墮落爲可恥的逃走。

其實，說，暴力的報償，正是承認對方意志的平等權，這話祇是黑格爾學說的歪曲形式，根據黑格爾學說，犯罪者有刑罰之權『認刑罪爲犯罪者本身之權的觀點，表示對於犯罪者卽對理性個人的尊重』（法律哲學，第一〇〇節，註）。

我們在此可告結束。再往下跟着杜林先生看他怎樣逐步地毀壞他自己如此按着公理而建立的平等及一般人類的最高權等等；看他在利用兩人來建立社會之後怎樣在構造國家之時，不得不召出第三人來；因爲簡短地說來，沒有這個第三者，決不能有多數的決定，沒有這種決定卽沒有多數對於少數的支配，也就不能有任何國家的存在；最後，他怎麼逐步轉入更靜謐的建立共同社會未來國家的規道　在一個天氣淸朗的早晨，我們還有這樣的光榮，把他建立起來——我們再往下跟着杜林先生走，或許儘可以不必了。我們已經充分地可以相信，祇在兩個意志相互沒有任何需要之時，在他們中間方能有完全平等的存在，可是當他們一由抽象的人的意志，轉爲現實的人的意志之時，平等就立刻消滅了。我們看到，兒童年齡，狂氣，所謂獸性，假托的迷信及偏見，想像的一方面的無能及想像的別方面的人性，眞理及科學的了解，——總而言之，兩個意志性質上及相伴的智識性質上之任何差別，都爲個人中間的不平等辯護，這種不平等，可以達到屈伏的地步。既然作者以其自己的手腕，這樣徹底地毀壞自己的平等建築，那麼試問我們還有什麼要求呢？

可是，我們雖然結束了杜林先生的淺薄與愚劣的平等觀念的解釋，但這還不是說我們結束了這一觀念的本身，這觀念特別因盧騷之力，在理論領域上得到極大的意義，並在法國大革命時及革命以後，對於實際政治發生極大的影響，而且直到現在，在差不多一切國家的社會主義運動上還操着重要的鼓動的作用。這一概念的科學內容的闡明，正可決定牠在無產階級煽動上的價值。

一切人，以人資格說來，在相互之間，都有共通之點，在這共通的範圍內，他們是平等的——這樣的觀念，自然是極其古的。但是近代的平等要求，是與這一觀念完全不同的。近代的平等要求，從人盡是人的一般特質中，從人的本身平等中，得出一切人至少該國一切公民，或該社會一切成員在社會上政治上均應爲平等權利的觀點。要從原始的相對平等的觀念，作出國家及社會上平等權的結論，要使這一結論，變成一種自然自明的東西，那麼就應該經過而且確實經過了整幾千年的時候。在最古自然興發的公社中，最多祇能說到公社中成員的平等權；婦女，奴隸，外人，是不包括在這種平等人的範圍之內的。在希臘人及羅馬人的時代，人之間的不平等，在任何方面，均比較平等操更大的作用。如果設想，希臘人及野蠻人，自由民及奴隸，擁有完全權利的國家公民及被保護的外人，羅馬的公民及羅馬的臣民（後一個字是廣義地應用的），全體可以要求政治上的平等權，——那麼這樣的思想 在古代人看來，或許就是瘋狂的思想。在羅馬帝國時代，所有這些區別，除自由民及奴隸間的區別之外，都逐漸磨滅了；這樣，至少在自由民中，產生了私人的平等，在這種平等的基礎上，發展了我們所目到的最完備的基於私有財產之上的法律。可是當自由民與奴隸間的對立，存在一日，我們總一日不能說法律是一般人類平等性的結果；這點我們不久以前已在美國的蓄奴諸州裏看到了。

基督教認為一切人的唯一的平等，祇是從始祖傳下來的平等的犯罪。這是與其奴隸及被壓迫者的宗教之性質，完全相適合的。除此之外，基督教最多祇承認上等人的平等，可是這一平等祇表現於初期的基督教中。在這一時期中可以尋找出來的財產共有的痕跡，主要的還是為着被迫害者團結生活的必要，而不是為着真正平等的觀念。而且，很快的，教士及平常信徒間的區別的確立，使這種基督教平等的濫觴，也歸於消滅——日耳曼人之侵入西歐，建立了從來未有的，複雜的，社會及政治的階級秩序，而在整幾世紀內排除任何平等的觀念。可是這種侵入，同時牽連西歐及中歐，進入歷史的運動之中，牠促進最初密切相連的文化區域的形成，而在這些領土上，產生了好些相互影響相互支持的民族國家。這樣就預備了一種基礎，使以後人類平等及人權的問題，在這種基礎之上，才得發生出來。

此外，封建的中世紀，在其自身內部，又造成了一個階級，這階級在其往後的發展上命定為現代平等要求的負擔者，這階級就是資產階級。最初資產階級自身也是封建的一個等級，牠使封建社會中主要帶着手工性質的產業及其內部產品的交換，達到比較高度的發展，直到十五世紀，海上的偉大發見，更在牠的前面，開闢了更其廣大的行動範圍。從來祇進行于意大利及萊文特之間的歐洲以外的貿易，現在傳播于美洲及印度，而在其流轉上，迅速地超越了歐洲各國相互間的交換，以及每個國家內部的交換。美洲的金銀氾濫於歐洲，成為破壞的因素，而侵入封建社會的每一罅隙，裂痕及竅孔。手工業生產再不能滿足日益發展的需要；在最先進國家的主要工業部門上，手工業即為手工工廠所代替。

可是在社會經濟生活的條件，發生這樣大的變革之後，社會的政治結構，絕不是立刻跟着發生相當的變更的。社會更加成為資產階級式，可是國家則仍是封建式的。大規模的貿易，特別是各國間的貿易，以及全世界上的貿易，要求有自由的，運動上不受拘束商品所有者，他們在本身來講是平等的，根據着他們全體各相平等的權利，相互進行交換——這權利至少在各該地是平等的。由手工業到手工工廠的轉變，要有一定數量自由勞働者的存在爲前提，這些勞働者的自由，一方面是在於他們脫離了行會的束縛，他方面是在於他們沒有那種獨立利用自己勞動力所必需的生產手段——這些人可以與廠主談判僱用勞動力的事情，就是說以平權的談判對方的資格，與廠主相對立。最後，一切人的勞動之平等性及平等價值，還因他們是一般的人的勞動，而無意識地但最有力地表現於近代資產階級經濟學的價值法則之中，根據這一法則，每一商品的價值，是由其中所包含的社會必需勞動來決定的(註)。——可是，經濟的關係，要求自由及平等權，而政治制度則相反的給牠以行會的束縛及分裂的特權。地方的特權，差別的關稅以及各種特殊的法規，不但妨害了外國人或殖民地居民的貿易，而且還常時妨害本國各種範疇的居民；行會的特權，到處不斷的障礙手工工廠業的發展。無論在什麼地方，都不能自由通行，到處都不能給資產階級競爭者以均等的機會，可是這些正是資產階級最初的而且愈形迫切的要求。

（註）馬克思首先在『資本論』中以資產階級社會的經濟條件來說明近代的平等觀念。

當解脫封建鎖鏈，及排除封建不平等以建立平等權之要求，被社會經濟的進步，提出於議事日程之上的時候，這一要求，就不得不很迅速地採取更廣大的範圍。如果這一要求的提出，是爲着工業及商業的利益，那麼廣大的農民羣衆，也必須要求同樣的平等權，這些農民羣衆，處於各種不自由的階段之上，最甚的處於完全農奴的境況之中，他們不得不把最大部分的勞動時間毫無報酬地供給封建領主應用，而且此外還向領主及國家償付無數的貢稅。他方面，更不能不提出廢除封建特權，廢除對於貴族的納稅，廢除個別等級的政治特權等等底要求。可是因爲事情不是發生於羅馬帝國那樣的世界國家之中，而發生於那些相互平等來往，差不多處於同等政治發展程度的獨立國家之整個體系中，所以上述要求，就自然採取了一般的超越個別國家的性質，而自由及平等，遂被宣佈爲人權。這種人權的特殊資產階級性質，最顯然地可由下述事實來表明，即：最先承認人權的美國憲法，同時確保了存在於美國的黑人的奴隸制：階級的特權受了咒咀，而人種的特權，則爲法律所神聖化。

可是，大家都知道，當資產階級從封建的市民階級蛻化而成近代的階級之時，在牠之旁，好像人影隨人似的，總跟着無產階級。同樣的，在資產階級平等要求之旁，也總是跟隨着無產階級的平等要求。自從廢除階級特權的資產階級要求提出以來，同時也就提出了廢除階級本身的無產階級的要求，開始，這要求帶着宗教的性質，歸依於原始的基督教，更後就基於資產階級本身的平等理論之上。無產階級在文辭上促住資產階級：平等不應該祇是表面的，牠不應該僅存在於國家的領域上，牠應該是眞實的平等，應該實現於社會的經濟的生活之中。特別自從法國大革命以來，法國資產階級提出政治平等爲最主要要求之時起，——法國無產階級立刻回答以社會的經濟的平等之要求，這一要求，特別成爲法國無產階級的戰鬥的標語。

這樣，平等的要求，在無產階級口中具有兩種意義。或者牠是——特別是在最初，我們看到，例如在農民戰爭時代——自發的反抗，用來反對顯著的社會不平等，反對富人與貧人間，領主及農奴間，美食者及饑餓者間的對立；這樣看來，牠祇是革命本能的單純的表現，也祇在這上面，牠才有自己存在的理由。或是無產階級的要求，是爲着與資產階級要求相對抗，才發生出來，無產階級從資產階級的要求上引伸出更寬廣的多少正確的要求；在這時候，牠祇是一種鼓動的手段，用資本家自身的主張，推動工人去反對資本家，在這場合上　牠的命運是不可分裂地與資產階級平等本身的命運相聯的。在上述兩個場合上，無產階級平等要求的眞實內容，都可歸結爲廢除階級的要求。任何超出這點以上的平等要求，都必然的要流於荒謬。我們已經舉出了這種荒謬的例子，當我們到達杜林先生對於未來的空想之時，我們要指無數的這種荒謬的例子。

所以，平等的觀念，無論在資產階級的形式中或是在無產階級的形式中，自身都祇是歷史過程的產品，這種歷史過程的形式，需要一定的歷史背景，而這歷史背景則本身又需要長期的以前歷史爲前提。這樣的平等觀念，無論是什麼都好，但總不是永恆的眞理。如果在現在，平等對於廣大的羣衆是一種自明的觀念——在某種意義上，——或是像馬克思所說，『已經具有民衆成見的固定性』，那麼這並不是因爲牠的公理的眞理性，而祇是因爲牠的普遍的傳播，更因爲十八世紀的思想對於我們現代還沒有喪失本身的意義。所以，如果杜林先生肯直爽快地能夠讓他的有名的兩個人，任意行動於平等的地盤之上，那麼這也是因爲在民衆的成見上，這是自然的事。眞的，杜林先生稱自己哲學爲自然哲學，正因爲這哲學總是從他認爲是自然的那些事物出發的。但是爲什麼在他看來，牠們是自然的呢？——對於這樣的問題，他自然是不過問的。

(十一) 道德及法　自由及必然

『在政治及法律的領域上，本講義中(杜林先生的哲學講義)所述的原則是以最周密的專門的研究爲基礎的。所以讀者應該顧到，此地……是在於徹底敍述法律學及國家的終極結論。我的最初的專門研究，剛剛是法律學，我在法學研究上不但用了大學理論準備的普通三年時間，而且還繼續努力於以後法官實習的三年中，在這時候，我繼續這一科目的研究，而且以其科學內容的加深，爲自己的特殊目的……同樣的，如果我不自覺我知道這一科學的弱點，和知道牠的優點，一樣的好，那麼我對於私法關係的批判，以及對於相當的法律缺點的批判，自然不能這樣深信地發表出來』。

有資格用這樣口氣來說話的人，自然應當引起他人對於自己的信仰，特別是和『以前曾經顯然疏忽地研究過法學的馬克思』相對照。所以，當帶着這樣自信態度的私法關係的批評家，祇限於聲說，『法學的科學上的價值，……是已經過去了』，說現實的民法，祇是法律的不正，因牠使暴力的財產神聖化，說刑法的『自然的基礎，是復仇』——在這主張之中，新奇的祇是在於這個『自然基礎』的神秘化的外衣——當這樣的批評家以此為限之時，這實使我們起不少的驚奇。國家學上的最後結論，祇限於考察我們所已知道的三個人中間的關係，在這三人中，一人從來就以暴力凌駕其他兩人，而且杜林先生還認眞地討論，誰個首先應用暴力及奴役手段，第二人或是第三人這樣的問題。

可是，試更往下考察杜林先生對其專門科目的最周密的研究，以及我們的自信法律家經過三年法官生活而更加深奧的學問。

關於拉薩爾杜林先生對我們說，他是因為『竊盜小箱未遂的教唆』而受法庭裁判的可是『因為在當時，還可以因證據的不足而有所謂裁判上的赦免……這是一半的無罪』。

這上面所說的拉薩爾案件，在一八四八年夏，開審於凱恩的陪審法庭之前，在這地方，好像差不多在全部萊茵省一樣，採用了法國的刑法。成爲例外的，祇是對於政治上的輕罪及重罪，採用普魯士的國法，可是在一八四八年四月，這個例外的規定，又爲甘普好生（Camphausen 當時首相）取消了。法國法律，毫不知道普魯士國法的捉摸不定之範疇——犯罪的『教唆』（Veranlassung），更不必說什麼『犯罪未遂的教唆』。法國刑法，祇知道對於犯罪的煽動，而且在處罰之時，需要這種煽動是用着『餽贈，約言，威脅　地位，或強力的濫用，詐欺的蠱惑，或應受處罰的詭計』來形成的。（刑法典』第六十條）。埋頭於普魯士憲法的檢事，像杜林一樣，看過了嚴格規定的法國法律與捉摸不定絕不確定的普魯士國法中間的區別，他們捕風捉影地對拉塞爾提起訴訟，可是莊嚴地失敗了。說法國的刑事裁判，有普魯士式的『因證據不足而赦免』之半無罪，——這樣的話，祇有對於法國近代法律完全盲目的人，才會說得出來；因爲法國的刑事判決，祇知有罪或是無罪，絕不知有其中的中間物。

這樣我們不得不說，如果杜林先生手裏握着拿破崙的法典，那末他或許不會以這樣自信的態度，對於拉薩爾作他的『大規模歷史的記述』。因之，我們不能不斷言，杜林先生完全不知道唯一近代資產階級的法典，這一法典，以法國大革命的社會成果爲基礎，把牠翻譯成法律的句話，卽是說近代法國的法典。

在別一個地方，當杜林先生批評大陸上按照法國模範採取那種由陪審員的多數來規定判決的制度之時，杜林先生這樣地教訓我們：『是的，甚至可以具有這樣的．在歷史上並非沒有成例的思想，就是，在完美的社會裏，對於判決，如有反對票，判決將成爲不可能，……可是，這是嚴重的深刻理想的立場，像上面所說的，從傳統的形式上看來，牠是不適當的．因爲對於這些形式，牠是太過好了』。

這上面杜林先生又不知道：根據英國的普通法 卽根據自很古以來，所以至少自十四世紀以來通行於英國的習慣法，陪審官的一致，不但在刑事判決的場合上，而且在民事案件判決的場合上，都是必需的。這樣根據杜林意見對於現在世界實屬太好的嚴重的與深刻理想的立場，已在黑暗的中世紀，在英國，發生法律的效力，以後牠就從英國推廣到愛爾蘭，北美以及所有英國的殖民地。可是最詳細至的法學的研究，竟使杜林先生在這上面絲毫無知。這樣，可以看到，那個需要陪審官一致同意的領域，不但比較普魯士國法所適用的狹小範圍　是無限的更大，而且牠還比較陪審多數表決制所行使的一切領域的綜合，更要大些。杜林先生，不但對於唯一的近代法律，法國法律，全然無知；他而且也同樣的不知唯一的日耳曼法律、這一法律，直到現在，總是和羅馬法不相關係地往前發展，而傳播於世界各地：他不知道英國的法律。是的，爲什麼要知道牠呢？因爲根據杜林先生意見，英國式的法律思維，無論如何，『和造成於德國領域上的利用羅馬古典法學者純粹概念之學派相較，總是不成體統的』。再往下，他說道『應用兒戲似的混成語之英語國，和我們的自然言語形體比較起來，算什麼呢』？對於這點，我們祇能像斯賓諾莎那樣地回答道：Ignorantia non est argumentum，無知並非理由。

說了這些以後，我們祇能到達這樣的結論，即杜林先生的最縝密的專門研究，祇是在於他以三年功夫在理論上作法典的研究，而於以後三年中，則在實際上研究了尊貴的普魯士的國法。自然，這樣的博學，本身已是一種勞績，已儘够作一個極其可敬的舊時普魯士的區審判官及律師。可是，當立意給一切世界一切時代作法律哲學之時，那麼總應該多少知道這樣國家，如法，英，美，等國的法律關係——這些國家在歷史上所操的作用，比較德國內通用德意志國法的一隅，實在重要得多。可是我們試再往下看。

『地方法，省法，及國法，最無次序地在絕頂複雜的方面上錯綜起來成爲習慣法，或爲成文法，而且最重要的問題，常時採取條令的形式，這些地方法，省法及國法，形成雜亂的混合——這是無秩序及矛盾的標本的集合，在其中，特殊消滅一般，有時一般又消滅特殊，牠眞的是不能使任何人從牠上面作出明瞭的法律的意識』。可是試問，這種混亂狀態究在什麼地方呢？還是在普魯士國法所通行的領域上；那裏省法及地方條令，有些地方幷有日耳曼普通法及其他，還在某種階級段上，在國法之旁，之上，之下，保護其效力，這種情形，引起實際法律家的絕望的聲呼，杜林先生在此處也以這樣同情的態度來重複。他甚至可以不必離開他所愛的普魯士，祇要訪問萊茵省，就夠使他相信，那裏在七十年來，已把所有這一切都束之高閣——至於其餘文明國家，那更不用說，牠們是早已把這種陳舊的狀態消滅了。

再往下道：『自然的個人責任之隱蔽，以比較緩和的形式，表現於委員或其他官僚機關的秘密的因而匿名的集合判决及集合行動之上，牠們隱蔽了各成員的個人的參加』。在別一處又說道：『在我們現在的狀態之下，誰要是堅决地起來反對委員會對於個人所負責任的遮掩與隱匿，那麼這將是可驚的而且極端嚴格的要求』。如果我對杜林先生說明，在英國法律的行動範圍中、裁判官團的每個成員，應該個別的在公開的席上執行表決，並說明自己的理由；不公開討論及表决的不經選舉的行政委員會，主要的是普魯士所特有的制度，在其他大多數國家，是不存在的，所以杜林先生的要求祇在普魯士好像是可驚及嚴格；我們的這種說明，對於杜林先生或許是可驚的新聞。

同樣的，他對於誕生，結婚，死亡及埋葬時宗教儀式的強制干預之非難，在各大文明國家之中，也祇能適用於普魯士，而且在戶口登記實施以來，就是在普魯士，也不適用了。杜林先生希望在『共同社會』的將來狀態中實現的事情，俾斯麥已以單純的法律來解决了。杜林先生非難『法律家在執行職業上準備不足』——而且這非難，還可以推用於『行政官』，這個非難，也祇是特殊的普魯士的。甚至杜林先生所隨時提示出來的誇張到可笑地步的對於猶太人的憎惡，雖不是特殊普魯士的特徵，至少也是東愛爾伯流域的特徵。這個現實哲學家這樣傲然地蔑視一切偏見及迷信，可是他自己卻這樣嚴厲地陷於個人的妄想之中，使他甚至把那種從中世紀不正信仰所傳下來的反猶太的民族偏見，稱爲根據於『自然理由』之上的『自然判斷』，而到達驚人的主張，說『社會主義，是能够順利地反抗那種帶着猶太人混合的人口狀態之唯一力量』（帶着猶太人混合的狀態！這是何等自然的德文）！

够了。法律學識的自誇，最多祇是以最普通的普魯士舊式法律家之最尋常專門知識，爲其事實的根據。杜林先生一貫地向我們敍述最後結論的法律學與國家學的領域，是和普魯士國法的實施區域相吻合的。除了現在甚至在英國每個法律家也已熟知的羅馬法之外，杜林先生的法律上的知識，祇限於唯一的普魯士的國法，這是啟蒙的宗教的專制時代的法典，牠應用着這樣詰屈聱牙的文字，可說杜林先生正是從牠上面學習了德文語式的。這一法典，包含道德的註釋，法律上的不確定性及無原則性，而以棍打爲拷問及刑罰的手段，這樣的法典，完全是屬於革命以前的時代的。可是除此之外，在杜林先生看來，一切都是惡的，法蘭西的近代資產階級法律如此、經過特殊發展而且爲整個大陸所未有的那樣保證個人自由的英國法律，也是如此。『不承認任何可見的眼界，而在強烈革命的運動中展開自然內外的整個大地』之哲學，這樣哲學的現實眼界，祇是舊時普魯士東部六省的疆界，　此外或許還有幾塊施行普魯士法國的土地；在這個界限之外，他絲毫沒有展開自然外部或內部的天，或地，而祇是展開他自己對於世界其他地方所發生的事情愚昧無知底圖畫。

如不說到所謂自由意志，人的責任能力，必然與自由的關係等等問題，那末要論述道德及法是很難的。現實哲學，對於這一問題，不是祇有一個解答，而是甚至有兩個解答。

『代替一切錯誤的自由學說的，應該是合理見解與本能衝動二者合成所謂中間力量的這種關係的特質。這種運動的基本事實，應該得之於觀察中，而且盡可能的程度在質量與數量上決定起來，使根據牠們可以往前測定未來的事變。這樣，幾千年來所存在的關於內部自由的荒謬的想像不但徹底消滅，而且還爲積極的合於生活實際組織的東西所代替』。根據這個見解，自由是在於合理的知識令人向右，而不合理的本能，則令人向左，在這個力的並行四角形中，實際的運動，是向着對角線的方向走去。這樣，自由就是知識與本能，理性與非理性間的平均，而其在每人中所有的程度，用天文學的話來說，是可以用『個人方程式』來實驗地決定的。可是再過幾頁，杜林生生又說道：『我們以自由爲根據，來建立道德的責任，這自由在我們看來，祇是與先天理性及後天理性成比例的對於自覺動機的感受性。所有這些動機，不管有什麼對立行動的提示的可能，總是以不可避免的自然規律性，往前運動着的；可是我們在應用道德的槓桿之時，正是預定以這種不可避免的必然性爲根據的』。

第二個自由的規定是完全的毫不客氣的與第一個自由的規定相衝突的，這第二個規定，正祇是黑格爾觀念的極卑俗的轉述。黑格爾第一個正確地規定自由與必然間的相互關係。在他看來，自由是必然的理解『必然祇在未被人理解之時是盲目的』。自由不是在於想像中的對於自然法則的獨立，而是在於認識這些法則，而能有計劃地利用牠們來達到一定的目的。這不但適用於自然外部的法則，而且還適用於那些支配人本身肉體存在與精神存在的法則——這兩種法則，我們祇能在思維上分別開來，在實際上是分不開來的。所以意志的自由，祇是人們根據事實知識以決定事物的能力。因此，人對於某一問題的判斷，愈是自由，這個判斷內容的決定，將帶着更大的必然性，相反的，猶豫不決是以無知爲基礎，表面上似乎在許多不同的相互矛盾的可能決定中，自由地任擇其一，可是其實牠正是證明自己的不自由，以及自己對於自己所應該支配的對象之屈服。這樣，自由是在於統治自己及外部自然；所以牠一定是歷史發展的產物。最初從動物界分離出來的人，在基本的各方面，都和動物本身一樣的不自由，可是每一文化的進步，就是趨向於自由的進步。在人類歷史的曙光時代，人發見怎樣能把機械的運動，轉成爲熱：磨擦生火；在現在已經完結的那個時代之末，發見怎樣能把熱轉成機械的運動：蒸汽機。可是無論蒸汽機在社會上完成了怎樣偉大的解放的變革——這變革甚至還沒有完成一半——，毫無疑義地蒸汽機的發明，決沒有像磨擦生火的發明那樣大的解放的意義，因爲磨擦所生之火，首先使人能夠支配某種自然力，而最後與動物界相脫離。蒸汽機永不能在人類的發展上引起這種巨大的飛躍，無論對於蒸汽機，我們怎樣把牠看成那些以牠爲根據的巨大生產力的代表者；因這樣的生產力之助，方有可能去建立這樣的社會，使其中再沒有任何階級的區別，沒有任何對於個人生活來源的顧慮，而能說到眞正人的自由，說到與人所認識的自然法則相協調的生活。全部人類的歷史，還是如何幼稚，說我們現在的見解，帶着某種絕對的意義，這話是如何的可笑——那從這一簡單的事實中已經可以看到，就是以前的全部人類的歷史，正可以稱爲從機械運動的熱的轉變到熱的機械運動的轉變之中間時期底歷史。

自然，杜林先生對於歷史的見解不同。這個迷亂，昏暗，暴力及奴役的歷史，總起來形成現實哲學所討厭一個系統；特別是歷史被分爲二大部分(一)從物質的不變狀態到法國革命，從法國革命到杜林先生。而且十九世紀，『在實質上講來更是反動，在精神方面甚至比較十八世紀更爲反動』，雖然牠已經孕育着社會主義，因之也就孕育着『比較法國革命先驅者及英雄們所設想的更要偉大的變革之萌芽』。現實哲學對於全部以前歷史的蔑視，是根據下述理由的：『如果一想到將來無數千年，那麼有文字記述可以回溯的歷史上之數千年，及其從來所建立的人類制度，是沒有多大意義的……人類整個的看，還是非常的幼稚，如果將來科學在回溯時不是數幾千年，而是數幾萬年，那麼對於那時將視爲太古時代的我們時代，將無疑地承認，其制度是處在精神上未成熟的幼稚的狀態中的』。

爲使我們不必多化時間來說明最後一節的眞正『自然的言語形態』（意指晦澀的文句——譯者）起見，我們祇說出下面幾點。第一，這個『太古時代』，無論如何總是歷史的時代，牠對於一切將來的世代，將引起巨大的興味，因爲牠建立了以後整個更高度的發展的基礎，因爲牠的出發點，是人對於動物的分裂，而其內容，則是將來集體人羣所不再遇到的那些困難的克服。第二，和這一太古時代相較，不爲上述障礙及困難所妨害的將來歷史時期，豫定可有空前的科學，技術與社會的進步——如果要以我們這樣『落後』這樣『退步』世紀的精神未熟的幼稚狀態爲根據，來建立終極不變底絕對眞理及徹底認識，使之成爲將來無數千年所遵奉的準則，如果這樣，那麼這一太古時代的結束，其適當時機的選擇，是非常奇怪的。眞的，祇有哲學上的李赫特，佛格尼爾，——而且還是沒有他的天才的——方才看不到，所有這些侮蔑以前整個歷史發展的辭句，也正是落到這一發展的表面上最後的結果，卽落在所謂現實哲學的身上。

新的深入底蘊的科學之最特著模型之一，便是關於生活個人化及其增加價值的一節。在這上面，整整的三大章，都是以狂風暴雨之力，奔流着神秘常識的噴泉。可惜，我們祇能以少數幾個例證爲限。

『任何感覺的更深刻的本質，亦卽任何主觀生活形態之實質，都是基於狀態的差別之上。不經特別討論(！)就可以指示出來，完全(！)生活的狀況，不是靜止的狀態，而是從一種生活狀況到別種生活狀況的轉變；因爲這一轉變，生活感情提高起來，而生活的主要的引人部分也發見出來。差不多不變的所謂情性狀態，無論處於怎樣的同一的平衡狀態，無論其性質如何，對於生活的感覺，總是沒有多大意義的。當習慣於這種狀態，或所謂沉湎於這種狀態之時，那麼牠就成爲無足輕重之事，而不能與死的狀態，特別區別開來。最多在這上面，再加上沉悶的痛苦，而爲一種消極的生活的刺激。在停滯的生活之中，個人及國民，都喪失任何對於生活的熱情與興味。可是祇有我們的區別法則，才能解釋這些現象。

簡直是不可思議。』杜林先生怎樣迅速地得到他的特出的結論。同一神經的繼續的刺激，或同一刺激的繼續，使一切神經及神經系統疲勞起來，所以在經常的狀態中，神經刺激要發生中斷及更替——這一事實，好幾年來在任何生理學教科書中，都可以看到，任何俗人根據自己經驗，均已知道。當杜林先生還未把這一事實，譯成現實哲學的辭句之時，當他還沒有替太古的平凡事實套上祕密形式之時，這祕密形式，卽是說任何感覺的深刻的本質，基於狀態的分別之上——請看，這種平凡的事實，已經轉成了『我們的區別法則』。這一區別法則，使整個系列的現象，『完全明瞭』，可是這些現象，祇是變化愉快的說明及例子，這些現象，甚至對於最平凡的庸人的悟性，也不需解釋。而所謂差別法則的引用，決不會使牠一絲一毫地更加明瞭。

可是。『我們差別法則』的深奧之處，決不盡於此。『年齡的階段，以及與之相聯的生產條件的變化之出現，給出非常便利的例子來顯著他說明我們的區別法則。小孩，兒童，靑年，成年，在各該時期對於自己生活感情力的了解，與其說是因爲已經確定的狀態，不如說是因爲從一個狀態到別個狀態的轉變的時期』。而且『如果顧到這一事實，卽已經經驗過的，已經做過的事情底重複，對於我們沒有絲毫的刺激，那麼我們的區別法則，就可以得更寬廣的應用』。現在，讀者自己可以設想以上述那樣深刻的窮根究底的見解爲出發點底全部神話似的迂說。自然杜林先生在其書之末，可以莊嚴地宣告道：『爲評價及增進生活的價値起見，區別法則在理論上實際上均有標準的意義』。在杜林先生估計聽衆的精神價値之時，這法則也有那樣的意義：他當然以爲聽着都完全是愚夫俗人。

再往後，他就給我們以下述極其實際的生活規律：『保留一般生活興味的手段』（這正是俗人以及想作俗人的人底極好的任務）『就是在於把那些形成整個的所謂基本的個別興趣，發展起來，或是經過自然的時間階段，相互更替起來。同樣的，爲着同樣的狀態，可以利用低度的容易滿足的衝動與高度的繼續的衝動二方面底連續之更易，使以避免喪失任何興趣的間隙之出現。此外，應該努力不要任意加多及促進那些自然地產生出來的或在社會生活通常進程中產生出來的緊張，同樣的，在最薄弱的衝動之時——這正是相反的謬誤——也不給牠滿足，這樣，也就阻障着那種享樂的要求的產生。自然旋律的保持，在此地如在其他場合一樣，是均衡的愉快運動的先決條件。同時，也不應負担起不能解決的任務——就是企圖把某種境遇所造成的愉快衝動，延長到自然或社會條件所測定的時間的範圍之外」等等。如果任何常人，要想利用這個學究——以最無味的腐話自衒的學究——底莊嚴底庸俗預言，來作『生活體驗』的規制，那麼他無論如何總不會苦於『喪失任何興味的間隙』。他不得不用他全部時間，來作必要的享樂的準備及其整理，使他不能有絲毫的自由時間，來領受享樂的本身。

我們應該體驗生活，體驗完全的生活！祇是杜林先生禁止我們做兩件事：第一『吸煙所起的不潔』；第二『飲酒，及飲食那種可以引起不快之感或具有妨害微妙感覺之性質的食物』。因爲杜林先生在其政治經濟學講義上狂熱地讚美燒酒的蒸造，那麼他所說的酒，自然不是指燒酒；這樣我們不得不得出結論，即他的禁止，祇限於葡萄酒及啤酒。他儘可以更禁止肉類，那時他或許把現實哲學提高到榮耀的古斯塔夫斯脫魯維(註)這樣成功地所到達的高頂，就是到達純粹兒戲的高頂。

其實杜林先生對於酒類飲料，儘可以比較忍耐些。如果任何苦漢子，因爲太過耽溺於酒，而無從找得從動的到靜的之間的橋樑，那麼，自己承認也不能找得這個從動到靜之橋的人（指杜林——譯者）儘應該對那漢子批評得謙虛些。

（註）古斯塔夫斯脫魯維（Gustav Struve, 1903—1870）乃一八四八年革命的行動者及巴登暴動的組織者之一。他是素食主義的熱烈的提倡者。——譯者

（十二）辯證法　量與質

『關於邏輯底基本特質的第一個最主要的原則，是矛盾的除外。矛盾的範疇，祇能存在於思想的組合中，而決不能存在於現實之中。在事物之中，決沒有矛盾，換句話說，現實的矛盾，自身正是不合理的頂點……按照相反方向而行動的力量的衝突，甚至是世界存在及其物體中的一切行動低基本形式，可是這種要素及個體的力的方向之衝突，斷乎不相那種不合理的矛盾的實現之思想相吻合……在這裏，我們肅清了通常從假託的邏輯秘密上產生出來的迷雲，而得出現實矛盾的眞正不合理之明確映象；而且我們還指示了那些崇拜粗笨偶像，以代矛盾世界範疇論之蠢舉之無益，所有這些我們儘可以自滿』。——這差不多就是杜林先生在『哲學講義』中關於辯證法的全部意見。可是在

『批判史』中，對於矛盾的辯證法，特別是對於黑格爾，更是一手抹殺，『根據黑格爾的邏輯，正確點說根據他關於洛各斯的學說，矛盾並不是包含於思維之中的東西——這思維根據牠的性質，祇能是主觀的自覺的——而是相反的客觀上存在於事物及現象的本身之中，而且可以說是可用肉體去感觸的；這樣，無稽之談，就不再是不可能的思想的綜合，而變成現實的力量。不合理的現實性，正是黑格爾邏輯與非邏輯的統一之第一個信仰象徵……愈是矛盾，愈是眞實，換句話說，愈是無稽，愈是可能。這種並非新發見的，而祇是從啓示神學及神秘說中得來的規則，正是所謂辯證法原理的赤裸裸的表現』。

上面所引兩段的內容，可以綜合起來，就是，矛盾等於無稽之談（Widerspruch＝Widersinn）所以不能存在於現實世界之中。這一原則，在具有相當常識的人看來，正如直不能是曲，曲不能是直的原則一樣的顯明。可是無論如何，微分學卻不管人的常識的抗議，而在一定條件之下，使直線和曲線相等，而因此達到人的常識——牠固執地承認直線與曲線的相同為無稽之談——所永不能達到的成功。如果再顧到所謂矛盾辯證法從古代希臘人起直到目前在哲學中所操的作用，那麼就是比杜林先生更強一些的反對者，也應該提出比一種空口主張及幾句謾駡語更堅實一些的論據來。

自然，我們如把事物看成靜止的狀態，看成沒有生命的，獨立的相並的，或前後相繼的東西，那麼我們在其中，就遇不到什麼矛盾。我們在其中看到某種的特質，這特質一部分是爲他們所共通的，一部分是特有的，甚至是相對立的，可是在後一個場合上，牠們不同的特質是分配於各個事物之間，所以並不包含絲毫的矛盾。如果這樣的觀察，對於我們已經足够，那麼我們儘可以用通常形而上學思維方法來滿足。可是當我們開始在其運動中，變化中，生命中，相互作用中來觀察事物時，那麼事情就採取了完全不同的樣子。在這個場合上，我們立刻陷於矛盾的領域中。運動本身就是矛盾：就是簡單的機械的移動，也祇能完成這樣，使各該物體同一瞬間在一個地方，同時又在別個地方。牠是在這一地方，同時又不是在這一地方。這種矛盾的產生及其同時的解決，正形成了運動。

所以在這地方，我們就有一種客觀地存在『於事物及現象的本身中，而可以說可用肉體去感觸』的矛盾。但是杜林先生在這方面怎樣說呢？他主張，一般的『在合理的機械學中，找不出眞嚴格動的與靜的之間的橋樑。現在，讀者終究可以看到，隱藏於杜林先生的這一愛用語句之後的，是什麼東西；牠正是如下：形而上學的思維的理性，絕對不能從靜止的思想，轉到運動的思想，因爲在這上面，上述的矛盾正障礙着他的去路。在他看來，運動是完全不能理解的，因爲運動正是一種矛盾。可是，他旣主張運動不能理解，他就違反自己意志而承認這一矛盾的存在，也就是承認，在事物及現象本身中存在着客觀的矛盾——這種矛盾，正是一種事實上的力量。

如果簡單的機械的移動，包含着矛盾，那麼物質的更高的運動形態，特別是有機生命及其發展，更甚地包含着這種矛盾。我們在上面已經看到，生命首先就是在於，每一有機物在各該瞬間是這樣，同時又是別樣。所以，生命也是存在於事物及現象自身中的不絕由自己提出並解決的矛盾；這一矛盾停止之時，生命亦歸停止，於是死就來到。更後，我們看到，在思維的領域中，我們不能避免矛盾，例如內部無限的人類認識能力，與其外部有限的，所知有限的人之現實存在二者中間的矛盾，被解決於無限的——至少在我們實際上——人類世代的連續之中，被解決於無窮的進步之中。

我們已經說過，高等數學的主要基礎之一，就是矛盾，這矛盾卽是要求在一定條件之下，把直線與曲線，看成同一東西。高等數學，更進入別一個矛盾，卽是，在我們眼前交叉着的兩條線，在離開交叉點五——六生的米達的地方，已經應該看成平行線，這兩條線應該看成是無論如何無限延長永不能交叉的兩線。可是，因這些以及更厲害的矛盾之助，高等數學，不但達到了正確的結果，而且達到了初等數學所完全不能達到的結果。

可是，就是初等數學，也滿含着矛盾。這樣的矛盾，例如：他要求A之一根等於A之一乘，可是$A \neq \sqrt{-A}$。負數可以作某種量的平方，因爲每一負數，一經自乘，就等於正數的平方。所以負數的平方根　不祇是簡單的矛盾，而且簡直是荒謬的矛盾，是眞實的無稽之談。可是無論如何$\sqrt{-1}$在許多場合上，還是正確數學計算的必然的結果；而且如果禁止應用$\sqrt{-1}$，那麼初等的及高等的數學，將怎樣辦呢？

數學自身，應用變量，而進入辯證法的領域，而且　顯著的，正是辯證法的哲學家，笛卡兒，在數學上形成這樣的進步。辯證思維法對於形而上學思維法的關係，正如變量的數學對於不變量的數學之關係一樣。可是這並沒有妨礙這樣的現象，即，大多數數學家，祇在數學的領域上承認辯證法，在他們之中，有不少的人，利用辯證法所得的方法，而却以舊的有限的形而上學調子來運用。

如果杜林先生關於力的衝突及衝突的世界範疇底問題，不僅作簡單的空辭，而有比較好些的說明，那麽我們或許可以更詳細地把牠來討論。可是，在說出自己的空辭之後，杜林先生在其世界範疇論中在其自然哲學中從來沒有給我們說出這種衝突的實際作用，這正是最好沒有地證明出，杜林先生對於『世界及世界物體的存在中之任何行動的基本形式』，絕對不能得出一些積極的東西來。這是顯然的：如果黑格爾的『本質論』，被他轉成了一種運行於相反方向上而不運行於矛盾中的力之傭俗思想，那麽自然最好就絲毫不要用這種一般的常識。

爲發洩他的反辯證法的憤懣起見，杜林先生又從馬克思的資本論上得到了口實。『自然的及明顯的邏輯之缺乏，這正是辯證法的紛亂怪異觀念之特徵……對於現在出版的第一部（『資本論』）就已應該適用這一原則，即，在某方面，甚至在一般的（！）說來，根據某種哲學的偏見，可以在任何事物中找出一切，而在一切中找出任何事物，根據這一混亂的迷惘的觀念，『一切是統一的』。這樣精密的對於於此種哲學偏見的理解，使杜林先可以自信地預告，馬克思經濟思辨的『終結』如何，即『資本論』以後數卷的內容如何，可是在七行前杜林先生却宣告：『眞的，以人類的及德意志的語言來說，究竟兩卷（以後兩卷）包含些什麼，這是不能預見出來的』。

杜林先生的著作，正是屬於『矛盾客觀地存在着而且可說是可以覺觸得到的』那種『事物』，這已不僅是從這次開始。可是這並不妨礙他得意洋洋地這樣的說下去『但是，應該希望健全的邏輯，將戰勝對於自然的諷刺畫……自大主義以及辯證法的神祕主義，決不能誘惑稍具健全判斷力的人，使他陷於思想與文體的醜惡狀態之中。辯證法的愚魯之最後殘跡，死滅之後，這種欺瞞手段……也喪失自己的欺詐的影響，誰也不再以爲應該苦思焦慮，到那裏去尋找深刻的智慧，其實在那裏，除去外殼以後，其糾紛事物的核心，卽使不是單純智識的特徵，最多也不過表現出尋常的理論的特徵……如果不瀆健全的邏輯、那麼就完全不能根據關於洛各斯學說的規則，去重新形成（馬克思的）

詭計』。馬克思的方法就是在於『爲自己的信仰者，造出辯證法的奇蹟』等等。

現在引起我們興趣的，還不是馬克思經濟研究結論的正確與否的問題，而祇是馬克思所應用的辯證方法。祇有一點是毫無疑義的：『資本論』的大多數讀者，現在方從杜林先生那裏知道他們所讀到的究是什麼。杜林先生自身也是讀者之一，他在一八六七年時（Ergänzungsblätter III, Heft 3）還能夠給出對於此種思想家尚稱合理的馬克思書籍內容的概述，甚至還可不必開頭就把馬克思的論斷，譯成杜林式的語言——可是在現在，他就以爲這是必需的了。雖然他在那時，已經陷於錯誤，把馬克思的辯證法，與黑格爾的辯證法，看成同一東西，可是無論如何他還沒有完全喪失區別方法與方法所得結果之能力，還稱能理解，即使一般的否定了方法，那麼方法所得的結果，還沒有特殊地被其推翻。

杜林先生聲明中最可驚的一點，就是：從馬克思的觀點看來，『一切終究是一樣的』，這樣，根據馬克思，例如，資本家及僱用工人，封建的，資本主義的及社會主義生產方式，全是一樣的，最後甚至馬克思與杜林，或許也是一樣的。爲解釋怎麼能够產生這樣的謬論起見，我們祇有假定：『辯證法』一字，已令杜林先生陷於這樣不負責的地步，使他因爲概念的錯亂與混淆，而把自己所說及所做的一切，最後地做成無足輕重的『同樣東西』。

在這上面，我們正可以看到杜林先生所稱爲『我的大規模歷史記述形式』或更稱爲『總括方法』的例子，這一總括方法，『和種屬及定型算了總賬，牠決不卑謙到這樣的地步，使牠自己會用小邏輯（Mikrologich）的批評，來稱贊休謨所稱爲賤民學者的那些人；祇有這個方法，纔能用高級的上等的格式，去和完全眞理之利益相一致，並和那種對於組合外聽衆所應盡的義務相一致』。眞的，大規模歷史記述的形式與那對於種屬及定型算了總帳的總括方法，是對於杜林先生極其便利的，因爲如此，他可以蔑視一切確定的事實，把牠們當作小邏輯的事實，他可以使這些事實等於零，而爲證明起見，祇要發表一般的辭句，空口說定，簡單駡倒就夠了。此外，上述的方法，還有這樣的特點，就是他不使對方在辯駁上提到任何事實上的立脚點，所以對方差不多唯一祇有大規模地空口確說，總括地發表一般的辭句，結果反過來駡倒杜林先生，——簡言之，就是退走『原路』，這並不是每人所喜歡的。我們應該感謝杜林先生，因爲破例地放棄上等的及高貴的格式，而至少給我們以馬克思關於洛各斯的迷亂學說之例子。

『例如，引用黑格爾的混亂及曖昧的表象，說量轉成質，所以，借款一達到一定的界限，就祇因這個數量上的增加，而變成資本，這些話看來難道不是滑稽嗎』？

自然在這樣經過杜林先生『清除』以後之敘述中，這種思想，自然是極其離奇的。可是，我們來看在馬克思的原文上，牠是什麼樣子。在第三一三頁（『資本論』第一卷第二版），馬克思從前面關於不變資本及可變資本以及關於剩餘價值的研究中，得出結論：『不是一切任意的貨幣量及價值量，都可以轉成資本：反過來，爲完成這樣的轉變起見，在個別的貨幣或商品所有者的手裏，應該有一定的最低限度的貨幣量及交換價值量』。馬克思舉例說明而作了這樣的假定：在某一勞動部門裏，工人爲着自己，就是爲着再生產他的工資的價值，平均起來要做八小時的工，以後四小時，是爲資本家作工，來生產那種最切近地裝入資本家荷包中的剩餘價值。在這樣的場合上，如果誰要使每天裝入荷包的錢，能夠供給他過着與一個工人同樣的生活，那麼他一定要有這樣的價値量，使他能夠供給兩個工人以原料，勞動工具及工資。因爲資本家生產的目的，不是祇爲維持生活，而是還要增加財富，所以用着兩個工人的主人，還未成爲資本家。要使自己生活比普通工人好兩倍，幷把所生產的剩餘價値的一半，轉成資本，那末他一定要有僱用八個工人的能力，就是擁有比在第一場合上更多四倍的數目。祇有經過這些說明，並經過更詳盡的論述，來闡明並證實這一事實，即是，並不是任何微少的價値量，都足夠轉變爲資本，在這方面每個發展階級，每個工業部門，都有牠的最低限度的界限——祇在經過全部這樣的說明以後，馬克思才說：『黑格爾在其邏輯中發見純粹數量的變更、達到某點，即轉成質量上的變更，這一法則，在這裏也像在自然科學上一樣得到了證實』。

現在讓讀者來嘆賞杜林先生的上等的與高貴的格式吧，杜林先生因說一格式之助，給馬克思敍述了與他自己實際所說相反的見解。馬克思說：祇當價値量達到各該場合上一定的最低限度量（雖然此量因情形而異），牠方能轉成資本——這一事實正是黑格爾法則的正確的證明。杜林先生却替馬克思加上了這樣的思想：因爲根據黑格爾的法則，量轉成質，『所以，借款一達到一定的界限就……變成資本』。所以，却巧相反。

『爲着眞理的利益』，『爲着對於組合外聽衆所應盡的義務』而錯誤地摘引的習慣，我們已在杜林先生分析達爾文學時看到了。再往後，這種方法，更成爲現實哲學內部的必然的所有物，而且無論如何，總是非常『總括的方法』。我儘可以不必多說，杜林先生怎樣說馬克思講任何的『借款』，但在實際上，馬克思所講的祇是用於原料，勞動工具及工資上的費用；這樣，杜林先生強制地要使馬克思說出無稽之談。這樣之後，他還敢厚顏地說他自己所製造的無稽之談，是種滑稽！好像他爲試驗自己的力量起見，假造了幻想上的達爾文，同樣的，他在這一場合上也僞造了幻想上的馬克思。這眞是『大規模的歷史記述』！

我們在上面講到世界範疇論時，已經看到，杜林先生對於黑格爾的質量關係的擺動線——卽在數量變化的某點上，要突然來到質量的轉變——，頗有小小的不幸，就是他在勢窮力竭之時，自己也承認了，而且應用了。我們在那裏舉出了盡人皆知的例子之一，卽水的凝集狀態的例，這水在通常的氣壓之下，在攝氏表〇度時。從液體轉成固體，在攝氏表一〇〇度時，從液體轉成汽體，在這兩個轉變點上，單純的氣温的數量上的變更，引起水的質量上的變更。

我們爲證實這一法則起見，儘可以從自然界及人類社會生活中舉出無數的這樣的事實。例如在馬克思的『資本論』中，整個關於相對剩餘價值之生產的一章，說到協業，分工及手工工業，機器生產及大工業等等領域上的無數事實，指示數量上的變化，變更事物的質量，反過來質量上的變化，也變更牠們的數量。這樣，用杜林先生所絕頂痛恨的話來說，就是量轉成質，反過來質轉成量。這樣的事實，例如：許多人的協業，許多個別力量之融合爲一個總力量，造成了——用馬克思的話來說——『新的更高級的力量』，這一力量，是和組成牠的個別力量之總計，完全不同的。

在杜林先生爲着完全真理的利益而顚倒敍述的那一地方，馬克思作這樣的註釋：『應用於近代化學上而最初爲洛倫（Laurent）及熱哈爾（Gerhardt）所闡明的分子說，正是基於這個法則之上的』。可是這和杜林先生有何關係呢？他知道，『在半科學及似是而非的哲學成爲可憐的學問寶藏的地方，如在馬克思及其競爭者拉薩爾的著作上，自然科學方法的卓越的近代構成要素，是不存在的』，可是杜林先生學說的基礎，則是建築於『機械學，物理學及化學的確切知識的主要事實』之上的，等等——至於怎樣建築，那樣我們早已看到了。但是爲使第三者也能對於這一問題作出自己的意見起見，我們更詳細地來觀察馬克思在上述註釋所舉出的例子。

這上面所說的是關於類似的炭素結合物的系列，這些結合物中有許多已爲人所知，其中每個都有自身組合的代數公式。如何我們按照化學上的通例，把炭素的原子，用C字來表明，氫（輕氣）原子用H來表明，養（養氣）的原子用O字來表明，而在每個結合物中所包含的炭素原子之數，則以N字來表明，那裏我們可以對於其中有幾個系列，可得如下的分子式：

C_nH_{2n+2} ——尋常石蠟（Paraffin）的系列

$C_nH_{2n+2}O$ ——最初酒精類的系列

$C_nH_{2n}O_2$ ——單鹽基性的阿納因酸

如果我們最後一個系列爲例，而連續地以 $n=1, n=2, n=3$ 等等那麼我們得下列的結果。

CH_2O_2—蟻酸—沸點100度—融解點1度

$C_2H_4O_2$—醋酸— ,, 118度— ,, 17度

$C_3H_6O_2$—Propionic酸 ,, 140度— ,, —

$C_4H_8O_2$—牛酪酸 ,, 162度— ,, —

$C_5H_{10}O_2$—Valeric酸 ,, 175度— ,, —

等等，以至 $C_{30}H_{60}O_2$ 的 Melissic酸，牠到80度才融解，而且絕對沒有沸點，因為牠在氣化的時候，便一定分解了。

所以在這上面，我們可以看到，由原素的單純數量上的增加，而且總是同一比例的增加，形成了許多系列的質量不同的物體。這一現象在一切組成的原素按同一比例而變化的系列中，如在尋常石蠟 C_nH_{2n+2} 的系列中，以最純粹的形式表示出來；在這一系列中，最低的為，CH_4——氣體，最高的為 $C_{16}H_{34}$——固體，這是無色的結晶體，融解於21度，蒸發於278度，在兩個系列上，每個新的組成分子，都是按照CH_2加上去的，

就是說，一個炭素原子，兩個氫的原子，按照這個比例加到以前的分子式上去；這個分子式的數量的變更，每次總是引起質量不同的物體的形成。

可是這些系列，祇是特別顯明的例子；在化學上，差不多無論在什麼地方，例如各種窒素的酸化物上，在各種燐或硫黃的酸素酸上，都可以看到怎樣『量轉爲質』，這個所謂混亂及迷惘的黑格爾的表象，可以從事物及現象中體現出來，覺觸出來，可是除了杜林先生之外，誰也沒有陷於混亂及迷惘。如果馬克思第一個引起人去注意這個事實，如果杜林先生讀了這些，甚至還不曾理解（因爲不然，他自不會放任這樣的罪惡，而不加以責罰），那麼這就足够使我們不必回到有名的杜林式的自然哲學，而完全明白地確定，究竟誰缺乏『自然科學思維方法的卓越的近代構造的要素』，馬克思抑是杜林，他們之中誰沒有充分的明瞭『化學的……主要事實』。

在終結時，我們爲證明從量到質的轉變起見，還要召出一位證人來，即是拿破崙。拿破崙關於不善乘馬的法國騎兵與孟美劉克騎兵的戰鬥，孟美劉克雖然在個人戰爭上無疑地比較的好，但他們是沒有紀律的騎兵——這樣地描寫道：『兩個孟美劉克，無疑地勝過三個法國人；一百個孟美劉克等於一百個法國人，三百個法國人大部分都能勝過三百孟美劉克，而一千法國人則總是能打破一千五百孟美劉克的了』。好像在馬克思看來，爲使價値量轉成資本起見，一定的最低限度的價値量——雖然這量是變化的——是必需的；同樣的，在拿破崙看來，要使秩序嚴整行動有方的紀律之力量，表現出來，要使自己騎軍，能夠勝過更多的，馬匹更好，騎法更妙，勇敢至少相同的對方不規律的騎兵隊，那麼——一定的最少限度的騎兵隊是必需的。這不正是反對杜林先生的嗎？可是難道拿破崙在和歐洲鬥爭時，沒有受到悽慘的失敗？爲什麼？祇是，因爲他把黑格爾的混亂與迷惘的表象，引用於騎兵的戰術之中！

（十三）　辯證法　否定之否定

『這個歷史的概述（所謂英國原始資本積累的誕生），比較算是馬克思書中最好的一部分，可是如果他不依靠於辯證法的按杖之上而依靠於科學的按杖之上，那麼這一部分，或許更要好些。因缺乏好的更明瞭的手段，所以黑格爾的否定之否定，在此不能不盡了產婆的作用，因牠之助，便從過去的胎中產下了將來。十六世紀以來因上述方法而完成的個人財產的消滅，是第一個否定。在牠之後，跟產生了第二個否定，即稱爲否定之否定，同時又是根據於土地及勞働工具共有基礎之上的更高形式的『個人財產』之恢復。如果馬克思把這種新的『個人財產』同時稱爲『社會財產』，那麼這裏正表示出有名的，黑格爾的最高統一，在牠中間，矛盾一定要被揚棄（Aufgehoben），就是說 根據字義上的遊戲，矛盾同時應被解决及保留……按照這一見解，對於掠奪者的掠奪，好像是歷史現實在其物質外部關係中的自然的結果……如果祇恃黑格爾的文字遊戲的信用，——否定之否定就是這種遊戲之一——那麼難得有什麼具着理性的人，會因此而確信共有土地及共有資本的必要……其實，馬克思表象的混亂的兩可性，正是在於不知道，從黑格爾的辯證法中所能得到的社會基礎，是怎樣的少，或是更正確一點說從牠上面，可以得到怎樣的無稽之談。對於那些不知道這些戲法的人，應該特別指出，黑格爾的第一個否定，祇是從教理問答上抄襲下來的墮落的概念，而第二個否定，則是進於解脫的最高統一的概念。自然，事實的邏輯，決不能根據於這種得自宗教領域的荒唐的推論之上……馬克思先生靜謐地處於那同時是個人的又是社會的財產之神秘世界中，而讓他的秘說崇拜者自己來解決深意的辯證法之謎』。杜林先生的意見如此。

這樣，馬克思對於社會革命的必然性對于以土地及勞働所產的生產手段之共有爲基礎的社會制度的建立，除了依靠黑格爾的否定之否定以外，再不能用別種方法來證實；他既在這個得自宗教的荒唐的推論之上，建立自己的社會主義論，于是他進到這樣的結論，說在將來的社會中，按着黑格爾的廢除矛盾的最高的統一，將存在着個人的同時又是社會的財產。

現在我們暫時不管否定之否定，而更注意地來研究『同時是個人的又是社會的財產』。杜林先生以爲這樣的財產、是『神秘世界』，而且很怪，他在這點上眞的是正確的。但可惜處於這個神秘世界中的，不是馬克思而還是杜林先生自己。好像以前因他巧妙地利用黑格爾的『精神錯亂』的方法，所以他能够毫不費力地確定，在尙未完成的幾卷『資本論』中，應該包含些什麼，同樣的，在這裏，他也不費力地按照黑格爾，來修改馬克思，給馬克思加上他自己所絲毫不曾說過的財產的最高統一。

馬克思說：『這是否定之否定。牠恢復個人的財產，可是這已是以資本主義時代的成果爲基礎，就是說以自由勞動者的協業以及土地之共有與自身勞働所產的生產手段之共有基礎。顯然的從那建築於自身勞動之上的散漫的私有財產進於資本主義財產的轉變，比較從事實上已經基於社會生產之上的資本主義私有財產進於社會財產的轉變，更是無比地愈加緩慢，帶着無限的苦痛，而且更是困難的過程』。全部就是這樣。所以，在這裏把掠奪者被掠奪之後所造成的狀況，形容爲個人財產的恢復，可是牠已是以土地及自身勞動所產的生產手段之社會所有權爲基礎。誰要是懂得所寫的德文，那麽總可領會，這是說，社會的財產，普及於土地及其他生產手段，而個人的財產，則普及於消費的物品。爲使任何人，甚至六歲兒童都懂得這點起見，馬克思在五六頁上，提示『自由人之組合，這些人應用共有的生產工具，並且自覺地利用自己個人的勞働力，把牠當作社會的勞働力』，就是說指示社會主義組織的組合；以後更說道：『組合的總的產物，是社會的產物。這產物的一部分，重新作爲生產手段。牠還是社會的。其他一部分，以生活資料的形式，爲組合員所消費，所以牠應該分配於他們之間』。所有這些，甚至對於迷混於黑格爾學說中的杜林先生的頭腦，也好像是非常明白的。

同時是個人的又是社會的財產，混亂的兩可性，黑格爾辯證法所當然產生的無稽之談，這個神秘世界，馬克思讓其秘說崇拜者自己來解決的深意的辯證法之謎——所有這些，終究還是杜林先生的自由創造及想像。所謂黑格爾派的馬克思，不得不給出眞正的最高統一，以作否定之否定的結果，可是因爲他所做的不合杜林先生的口味，所以杜林先生又採用上等的高貴的格式，而爲完全的眞理起見，把自己的本廠產品，加於馬克思的頭上。這樣絕對地毫無例外地不能正確引證的人，自然對於別人的『中國式的博學』，大與道德上的憤慨，因爲他們總是正確地引證出來，正因如此，他們『很拙劣地隱蔽自己對於所引的作者整個思想的理解之缺乏』。杜林先生眞對。大規模歷史記述萬歲！

直到現在，我們總是以下列前提爲出發點，就是杜林先生的絕頂錯誤的引證，完全是出之於善意，牠或是因爲自己完全不能理解，或是根據大規模歷史記述所特有的習慣，祇照記憶來摘引——這樣的習慣，通常稱爲簡單的怠慢的習慣。可是同樣的，我們在這裏也達到了杜林先生的由量轉成質的那一點。因爲，如果我們顧到，第一，馬克思在這點上敍述得非常的明白，而在同書的別的地方，還補充了絕對不容有疑問的解釋；第二，無論在登載於『Ergänzungsblätter』的『資本論』批評上，或是在『批判史』初版所載的批評上，杜林先生都沒有發見『同時是個人的又是社會的財產』底這一奇事，而祇在他的書的第二版上，就是說，在三讀『資本論』之時，才把這一奇事發見；而且祇在這個按照社會主義精神重新修訂的一版上，杜林先生才需要把更甚的關係於未來社會組織的荒唐意見、如於馬克思的頭上，使他自己可以更加壯嚴地與之相對抗，而提出『我在自己「講義」中用經濟及法學觀點來形容的經濟公社』——如果我們顧到所有這些，那裏自然地就得出這樣結論，即，杜林先生在這場合上故意『效力地發揮』馬克思的思想，自然是爲杜林先生自己效力。

在馬克思著作上，否定之否定，究竟盡了什麼作用呢？在『資本論』的七九一頁以下，馬克思總述上面五十頁上關於所謂原始資本積累所作的經濟及歷史研究之最後結論 在資本主義時代之前，至少在英國，存在了以勞働者對於自己生產手段的私有爲基礎底小經營形式。所謂原始的資本積累，在這裏就是在於掠奪這些直接生產者，就是說破壞基於生產者自身勞動之上的私有財產。這種情形之所以成爲可能，就是因爲上述的小經營形式，祇能與生產及社會的狹小的自然形成的界限相適合，因之在其更高發展的階段上，就造成了破壞自身的物質手段。這種破壞，這種從個人散漫生產手段進於社會生產手段的轉變，正是資本主義的引端。當勞働者轉成了無產者，而他們的生產手段轉成了資本，當資本主義生產方法確立起來以後，更進一步的勞働的社會化，更進一步的土地與其他生產手段之轉爲社會利用的生產手段，就是牠們之轉爲集體生產手段，換句話說，更進一步的對於財產私有者的剝奪採取了新的形式。『現在所要剝奪的，已不是自己經營的勞働者，而是剝削許多工人的資本家。這種剝奪，按照資本主義生產方法的內在法則而完成，就是說，因資本的集中而完成。一個資本家，擊倒許多資本家。與這種集中，與這種少數資本家對於許多資本家的剝奪並行前進的，還有更大規模地發展着的勞働過程的協業形態，自覺的科學技術的應用，合式的土地的利用，勞働工具之轉爲祇能共同使用的工具，集合的社會化的勞働應用共同生產手段底節省，一切民族在世界市場上的接觸，因之，也就是資本主義制度的國際性。在這個轉變過程上奪得並壟斷全部的利益底資本大王數目，不斷的絕少，同時貧困，壓迫、奴役，墮落及剝削，不絕增加起來；因之，工人階級的反抗，也與之俱增，這工人階級的數量，是不絕增加的，而且牠是被資本主義生產過程本身的結構聯合並組織起來的。資本的壟斷，成爲以前與之同時發展並在其影響之下往前發展的那種生產方式之障礙，生產手段的集中，和勞働的社會化，達到這樣的地步，使牠們與資本主義的外殼，不能並存。這個外殼，一定要被破毀。資本主義私有財產的報喪鐘，將要鳴了。剝奪者將被剝奪了」。

現在我要問讀者：何處是辯證法的裝璜的狡計，及怪異的觀念，何處是最後一切都歸於一混亂及荒唐的表象，　何處是對於信仰者的辯證法的奇蹟，　何處是根據黑格爾的洛各斯說的辯證法之神秘與錯雜，照杜林先生的話，沒有牠馬克思是不能建立自已的歷史發展觀的？馬克思簡單地祇是在歷史上加以證明，而在這裏總結起來，就是：好像以前小的經營因着自己的發展，必然地造成了自己毀滅的條件，就說造成了剝奪小私有者的條件，同樣的，現在的資本主義生產方式，也自己造成物質的條件，使牠不得不歸於毀滅，這是歷史的過程，如果牠同時帶着辯證法的性質，那麼無論杜林先生如何不快，這總不是馬克思的錯處。

馬克思祇在說完全自己的歷史經濟的論據之後，才繼續說道：『資本主義方式與佔有形式，以及資本主義的私有財產，正是那種以自己勞動爲基礎的個人私有財產之第一個否定。但是鐵面無情的自然法則，使資本主義的生產，產生自己的否定。這是否定之否定』（與上述引句相接）。

所以當馬克思把這過程形容爲否定之否定的時候，他並不是想用牠去證明這過程的歷史的必然性；相反的，他先在歷史上證明，這種過程，一部分已經在事實上完成，一部分一定將要完成，以後，他更指出這是按照辯證法則而完成的過程。全部就是這樣。所以祇有把馬克思所沒有說過的東西，加在馬克思頭上，以後杜林先生方能說，在這場合上否定之否定，盡了產婆的作用，而從過去的胎中得出將來，或是說，馬克思要求，土地及資本共有的必然性的確信（這正是杜林先生自身的明白的矛盾），要建立於否定之否定的信仰之上。

杜林先生完全不懂辯證法的性質，這已經可以由下列事實指示出來，就是杜林先生以爲辯證法祇是單純的證明的工具，好像偏狹的觀點，以爲形式邏輯或初等數學是單純的證明的工具一樣。其實就是形式邏輯，首先也是發見新結果，由已知進于未知的手段；辯證法也是一樣的，祇是牠帶着更高的意義，辯證法打破了形式邏輯的狹隘的界限，包藏着更廣大的世界觀的萌芽。數學也是如此，初等數學，不變數的數學，至少大部分是運行於形式邏輯的範圍之中；變數的數學——其中最主要的一部分，是微分學——在本質上正是辯證法在數學方面的應用。在這上面，簡單的證明，和這一方法對於新的研究領域之多方應用比較起來，完全成爲次要的了。由微分的第一證明起始，差不多高等數學的全部證明，從初等數學的觀點看來，嚴格地說，是不對的。如果像這裏那樣，要用形式的邏輯去證明辯證法領域上所得到的結果，那麼牠們自然是錯誤的，想僅僅用辯證法去對杜林先生那樣的笨拙的形而上學者，證明什麼東西，那麼這也像萊白尼茲及其門主對於那時數學家證明微分命題一樣，同是白費精神的工作。微分在這些數學家裏面所引起的痙攣，正好像否定之否定在杜林先生身上所引起的痙攣一樣，其實在否定之否定中，微分也確實有些作用。最後，當時尚未死亡的這些數學家先生，終於呻吟着投降了，——並不是因爲他們改變了信心，而是因爲微分所得結果，總是正確的。杜林先生，照他自己的話，現在還祇有四十歲，如果他長壽下去，——我們正對他這樣希望——那麽他也許能够活到同樣的地步。

但是，在杜林先生的生活中引起這樣大的不愉快，在杜林先生眼光中犯着這樣不可饒恕的罪惡作用——這作用等於基督教徒眼中觸犯聖靈的罪惡的作用一樣——這樣可怕的否定之否定，究竟是什麽東西呢？實在說來，這是非常單純的，到處並日常完成的過程，如果把舊時唯心主義哲學所套上的，而無力的形而上學者如杜林之類所欲繼續包紮上去的神祕之網，剝除下來，那麽這否定之否定就是任何小孩子也都可以理解的。舉例說，麥粒，無數粒的麥。被人磨碎，煮炊，或作酒，以後就被人消費。可是如果這樣的一粒麥，找得經常的條件，如果牠落於適宜的土上，那麽在熱度及濕氣的影響之下，牠就發生特有的變化：牠發起芽來，麥粒的本身，消滅了，被否定了；在牠的地位上發生了植物，麥粒的否定。可是這個植物生活的經常循環如何呢？牠生長，開花，結實，最後又產生麥粒，麥粒一成熟，麥稈即枯萎，而否定了自身。因這一否定的結果，我們又得到了原來的麥粒，可是並不祇是一粒，而是加了十倍，二十倍，或三十倍。麥的種類變化得非常的慢，所以現在的麥，差不多與上世紀的麥具同一的形式。可是如果舉任何容易變化的裝飾植物爲例，如天竺牡丹或蘭花。如果我們用園藝家的技術，去培養種子及其所發生的植物，那麼因這一否定之否定的結果，我們不但得到更多的種子，而且得到能開更美觀之花的更好的種子，這一過程的每次重複，每次新的否定之否定，都增加着這種完美的程度。如對於麥粒一樣，這個過程，也完成於大多數昆蟲，如蝴蝶之中。牠們從卵發展出來，於是否定了卵，牠們經過各個階段，終於達到了性的成熟，交尾，而重新自行否定，卽在配偶，產生無數之卵等等過程完成以後，自行死亡。至於在其他植物及動物中，過程沒有這樣的簡單，牠們在未死之前不是一次，而是多次地產生種子，產卵或產兒——所有這些對於我們是無關緊要的；現在我們祇要證明，否定之否定，**實際上**發生於動物及植物的兩個有機界中。再次，全部地質學，正是否定之否定的系列，正是舊的岩石破毀，新的岩石形成之前後相繼之系列。起初，原來的，在液體冷卻之後產生的地殼，爲大洋，氣象及風化等等作用所碎裂，這些破碎的物體，成爲海洋之底的冲積層。有些地方海底之高出海面，重新又使最初的冲積物，再受雨水，四季不同的溫度，空氣中的養氣及炭素等等的作用；從地心中衝發出來破裂地層，奔流於外而後冷却的岩石．也受到同樣的作用。這樣在數百萬年間不斷地形成的新的地層，大部分重新破毀，而又成爲新的地層的構成資料。可是這一過程的結果，是非常積極的：牠形成了種種變化學原素所混成的土壤，能够處於機械的破碎狀態之中，這樣就使無數的各色各樣的植物，可以繁榮起來。

在數學上，我們也可以看到同樣的情形。試舉代數學上的a爲例。如果我們否定a，我們就得到$-a$。如果我們否定這一否定，以$-a$乘$-a$，那麼我們就得到$+a^2$就是說，我們得到了原來正的a，可是牠已處於更高的階段，就是說處於自乘的階段上。我們如把正數的a（$+a$）自乘，也能得a^2，可是在這裏，這對我們是沒有意義的。因爲否定之否定．這樣堅定地存在於a^2之中，使牠總是有兩個平方根，即$+a$與$-a$。擺脫這一否定之否定之不可能，擺脫乘方中的負數根之不可能，這在二次方程式中，已經具很明白的意義。——在高等的分析中，即在杜林先生自已稱爲最高之數學運用，而平常稱爲微分及積分的『無量微少量的總合』中，否定之否定，更表白得顯著。他們是怎樣算的呢？例如，我在某一問題中，有兩個變數X及Y，二者之中，一個變化之時，別一個也一定要按照問題所決定的比例而變化。我把X和Y化成微分，就是說把牠們變成這樣的無限的使牠比較任何最小的現實的量還要小些，使X和Y，衹剩得相互的關係，沒有任何所謂物質的基礎，而衹有數量上的關係，但沒有任何數量。所以$\frac{dy}{dx}$，即兩個微分X和Y的關係，等於$\frac{0}{0}$，可是$\frac{0}{0}$規定爲$\frac{y}{x}$的表現。現在衹附帶的說及，這兩個變成零的數目的關係，牠們消滅的這個確定的時間，是一種矛盾，可是牠並不觸牴我們，好像牠不曾牴觸二千年來的數學家一樣。可是，這難道不是說我否定了X和Y嗎，衹是其意義並不是形而上學者的否定那樣，說我與牠們再沒有什麼關係，而是說我適應着事情的境遇，把牠否定了？所以，我在這些公式及方程式上，就有X和Y的否定，dx和dy，以代X和Y。再後，我繼續計算這些公式，利用dx和dy，把牠們看作現實的量——雖然受幾個例外法則的支配——這樣，在某點上，我就否定着否定，就是說，把微分公式化成積分，去了dx和dy後，我又得到現實的數目X和Y，這樣我不但回到出發點，而且解決了問題，對於這樣的問題，尋常的幾何及代數，或許死也回答不出來。

在歷史上，我們也可以看到同樣的情形。一切文化民族，都從土地的公有制開始。在一切經過某種原始狀態的一切民族中，因農業的發展，共有的財產開始妨礙着牠的生產。這種共有，被廢除了，被否定了，經過多少長久的中間階段之後，牠轉成了私有財產。可是在農業因私有財產之助而達到高度發展的階段之時，私有財產反過來成爲障礙生產的桎梏，現在在小的及大的土地所有上，均是如此。由此，必然的產生那否定私有財產，轉爲社會財產的要求。但是這一要求，並不是指原始的共有的恢復，而是指更高度的更發展的共有形態之建立，這形態不但不是生產的障礙，而且相反的使生產解脫一切桎梏，而能完全地利用近代化學的發見，機械的發明。

再舉別一個例來看：古代哲學，是原始的自然形成的唯物論。牠自身不能說明思維對於物質的關係。可是，這個問題的說明的必要，引起一種與肉體相離的精神之學說，以後更造成靈魂不滅的主張，最後，更進於一神教。所以，舊的唯物論，爲唯心論所否定了。可是在哲學往後發展之時，唯心論又不能支持，爲近代唯物論所否定。近代唯物論——否定之否定——不是簡單地使舊時唯物論重現，而是把二千年來哲學，自然科學的發展以及二千年歷史本身發展上的整個思想內容，加於堅固的唯物論的基礎之上。一般的講，這已經不再是哲學，而且單純的宇宙觀，牠應該不是在某種特殊的科學之科學上，而是在現實的科學上，找得自己的立證，並表現自己的作用。這樣，哲學就被『揚棄』(Aufgehoben)就是說『同時被克服並保留』，在形式上被克服，在實際內容上却被保留起來。這樣，在杜林先生以為祇是『文字之戲』的地方，仔細研究，却是真實的內容。

最後甚至盧騷的平等說（杜林先生的平等說，祇是牠的貧弱的謬誤的剽竊）如沒有否定之否定盡產婆之勞，恐也不能建立起來，——而且這正是在黑格爾誕生之前二十年。盧騷學說，絕不以此為恥．牠在最初的敍述中，就差不多榮耀地誇示牠的辯證法的來源。人在自然的未開化的狀態中，是平等的，因為盧騷把言語的產生已經看作自然狀態的惡化，所以他有充分的權利，把同種動物的相對的平等，也加到動物的人之上，卽加到近代赫克兒以假定形式規定為Alali（沒有言語的人）的那種人的身上。可是這些相互平等的動物的人，和其他動物相較，有一個特性：完成及往前發展的能力，這種能力就成爲不平等的原因。這樣，盧騷把不平等的產生看作一種進步。可是這種進步是矛盾的，同時他又是退步。『全部以後的進步（和原始狀態相較）祇是向個人完成方面走去的表面上的進步，但在實際上他引起了人的種族的沒落　金屬品的製造和農業，這兩種技術的發明，引起了這個偉大的革命』（就是說，原始的林地轉成了耕種的土地，可是同時，因財產的建立，却產生了貧困及隸從）。「使人文明化而使人的種族破壞的東西，在詩人的觀點看來是金和銀，在哲學家的觀點看來，則是鐵和穀物。每個新的文明的進步，同時又是新的不平等的進步。與文明同時產生的社會，所造成之一切結構，轉成了與原來目的相反的東西『毫無疑義地——這是全部國法的基本原則——人民之所以設立君主，是爲着保護他們自由，而不是爲着毀滅他們』。可是無論如何這些君主，必然的轉成了人民的壓迫者；他們加緊地壓迫到這樣的地步，使達到極端的不平等，轉成了自己的反面，而成爲平等的原因：在專制君主之前一切人都是平等的，就是說都等於零。『這裏是不平等的極度，這個終極點，閉住了圈子而和我們所出發的起點相接：在這上面，一切私人之所以平等，正因爲他們是無有之人，臣民除君主的意志以外，是沒有別的法律的』。可是專制君主祇在握有權力之時，方能成爲君主，所以『在把他放逐之時，他是不能埋怨暴力的……暴力支持了他，暴力滅亡了他，一切都按着正確的自然道路前進』。這樣，不平等又重新轉成了平等，可是不是轉成原始沒有言語之人的舊的自然平等，而是轉成更高的社會公約的平等。壓迫者被壓迫了這是否定之否定。

這樣，我們在盧騷書上不但可以看到馬克思在『資本論』上的論述完全相似的議論，而且在其詳細內容上，我們還可以看到許多馬克思所應用的這種辯證法的辭令：在性質上對立的，包含着矛盾的過程，某種極端之轉成牠的反面；最後，全部的核心，乃否定之否定。所以，如果在一七五四年時，盧騷還不能說『黑格爾的囈語』，那麼無論如何，他在黑格爾誕生以前二十三年，已經深刻地爲黑格爾疫，矛盾辯證法，洛各斯說，神學等等所傳染，當杜林先生惡化了盧騷的平等說，運用他的兩個得意洋洋的個人之時，他已經落在斜面上，而無可救援地要滾到否定之否定的懷抱之中。被形容爲理想制度的社會——在這社會中，兩個人的平等，處於繁榮狀態之中——在『哲學講義』的二七一頁上，被稱爲『原始狀態』。這一原始狀態，在二七九頁上必然地爲『掠奪制度』所廢除——第一個否定。可是在我們現在，託現實哲學的福，我們已經達到這樣的地步，使我們能夠廢除『掠奪制度』，而在牠的地位上，樹起杜林先生所發明的基於平等之上的經濟公社——這是否定之否定，最高階段上的平等。這眞是愉快的，慈惠地擴大眼界的大觀：杜林先生自高傲地犯了這樣的重罪——否定之否定。

所以什麼是否定之否定？非常一般的，因之非常廣泛地發生效力的，重要的，自然歷史及思維發展的法則；這一法則，我們已經看到，表現於動物界及植物界中，表現於地質學，數學，歷史、及哲學中，對於這一法則，就是杜林先生自己，不管如何頑強抵抗，也總是不自覺地加以遵奉。自然顯明的，當我說這是否定之否定的時候，我還絲毫沒有說到麥粒從發芽起到麥桿死滅止的那種特殊的發展過程。如果我因爲積分的計算，同是否定之否定之故，所以反過來說，麥稈的生存過程是積分計算，或是社會主義，那麼我就說了無稽之談，形而上學者正是常常把這樣的無稽之談，加於辯證法的身上。當我說所有這些過程是否定之否定的時候，我祇以一個發展的法則把牠們包括起來，因此我沒有考慮個別的每一特別過程的特殊性。辯證法不過是關於自然，人類社會及思維的一般運動法則之科學而已。

可是，或許有人反對我們道：這裏所引的否定，不是眞正的否定；我否定麥粒時，就要把牠磨碎，否定昆蟲時。就要把牠踏死，否定正數時，就要把牠勾去。或是如果我否定玫瑰是玫瑰，而說玫瑰不是玫瑰，那麼當我重新否定這一否定之時，玫瑰還不依舊是玫瑰嗎？——事實上，這些正是形而上學者反對辯證法的論據，這是完全與他們思維方法的狹隘相適應的。在辯證法中，否定不是簡單的說『沒有』，或是宣佈事物不復存在，或是用某一種方法，把牠消滅。斯賓諾莎已經說過：Omnis determinatio est Negatio 即一切的限制或規定，同時就是否定。再後，否定的方式，第一，是由某一過程的一般性質來決定；第二，是由這一過程的特殊性質來決定。我不但應該否定，而且還應該除去這一否定所以我應該把第一個否定作成這樣，使第二個否定，還成爲可能。怎樣能夠做到這點呢？這就要依靠每一個別場合的特殊性質。如果我磨碎了麥粒，或是踏死了昆蟲，那麼我雖然完成了第一個否定的行動，可是我已使第二個否定成爲不可能。因之，對於每種事物，以及表象與概念，各存在着特殊的否定方式，使之從這上面，可以得到發展。在微分之中，牠是一種方式，在從負根得到正的乘方之時，牠又是別一個方式。這和其他事實一樣，是應該學的。如果僅僅知道麥莖及微分，屬於『否定之否定』的概念中，那末，我還不能很好地種麥，也不能計算微分及積分，正好像祇知道音節依靠絃的長度之法則，還不能我能夠奏提琴一樣。——可是顯然的。如果交替地寫上a，又勾去a，交替地說玫瑰是玫瑰，再說玫瑰不是玫瑰，如果作這樣兒戲行爲的否定之否定，那麼除了這種蠢舉的作者的愚魯以外，再也得不出什麼東西來。可是形而上學者，却要使我們確信，如果我們要作否定之否定的話，我們一定要採取上述的方法。

所以當杜林先生說，否定之否定，是黑格爾所發明的，從宗教上所得來的，墮落與解脫的可笑的推論之時，杜林先生正是在蒙蔽着我們。人們遠在知道辯證法是什麼東西之前，已作辯證法的論斷，正好像人們遠在知道『散文』是什麼東西之前，已經著作散文一樣。否定之否定的法則，不自覺地現於自然及歷史之中，然其未被人認識之時，牠在我們的頭腦中，也是不自覺的，——這個否定之否定的法則，祇是首先爲黑格爾明確地規定出來。如果杜林先生不喜歡這個名稱，而欲暗裏自己研究，那麼他儘可以選出更好的名稱來。如果他見把事實的本質，從思維中驅逐出來，那麼請他先從自然及歷史中，把牠逐出，並請他發明$(-a)\times(-a)$不等於$+a^2$而微分及積分則在刑罰的威脅之下完全被禁的那種數學來。

（十四）結論

我們結束了哲學；『講義』所有的其他關於未來的空想，我們等以後研究杜林先生在社會主義所作的變革之時，再來討論。杜林先生預先對我們允許的是什麼呢？一切。在允許之中，做了些什麼呢？絲毫沒有。『以自然及生命的現實爲對象的現實哲學之原素』，『嚴格科學的世界觀』『創造體系的思想』以及杜林先生自己所大聲稱頌的其他科學功績，在切近一看之時，完全是純粹的牛皮。世界範疇論——牠『毫不損失思想的深度而確立存在的根本形態』——這樣的世界範疇論祇是黑格爾邏輯的無限淺薄的剽竊，並要他具同樣的迷信，以爲這種『根本形態』或邏輯的範疇，在牠們所應該『適用』的世界以前及以外，有着某種神秘的存在。自然哲學給與我們的，是以『物質的不變狀態』為出發點的世界創成論——這樣的狀態，祇在無可藥救的錯亂之下，祇在假定了一個能使這種狀態進於運動的世外人格的上帝之時，方能設想得到。在研究有機界時，現實哲學批駁了達爾文的生存競爭及自然淘汰說，以為這是『反對人性的獸性』。可是以後却不得不把牠們都從後門放了進來，而把牠們當作運行於自然中的因素——雖然還是次要的因素。而且現實哲學在生物學的領域上表現出這樣的無知，使在現時——自從通俗的科學講演普及以後——祇能在白天提着燈籠在上層階級的姑娘中去尋找出來。在道德及法的領域上，盧騷平等說的庸俗化，也並不比較前章對於黑格爾學說的拙劣的改作，引起更好律的結果。在法學上，也是如此，無論作者如果說得幾相反，可是現實哲學却還是表現出那樣的無知，這種無知就是最平凡的舊時普魯士的法律家中，也是難得能夠找出來的。『不承認任何外表上的界限』之哲學，在法律的領域上，却以那個與普魯士國法實施區域相吻合的現實界限為滿足。至於這個哲學在其強有力的變革運動中允許給我們展開的『內外的自然底天地』，那麼我們還是無效地繼續等待着，同樣的，我們也是無效地等待着『終極的絕對眞理』及『絕對的基本性』。其思維方法，排除任何『主觀的狹隘的世界紀念』之傾向，這樣的哲學家，在實際上不但主觀地爲自已絕對不充分的認識，狹隘的形而上學思維方法及奇異的自尊心所限制，而且還爲兒戲似的個人狂想所限制。如果他預先不把他對於煙草，貓，及猶太人的厭惡，強制給與全人類（猶太人在內）作爲一種法則，那末他就不能創立自己的現實哲學。他對於別人的『眞正批判的觀點』，就是在於把別人所從來沒有說過的，而由杜林先生本廠製造的事物，執拗地加到他們身上。他關於庸俗題目，如生活價值，生活享樂的最好方法等等的冗長的淸談，滿含俗人的見解，這就充分地說明了他對於哥德的浮士德之憤恨。在哥德方面。這或許是不可饒恕的事，就是，他沒有把認眞的現實哲學家佛格尼爾作爲主人公，而把無道德的浮士德，作爲劇中主人公——總而言之，現實哲學歸根到底，用黑格爾的話來說，正是『德意志啟蒙哲學的最稀薄的滓渣』——這種滓渣的稀薄與透明的平凡性，祇因其中滲入了冗長神祕的辭句，才採取了比較濃厚及混濁的樣子，在讀完全書之後，我們所知道的，還是和以前所知道的完全一樣，我們不得不承認『新的思維方法』，『根本特出的結論與見解』，『創造體系的思想』——所有這些，雖然給了我們以種種新的無稽之談，但是沒有一行，可使我們學到些什麽。這個人，用着大鼓與喇叭，大吹大擂，吹嘘自己的戲法及商品，這樣的最庸俗的廣場上的商人，在其響亮辭句的後面，是一無所有的。這樣的人竟敢稱費哈特，薛林，及黑格爾那樣的人爲牛皮大家——他們中間就是最不行的，和杜林先生相比較也可算是巨人了。眞的，是牛皮大家，可是究竟是誰呢？

第二編　政治經濟學

一　研究對象及方法

政治經濟學，在其最廣的意義上講來，是一種科學，用來研究那些統治着人類社會中物質生活品的生產和交換之法則。生產及交換，是兩種不同的職能。生產可以不需交換而進行，但是交換正是因爲牠是物品的交換，所以沒有生產，便不能進行。這兩種社會作用，大部分是各自處在特別的外方的影響之下，因之大部分牠們也各具有自己特殊的法則。但在他方面，這兩種作用，同時這樣密切地相互造成條件，相互發生影響，使我們可以把他們稱爲規定經濟曲線的橫線和縱線。

人在生產物品及交換物品時所處的條件，在各國各不相同，這種條件，在同一國家裏也隨時代而變更。政治經濟學，對於各個國家對於各個歷史時代，不能都是一樣的。從野蠻人的弓箭，石斧，和希有的交換關係等，到近代的幾千匹馬力的蒸汽機，機械紡織機，機器，英蘭銀行等，不知道隔開多少距離。火地島的居民，還沒有達到大批的生產和世界市場上的貿易，還沒有達到支票的來往和交易所的恐慌。所以，誰要想以同一的法則，去統一火地島和近代英國的政治經濟學，那麼他顯然的除了說些最尋常的共同點以外，再不能發表什麼新的意見。所以政治經濟學，就其自身的本質上講來，是一種歷史的科學。牠要研究歷史的，即不絕變遷的材料；牠首先考察生產和交換發展上每個階段的特殊法則，祇在經過這種考察後，牠方才能够定出很少的最普通的可以用於一般生產和交換的那種法則。這上面，自然顯明地可以看到，適用於某種生產方式和交換形式的法則，同時也適用於那些具有同樣生產方式及交換形式的歷史時期。譬如，自金屬貨幣應用以來，就產生了許多法則，這些法則，同時可以適用於一切利用金屬貨幣來進行交換的歷史時期。

物品分配的種類和方式，依靠於某個歷史時期生產和交換的種類與方式，依靠於社會的全部歷史的條件。全體開化的民族，大都在歷史上經過氏族社會或鄉村公社（或是經過牠們的主要的殘餘），在氏族社會或鄉村公社裏，土地是公有的，所以產品的分配，也自然而然的極其平均；如果在公社社員分配產品時，已經發生了較大的不均，那麼就是公社開始崩毀的表記。大的農業和小的農業，根據於他們所從而發展的歷史條件的不同。形成非常不同的分配方式 但是顯明的，大的農業所形成的分配方式，總是和小的農業所形成的大不相同；大的農業，要有階級的對抗，或是造成這種對抗——奴隸主和奴隸，地主和工役制的農民，資本家的僱傭勞働者等，可是在小的農業中，投身於農業的單獨個人中間的階級區分，絕對不是必要的，反之這種區分存在的事實，已指明小農經濟，是在開始崩毀了。如果以前全屬自然經濟或以自然經濟爲主的國家，應用了並且傳播了金屬的貨幣，那麼牠同時總是使以前的分配，也經過慢的或快的改革，就是說，單獨個人中間的不平均增加起來，所以富人與窮人的對抗也增加起來。中世紀時代各地狹窄的手工業生產，使大資本家及終生受人僱傭的工人，無存在的可能，可是近代大工業的興發，近代信用制度的發展，以及與這兩項相適應的交換形成——自由競爭——的發展，不可避免的造成這些階級（資本家與工人）。

因分配的不均，階級的區別，也產生了。社會分成特權的和無權的，剝削的和被剝削的，統治的和被統治的階級。各個同部落的自然組成的團體，開始祇是爲着保障共同的利益（譬如在東方，是爲管理灌漑事業），爲着防禦外來敵人，而形成一種國家，這種國家到了現在，已經獲得別種任命，就是以武力保障統治階級生存及統治的條件，去反對被統治的階級。

但是，分配不祇是生產和交換的消極的結果；分配反過來又影響於生產及交換。每個新的生產方式和新的交換形式，開始不但受舊的生產方式交換形式以及與之相適合的政治組織底障礙，而且還受舊的分配形式底障礙。牠們（新的生產方式和交換形式）不得不以長期的鬥爭，去爭取與牠們本身相適合的分配形式。但是某種生產方式及交換方式，愈是活動，愈能發展，那麼牠們所產生的分配，也更快地達到這種地步，使牠（分配）和生產方式及交換形式相分裂，而與之發生衝突。前面我們所說的舊的自然產生的農村公社，可以存在幾千年，直到牠們與外界的關係在牠們中間產生財產上的分別使牠們因之開始崩毀的時候為止；這種公社我們現時在印度及斯拉夫人中間還可以看到。但是資本主義的生產，雖然還祇存在三百年，雖然祇在大工業發生以來即一百年以來，才得到堅決的統治地位，但是牠在這個短時期內，已經在分配中形成了對抗形式——一方面資本集中於少數人手中，他方面無產的勞苦羣衆，集中於大城市中——因着這種對抗，資本主義生產，不可免的要趨於滅亡。

每個社會的分配形式與物質生活條件的連繫，這樣深刻地侵潤於事物的本質中，使牠必然的要反映到人民的心理。當某種生產方式，還是往上發展的時候，那末就是在該分配方式（這分配形式，是和這種生產方式相適應的）中受到損失的人們，也會稱頌這個生產方式。在大工業開始發展的時候，英國的工人，就是如此。并且，當這個生產方式，還在社會中平穩地進行，社會還大多是滿意於牠的分配的時候，即使有反抗之聲發生，也祇是發生於那些由統治階級出身的人們（聖西蒙，傅立葉，渥溫），而且他們的呼聲，得不到被剝削羣衆的任何響應。祇在是種產生方式，已經走過較長的衰落的階段，當牠一半已經陳腐，當產生這種生產方式的條件，已經大部分消滅，當牠的繼承者已在敲門的時候，——祇在這個時候，不絕發展的分配的不均，方被人們看作是不公平的現象，人們根據過程上的事實，去尋求所謂永久的正義。這種求助於道德和法律的意見，在科學上，對於我們並沒有什麼幫助；無論根據於道德的憤激，是怎樣的入情入理，可是經濟科學，祇能把牠看作一種象徵，而不能把牠當作一種證明。經濟科學的任務，是在於：證明現在所發現的社會制度的缺陷，是現存生產方式的必然的結果，同時又是這個生產方式將要崩裂的表記；再次，經濟科學就在住下崩毁的經濟形式裏面，找出能夠除去這種缺陷的，將來新的生產與交換組織之成份。痛苦造成詩人，在指示社會缺陷及攻擊統治階級走狗（這些人專找現存制度的優點，而遮掩牠的缺點）的時候，儘可利用這些痛苦；但是在一切歷史的時代中，都有充分的痛苦的材料，所以牠很少能夠作為現社會缺陷的證明。

政治經濟學，按廣義來講，是這樣的一種科學，牠研究各種人類社會裏生產，交換，及產品分配（分配，是與生產及交換相適應的）等等的條件與形式——這種廣義的政治經濟學，還是要由我們去創造的。現在我們所有的政治經濟學，差不多祇是專門研究資本主義生產方法的發源和發展；牠開始批判封建時代生產及交換形式底殘餘，證明這些殘餘一定要爲資本主義形式所代替，再後，牠從正面闡發資本主義生產方式及交換形式的法則，（交換形式是與生產方式相適應的），所謂正面，就是說這些形式，還能適合整個社會的目的；最後，牠以社會主義觀點，批評資本主義的生產方式，就是從反面說明牠的法則，證明這種生產方式，因自身發展的結果，將迅速地達到這樣的境地，使自身不能再行存在下去。這個批評，證明資本主義生產及交換的形式，更加成爲不能忍受的生產本身的桎梏、證明這些形式所必然形成的分配方式，已經造成日益不能忍受的階級的區分，造成日益尖銳化的階級的矛盾，一方面有日益富厚的資本家，他方面有無數的情况日益惡化的一無所有的傭用勞働者；最後，更指出資本主義生產方式，已經不能應付牠本身所造成的巨大的生產力，這些生產力，正在等候着把自己轉入有組織有計劃共同進行工作的那種社會，使全體社會的份子，都能有一定的生活資料，使全體社會份子，能够更甚地自由發展他們的能力。

倘要各方周到地批判資本主義的經濟，那麼祇知道資本主義的生產，交換及分配，還是不夠的。至少還應該揭要地考察資本主義以前的形式，或同時存在於落後國家的形式，把牠們用來和資本主義形式相比較。直到現在，祇有馬克思一人，一般地採用這種考察和比較；我們對於資本主義以前的理論經濟學的智識，差不多完全是從馬克思的著作中得來的。

狹義的政治經濟學，雖然因各個有天才的學者的努力，已在十七世紀末發生，但是像重農學派和亞丹斯密所敘述的那種有條理的學理，卻實際是十八世紀的產兒，牠和同時的法國啟蒙學派的學說，是密切地相連的（法國學者帶着這個時代的優點，也帶着這個時代的缺點）。我們關於法國學者所說的話，也可以應用於那時的經濟學家。新的經濟學，在他們看來，不是他們時代的關係和需要的表現，而且永恆的理性的表現；經濟學所發現的生產與交換的法則，在他們看來，也不是歷史上某種經濟活動形式的法則，而是永久的自然的法則，他們以爲這種法則是從人的天性中產生出來的。在仔細觀察時，我們可以看到他們所說的人，不過是那時正在轉變爲資產者的那種中等市民，他的『天性』，祇是在於生產工業品並且根據那時的一定的歷史關係，而經營貿易。

在我們充分地認識了我們的『批判的創始者』，杜林先生及其哲學方法以後，我們可以很容易起預言他對政治經濟學將採取何種意見。在哲學一方面，當他不是胡說八道的時候（譬如對於自然哲學），他的觀點，也祇是十八世紀思潮的諷刺畫。他不研究歷史性的發展的法則，而是研究自然的法則，永恆的眞理。他不是用某種歷史的條件，而總是用奇特的兩箇個人的關係，去決定社會的關係，在這兩箇個人中，一個人或是壓迫別個，或不壓迫別個——後一種情形，可惜直到現在還沒有發生過。我們預先可以說，杜林先生結果將把政治經濟學歸爲終極的最後眞理，歸爲永恆的自然眞理，歸爲無謂重複的公理，但是同時他所知道的正面的內容，却從後門偷偷摸摸地溜進來；他不從生產和交換中得出分配的社會現象，而把這種分配，轉交他的有名的兩箇個人去作最後的解決；我們預先說這樣的話，是不會十分錯的。上述這些，旣是我們所已經熟知的方法，那麼我們祇加以簡短的分析就儘夠了。

眞的，在第二頁上，杜林已經向我們說，他的經濟學，根據於他在哲學上所已『確定』的原理，並且『在主要的幾點上，根據於更高度的眞理，這些眞理，已在最高的研究的階段上，得到最後的證明了』。到處都是同樣的令人厭倦的自誇，到處都是杜林允生的成功，自詡一切已由他『確定』，都已由他作了最後的證明。

接着不遠，我們就看到『一切經濟的最普通的自然法則』——這正指明我們在上面所猜的話，並沒有錯。但是這些法則，祇在這種情形之下，方能使人們正確地了解過去的歷史，就是：人們一定要從牠們（法則）的結果所採取的最切近的一種形式上，去研究這些法則（法則的結果之所以採取這種形式是因爲壓迫和階級的政治形式的關係）。這樣的組織，如奴隸制度，僱傭勞働制及其嫡親姊妹——暴力奪得的財產等等，都應該看作是純粹政治性質的社會經濟制度的形式；牠們造成一個範圍，使在這種範圍中，經濟自然法則的作用，方能表現出來』。

上述這種主張，盡了吹喇叭的作用，牠應當報告我們，那兩個有名的個人，就要出現了。但是這種主張還帶有更重大的意義，因爲牠是杜林全書的主旨。在說到法律的時候，杜林除了以社會主義辭句，很壞地翻譯盧騷的平等理論以外，再不能給我們說出其他意見——其實這種翻譯的更好的標本，好幾年來，已在巴黎任何工人的咖啡館中，可以聽到。現在他也是同樣很壞地翻譯經濟學家的怨辭，這些經濟學家，埋怨國家的干涉武力的干涉變動了永久的自然的經濟法則及其効用。因此，他在社會主義者中間，自然得不到共鳴者。每個工人的社會主義者，不拘何種國籍，都很明白地知道，武力祇是保護剝削，而不是造成剝削；知道工人所受剝削的基礎，是資本與僱傭勞働的關係，更知道這種關係，是從經濟上發生的，而不是由武力產生的。

再後，我們更可以從他書上看到，說在一切經濟問題上『可以分出兩種過程——生產的過程及分配的過程』；以膚淺著名的經濟學者塞(J. B. Say 1767—1832)除兩種過程以外，還加上第三種過程——消費的過程，但是他自己以及他的門徒，都不能在這上面，說出確當的理由。據杜林意見，交換或商品流通，祇是生產下面的分類，他把商品從生產到最後眞正消費者中間所完成的一切過程，都歸入生產下面。——生產與流通雖然相互形成條件，但是牠們本質，却是不相同的，杜林把這兩種過程混成一塊，並且非常輕易地說，除去這種混亂狀況，『祇能更產生混亂狀況』，這種意見，祇是證明他不知道或是不懂得最近五十年以來商品交換的巨大的發展，——他的書上以後的內容，證實了這點。還不止此。他既在總的生產名義之下，把生產和交換併成一起，又把分配和生產相並立，把牠當作第二的完全無關係的和生產毫不相同的過程。可是我們可以看到，交換在其要點上看來，總是某個社會的生產及交換方式，以及這個社會的歷史先決條件等等底必然結果；知道了上述這些原素，我們就可以很正確地估定這個社會裏主要分配方式的性質。但是同時我們看到，如果杜林先生不願改變他在道德、法律及歷史等等學說上所『確定』的原則，那麼他就不能不否認這個基本的歷史事實，特別是他要把兩個不變的個人，偷運到他的政治經濟學裏面去，所以他更不能不否認這個事實。等到交換過程，順利地和生產及交換脫離任何關係以後，這個偉大的事變，終究能夠爆發了。

我們開始且來回溯我們討論道德及法律問題時的情形。那時，杜林先生開始祇從一個人說起；他說道：『如果我們把某一個人看作單獨的，或是設想他不和別人發生任何關係，那麼這一個人，是不會負擔什麼責任的。他沒有應該做的事，而祇有願意做的事』。但是這樣毫無責任孤獨存在的人，除了天堂上命運注定的「原始猶太人亞丹」，（這位亞丹在天堂上沒有絲毫罪惡，簡單的祇是因為他不能犯罪）以外，還有什麼別的人呢？

但是，要是這位由現實哲學所造成的亞丹，也要犯罪。忽然的在亞丹之旁，發現了別一個人，他即使不是滿面搽扮的夏娃，也至少是第二個亞丹。亞丹立刻得到了責任——而且破壞了這個責任。他不和他的兄弟親密地擁抱起來，把他當作平等的人，而把壓在自己統治權之下，把他奴役起來，——因他犯了第一次奴役罪惡的結果，所以全世界直到現在，總是受他的苦，因此，據杜林先生意見，全世界歷史．是一錢不值的。

我們順帶的指出：如果杜林先生以爲他把『否定之否定』，稱爲古代犯罪及贖罪歷史的複寫，就能使人對於『否定之否定』發生充分的輕視，那末我們對於他自己翻印同樣歷史的新版書，將有什麼話可說呢？（因爲我們對於贖罪，像我們貴客所說的．還須時常『更切近地去觀察』）？無論如何，我們還是接受塞密民族的成語，說男女一起犯罪，還有一些意思；可是杜林先生却祇能毫無競爭地得到以兩個男子之助來成立犯罪行爲的那種人的光榮。

我們且來聽他怎樣把法律譯成經濟的習語：『無論如何，關於魯濱孫的想像，可以作爲生產觀念的適當的邏輯公式，這位魯濱孫，用他全部力量孤獨地和自然界相對抗，他儘可不必和別人平分什麼……同樣合式地，我們可以用兩個人的邏輯公式，來顯著地說明分配觀念中的要點，這兩個人的經濟力量，相互合併起來，他們顯然的在某種形式內一定要對於相互的分配發生爭執。眞的，除了這個簡單的二元論以外，再不需要什麼，用了這個二元論，就可以非常嚴格地敍述分配關係上最主要的幾點，并且從基本上研究分配關係的規律，把牠看作邏輯的必需……兩人或是在平等的條件上，共同工作，或是一個人完全服從別個。以合併力量，在那時候，前一個人降到奴隸或簡單經濟工具的地位，因之他已受奴隸的看待……在平等情形和卑賤情形之間在萬能和單獨的積極參加之間，存在着許多居中的階段，全世界歷史，就是寬廣地想填滿這些階段。這上面主要的先決條件，是對於歷史上正與不正的各種制度，要有一種包羅萬有的觀點』……在結束時，全部分配，變成了『分配的經濟法則了』。

現在杜林先生終究得到堅固的地盤了。他和他的兩箇個人一起，可以自負於當世。但在在這三個人之後，還站着一位無名先生。

『資本並沒有產生剩餘勞働。無論在什麼地方，要是社會裏面一部分人壟斷生產手段，那麼自由的或是不自由的勞働者，不得不在維持自己所必需的工作時間以外，加上剩餘的時間，去爲生產手段的所有主，生產他所需要的生活資料，這個所有主，或是雅典的貴族，或是愛脫魯司的僧侶，或是羅馬的自由民，或是諾曼的貴族，或是美國的奴隸主，或是瓦涼的領主，或是近代的地主或資本家』（馬克思：『資本論』第一卷第三二七頁）

這樣在杜林先生知道了什麼是以前一切生產形式（在階級對抗中進行的生產形式）所共通的基本剝削形式以後，他現在祇要利用兩箇個人就好了，現實經濟學的深厚基礎，於是完成了。他們（這兩個人）毫不遲疑地出來執行這個『創造制度的思想』。可是這上面的主要事實，祇是在於：工人工作，超出他維持自己生活所需要的工作時間以外，工人的剩餘工作，沒有得到相等的報酬。所以，在此地稱爲魯濱孫的亞丹，強迫第二個亞丹，（或稱禮拜五）用盡全力來工作。但是爲什麼禮拜五要工作到維持自己生活所必需的時間以外？對於這個問題，我們可以部分地從馬克思著作上得到回答。但是我們的兩箇個人看來，這些都是大過冗長的歷史。他們以敏捷手段幹成這事：魯濱孫『壓倒』禮拜五、強迫他『像奴隸及勞働工具一樣地執行經濟的工作』，并且待遇他也『祇是像工具一樣』。杜林先生用這種最新的創造的辦法，好像用氣槍一樣，一次打死兩隻蒼蠅。第一，他因此可以不必費力地去解釋以前所有許多分配形式，其中區別，及其原因等等：這些形式、都是一錢不值的，牠們都是依靠於壓迫及武力的。對於這個問題，我們以後很快地就要加以解釋，第二，他把整個分配的理論，從經濟的基礎，搬到道德和法律的基礎上，就是說從已經堅固地確定的物質事實底領域，搬到多少是動搖的意見和感情的領域。這樣，他就不再需要考察和證明，他祇要輕易地宣佈就夠了，他可以提出要求，叫產品的分配，不是按照牠的實際原因進行，而按照杜林先生所以爲是道德的及公平的那種條件來進行。但是杜林先生所以爲是公平的那種條件，絕對不是不變的，因之牠們絕對不會是眞正的眞理，因爲據杜林自己的意見，這種眞理『一般的講，是不變的』。眞的，在一八六八年、他曾寫道：（『我的社會思想的命運等』）『任何更高的文明，總有一種傾向，要使財產採取更尖銳的表現，近代發展的實質和前途，就是在此，而不是在於法律及統治範圍二者的混淆』；再後，他更是不能說明『僱傭勞働之轉爲別種獲得生活資料的形式，怎樣能夠符合於人類天性的法則和社會機體的天然的必需的劃分』。所以，據他意見，在一八六八年，私有財產和僱傭勞働，忽然變成武力和『掠奪』的結果，變成不公平了。我們不能知道再經過幾年以後，這位堅強振作的天才者，將以何種東西爲道德及公平，因爲如此，所以我們在議到財富的分配時，無論如何，還是遵循眞實的客觀的經濟法則，而不是遵循杜林先生關於法律和非法律等等過渡的變遷的主觀的概念。

現在勞動產品的分配方式，表示出顯明的衝突，一方面貧苦饑餓，他方面奢侈揮霍，我們相信在這種分配分式中，一定快會發生巨大的革命，可是如果我們這種相信，祇根據於意識，以爲這前方式是不公平的，將來總會有一個時候，實現公平分配。如果這樣，那麼我們的事情壞了，我們祇得長期等待。中世紀的神祕派，夢想存在幾千年的王國的蒞臨，他們已經覺到階級對抗的不公平。二百五十年前當新時代歷史發軔時，湯麥司廟再爾（Mü zer）已經大聲地向全世界宣佈這種信仰。在英國和法國的資產階級革命中，也喊出同樣的口號，但是以後消滅了。這種消滅階級對立消滅階級區別的號召，在一八三〇年以前，沒有在勞働及受苦的羣衆中，得到共鳴，現在却引起數百萬工人的同情；這種號召，侵入各國，其侵入的前後及深淺，却隨各國工業發展的程度而異；在一個世代的時期中，牠已獲得了這樣巨大的力量，使之可以和聯合起來與牠反對的力量挑戰，而深信地等待牠在最近將來的勝利，上述這種情形，怎麽去解釋呢？這上面的原由，就是在於：近代的大工業，在一方面造成了無產階級，這個階級在歷史上第一次能够提出這樣的要求，非但要消滅某種階級組織，某種階級的特權，而且還要根本消滅社會階級的區分，這個階級處在這樣的地位，使牠要是不願意陷入中國苦力的地位，那末牠就一定要提出這種要求。他方面，同樣的大工業造成資產階級，牠擁有一切生產工具和生活資料的壟斷權，但牠在每個投機以及以後的恐慌時期中，證明他已經再不能够統治那種發展到資產階級權力以外的生產力——在這個階級的領導之下，社會很快地到毀滅的地步，好像在機車上，開車者無力開動安全機，因而使機車傾翻顚覆一樣。換句話說，上述事實的原因，是在於近代資本主義生產方式所產生的生產力所造成的產品分配制，已經和這個生產方式的本身，發生顯然的衝突，衝突到這個程度，使生產和分配方式上的革命成爲必需的了，這個革命，爲避免近代社會的毀滅起見，一定要消滅一切階級的區分。這個明顯的事實，已經多少地採取明白的形式，急轉直下地侵潤於被剝削羣衆的意識中——就是根據於這個明顯的事實，而不是根據於什麼研究室中思想家關於正與不正等等的想像，近代社會主義，才相信自己最後的勝利。

二　暴力論

『一般的政治對於經濟形式的關係，在我的體系中，決定得這樣堅決和奇特，使我儘可以特別指出來，以便更容易地研究這個問題，政治關係的形式，是歷史的基礎　經濟的附帶關係　祇是牠們的結果或是特別的情形，所以總是次要的事實。最近有幾個社會主義觀念的體系，把似是而非的，照然在目的，完全相反的相互關係，當作主要的原則，他們從經濟的條件中　得出政治壓迫的形式　這種次要的原素，本身自然無疑地是存在的，而且在現在時候，特別尖刻地感覺到；但是首要的原素，却應該從直接的政治暴力中去尋找，而不應該從經濟力量的間接影響中去尋找』。在別個地方，杜林先生已表示同樣的意見，他『根據這種主張，以爲政治的條件，是經濟情形的最主要的原因，以爲相反的關係，祇是次要的表面作用……誰要是不從本身上把政治區分，當作出發點，而把牠當作謀生目的之工具，那麼他的觀念，初看起來，無論帶着怎樣的急進社會主義和革命的性質，總是穩掩地包含着極大部分的反動的性質』。

杜林先生的理論如此。在這地方，和許多其他地方一樣，他祇是擡出，或是說頒布這個理論；在厚厚的三大部書裏，我們從來沒有看到他有絲毫的企圖，來證明自己的理論、或推翻相反的意見。即使證明比較豐子，還要便宜些，杜林先生，也是不會給出這種證明的。有名的魯濱孫奴役禮拜五的罪案，本來就已經解決了這個問題。這是一種暴力的舉動，所以也就是政治的行動。因爲這種奴役，既是天下從古到今全部歷史的出發點及基本的事實，幷且牠把第一種不公平的罪狀，注入於全部歷史中，使在以後的歷史時期中，這種奴役制，祇能減輕些，而爲『更間接的經濟依賴形式所代替』；因爲從古到今居統治地位的『暴力奪得的財產』，就是根據於第一次的奴役舉動之上，所以十分明白地全部經濟的現象，應該由政治原由來解釋，就是由暴力來解釋。誰要是不滿意於這種解釋，那末就是隱掩的反動派。

首先應該指出，人們一定要有杜林先生這樣自驕自大的態度，才能把這個觀點，當作非常的『奇特』——實在牠絲毫沒有什麼奇特。以響亮的政治行動爲歷史上主要原素的那種觀念，已經是和歷史同樣的陳舊了。這個觀念是一種主要的原因，指出我們很少保留住那種不聲不響的進步的民族發展的消息，此種發展，剛是在響亮的政治行動的背後進行着的。上述的觀念，統治於以前一切歷史的解釋中，牠第一次爲法國復辟時代的資產階級歷史學家所動搖；這上面『奇特』的地方，祇在杜林先生對於這些竟絲毫不知。

再次，即使我們暫時認爲杜林先生的話是正確的，即使承認，從古到今的全部歷史，可以總結爲人對於人的奴役，這還不能給我們解釋事實的實質，反之，首先就要發生：怎麼樣魯濱孫會發生這樣思想要去奴役禮拜五？簡單的爲着尋快活麼？決不是。反之，我們可以看到，成爲奴隸或簡單工具的禮拜五，『被迫着去作經濟的工作，對他待遇，好像對付工具一樣。』魯濱孫之所以奴役禮拜五，祇是要使他爲自己作工。但是魯賓孫怎樣能够從禮拜五的勞働中抽剝好處呢？這上面祇是因爲禮拜五勞働所產生的生活資料，比較魯濱孫所給與他的爲多（魯濱孫爲維持禮拜五的勞働能力起見，不能不給他以這一部分）所以，和杜林先生的直接訓令相反，魯濱孫之所以把奴役禮拜五時所造成的『政治組合，看作出發點，不是爲着政治組合的本身』而是『專門把牠當作謀生目的之工具』，現在這位魯濱孫，不能不好好的想一想，怎樣在主人杜林先生之前爲自己辯護。

所以杜林先生故意發明這個兒戲似的例子，想來證明暴力是『歷史上基本的』原素，可是牠所證明的却正相反，牠證明暴力祇是一種工具，實際的目的，都是經濟的利益。目的自然比較那種用來達到目的底工具，基本得多，同樣的，歷史上某種社會關係的經濟方面，也自然比較政治方面更要基本得多。所以上述例子所證明的却巧與牠所要證明的相反。在魯濱孫和禮拜五的事件上如此，在從古到今的一切統治和奴役的事件上，情形也都是這樣的。用杜林先生的漂亮的話來說，壓迫總歸是『謀生目的之工具』（在最寬廣的意義上，去了解這種目的）而從來不是什麼『爲自己（政治）而存在的』政治組織。祇有杜林先生，方能這樣設想，以爲租稅在國家內祇是『次要』的結果，或是以為近代政治上統治的資產階級和被統治的無產階級底劃分，是『為自己』而存在，而不是為着統治的資產階級的『謀生目的』，不是為着抽取利潤及積累資本而存在。

現在再回說我們的兩箇個人。魯濱孫手握利劍把禮拜五變成自己的奴隸。但是魯濱孫為獲得這上面的成功起見。除利劍之外，還需要別的東西。不是每個奴隸。都能給出利益。如要利用他，那麼必須具備兩種東西，第一。奴隸的勞働工具及勞働對象；第二維持奴隸困苦生活的資料。所以在奴隸制未成立以前，先要使生產的發展及分配的不平均，達到某種程度。如果要使奴隸勞働成為全社會的統治生產方式，那末還需要更高度的生產、商業，及財富積累等等的發展。在古代自然與發起來的土地公有的鄉村公社中，奴隸制或是完全沒有，或是祇操極其次要的作用。在最初農民的城市，羅馬，情形也就是如此；等到後來，羅馬變成『全世界的城市』，意大利的土地所有權逐漸轉入少數非常富足的地主階級的手裏。那時農民的人口，就逐漸為奴隸的人口所代替。在希波（希臘，波斯）戰爭的時候，柯令夫地方的奴隸數目，達到四十六萬，在愛琴地方達四十七萬，平均每個自由民，有十個奴隸，他們之所以能夠達到這種狀況，不僅需要『暴力」而且還需要別種東西，就是需要有高度發展的美術及手工工業，和廣大的商業的存在。美國的奴隸制，比英國的紡織工業，還更少依靠於暴力；在那些不生長棉花的地方，或在那些不以販賣奴隸供給植棉各州爲業的地方，奴隸制不經暴力而自己消滅下去，這祇是因爲奴隸對於他們不是怎麼樣有利益的呵。

所以，如果杜林先生把近代的財產，稱作暴力奪得的財產，并且把牠規定爲「這樣的一種統治形式，即其基礎，不但在於阻遏同胞去應用生活所需的天然貲料，而且更重要的，還是在於壓迫別人去作奴隸的工作」——那麼他祇是顚倒事實上的實際的關係。在壓迫別人作各種奴隸式的工作時，那位壓迫者一定要有勞働手段，祇有利用這些勞働手段，他方才能够利用奴隸；并且在奴隸制之下，他一定還要有維持奴隸生活所必需的生活貲料。所以上述這些情形之中，他一定先要有一定的超出中等程度以上的財產。但是財產是怎樣產生的呢？自然，財產可以由掠奪而得，所以可以根據於暴力之上，但是這點並不是必需的。財產也可以由勞働，偸竊，營商，欺騙等等方法而得。並且財產先要由勞働產生出來，然後方能被人所掠奪。

一般的講來，私有財產在歷史上的出現，絕不是搶奪或暴力的結果。反之，在一切文明民族的原始的自然興發的農村公社中，私有財產，雖然祇普及於某幾種物質上，但他確是已經存在了。在這個農村公社的範圍內，首先在與外方人交換之時，私有財產的對象，開始採取商品的形式。農村公社的產品，愈是採取商品的形式，就是說，產品中爲生產者自己消費的部分愈小，用來交換的部分愈大，在鄉村公社內部，交換關係愈是寬廣地代替原始的自然形成的分工——那末鄉村公社內各社員的財產情形，也愈是不平均，舊的農村公社的土地領有制，也愈深刻地被破壞，鄉村公社也愈迅速地遇到自己的毀滅，而轉成小農所組成的農村。東方的專制政體，以及相繼而起的外來遊牧民族的統治，幾千年來，都不能絲毫破壞這些舊的鄉村公社；但是因大工業產品競爭的結果，鄉村公社中自然興發的家庭工業，逐漸破壞，農村公社，亦就日漸崩毀。這上面很少能夠說到暴力，好比現在處於莫逐而（Mosel）及霍黑瓦爾特（Hochwa'd）兩地之間的村社分配公社土地的情形一樣：那地方的農民，祇是以爲用田地的私有財產去代替公社的財產，對於自己，更有利益。在克蘭頓，日耳曼，及印度的五河流域，貴族根據於農村公社的土地所有制而產生——就是，這種自然興發的貴族的形成，最切近地也不是依靠於暴力而是依靠於自願的基礎及習慣之上，在任何地方，私有財產的形成，都因生產及交換條件的變更而發生，牠是爲着提高生產發展商業，所以牠是根據於經濟的原因之上的。在這上面，暴力沒有任何作用。顯明的，在掠奪者佔有別人的財富時，這個私有財產，先應該存在；所以暴力雖然能够變更所有者的面目，可是牠不能造成私有財產的本身。

爲說明『壓迫別人，使之作奴隸的工作』的最新形式，卽僱傭勞働的形式起見，我們也不能根據於暴力和暴力奪得的財產。我們已經說過，在舊時鄉村公社的崩毀上，因之也就在直接或間接的私有財產的傳播上，勞働產品之轉成商品，卽不爲自用而爲交換用途的生產，盡了怎樣的作用。馬克思以不容有絲毫懷疑的明確的解釋，在『資本論』上（杜林先生對於牠一言不提）證明商品的生產到了一定的發展的階段，就轉成資本主義的生產，在這個階段上，『根據於商品生產及商品流通之上的佔有律或私有財產律，就因着自己內部不可避免的辯證的發展，轉成了牠的反面：開始時所進行的等量物品的交換，現在轉成了表面上的交換，因爲第一，用以換取勞働力的一部分資本，本身就祇是他人勞働產品的一部分，這部分被人佔有，而沒有獲得等量的交換物；第二，商品的生產者，不但恢復這部分資本，而且還恢復得比原來更要多些……開始時候，在我們看來財產是根據於自己的勞働之上的……現在（在馬克思所研究的過程之末）在資本家方面看來，財產是佔有他人未得報酬的勞働之權利，在工人方面看來，財產是一個剝奪他的權利使他不能佔有自己勞働產品的原素。財產和勞働的分裂，就成爲牠們自己所產生的法則之必然結果』。換句話說，如果我們就是除去任何刼掠，暴力行動及欺騙等等的可能性，就是我們假定，一切私有財產在最初時候，是根據於所有者的個人勞働，而且在以後的過程上，他們都是相互以同價值的東西相交換，就是如此，我們在以後生產及交換的發展上，也不可避免的要進到近代資本主義的生產方式，就是說，進到這個地步，使生產工具及必需的消費品，爲一個數量極少的階級所獨佔，使別個佔絕大多數的階級，降到無產者的地位，使投機的生產及商業的恐慌，相繼而生，使全部生產轉入現在這樣無政府的狀態。全部過程，都可用經濟原因來解釋，爲了解這個過程起見，儘可不必依據刼掠，暴力，國家或其他政治的干預。『暴力奪得的財產』，在這上面，祇成爲簡單的自詡的詞句，來遮掩自己對於眞正事實過程了解之不足罷了。

這個過程、如用歷史的名詞來說，可以稱爲資產階級發展的歷史。如果『政治的條件，是經濟情形的最主要的原因』，那麽近代資產階級應該不是在反對封建制度的鬥爭中，發展起來，而是一定要成爲封建制度自願產生的痛愛的幼兒。但是，任何人都知道實際情形却是相反。資產階級在最初時候，是一個被壓迫的等級，牠一定要把貢稅獻與統治的貴族，『牠是從各種農奴中興發起來的，這個資產階級，在不斷和貴族鬥爭之中，着着進取，及至最後在最發展的國家中，變成代貴族而起的統治階級：在法國，牠直接推翻了貴族，在英國牠不絕地使貴族資產階級化，把貴族併入自己隊伍中，作爲裝飾用的上層分子。資產階級，怎樣能夠達到這個地步呢？牠祇有用變更『經濟狀況』的方法，經濟狀況變更以後，政治情形，或是自願地或是經過無益的反抗，也遲早總是要被變更的。資產階級反對封建貴族的鬥爭，是城市反對鄉村，工業反對農業，貨幣經濟反對自然經濟的鬥爭，在這個鬥爭中，資產階級最主要的工具，是牠的經濟的力量，這種力量，因工業（起初是小手工業，後來變成手工工場）的發展和商業的擴張，不斷增長起來。在全部這樣的鬥爭中，政治的權力，是在貴族一方面的，祇有一個時期，皇帝政權利用資產階級來和貴族鬥爭，使之可以用一個等級，去反對別個等級；但是自從政治上尚屬柔弱的資產階級，因其經濟力量的發展開始成爲危險的階級時，皇帝政權，又和貴族聯合，因此在英國再後在法國，引起了資產階級革命。在法國『政治的條件』還未變更，但『經濟的情形』，却已經超過牠了。在政治方面，貴族擁有一切，資產階級毫無所有；但是，根據社會地位，資產階級那時已成爲國內最重要的階級，而貴族却已經失去了他們全部社會的作用，可是他們繼續獲得進款，以作這些已經消滅的作用的報酬；還不止此，資產階級在其全部生產的範圍中，都受中世紀封建政治形式的壓制，不但手工工場，就是小手工業，也已經超越了這種政治形式：行會的特權，轉成生產的障礙和桎梏，資產階級的發展，不但受行會特權的阻礙，而且還受各地及各省關稅高牆的阻礙。資產階級革命，把這些東西，都掃除了。可是資產階級革命，不是按照杜林先生所說的原則，把經濟情形適應政治條件——貴族和帝制，在長期內正是無益地這樣的幹——反之，牠正是拋棄舊的陳腐的政治軀殼，而造成這樣的政治條件，使新的『經濟情形』

可在其中存在和發展。在這個新的適合於牠的政治及法律環境中，資產階級迅速地發展起來——發展得這樣迅速，使牠到了現在已經很近一七八九年時貴族所處的那樣地位：牠不但在社會的意義上講來，變成無益 牠而且還是社會發展的障礙；牠更遠地離開生產的活動，牠像舊時的貴族一樣，變成了祇會領取進款的階級。資產階級根本改變了自已的地位，造成了新的階級，無產階級；資產階級之實現這些變遷，粹純用經濟的方法，並沒有用絲毫暴力的戲法。而且資產階級在其行動上，絕對不願意有這樣的結果，反之，這種變遷之實現，絕大地違反牠的意志和願望；牠本身生產力的發展，超過了牠的指揮力，這些生產力，似乎以天然的不可避免的力量，推進整個資產階級社會，使之或是陷入毀滅，或是要經過根本的改造。現在資產階級，如果祇靠政權，來挽救往前崩毀的經濟情形』，那麽他們是表現他們和杜林先生進入同樣的迷途，以爲『政治的制度』是經濟情形的主要原因』，就是他們完全和杜林先生一樣，設想用了『首要的原素』『直接的政治力量』就能够改造這些『次要的事實』，即改造經濟情形及其不可避免的發展；設想他們用丁克虜伯的礮，莫遂爾的鎗，就可以完全掃除蒸汽機及其轉動的機械的生產等等所產生底經濟結果，就可以完全掃除世界商業與現在銀行及信用制度所產生的全部結果。

三　暴力論（續）

無論如何，我們更切近地來看一看杜林先生這個萬能的『暴力』。魯濱孫『手握利劍』把禮拜五變成奴隸，可是他從什麼地方，得到這把利劍呢？就是在幻想的魯濱孫的島嶼上，和劍也從來不是從樹上生出來的，杜林先生對於這個問題，絲毫沒有回答。如果魯濱孫能夠獲得利劍，那麼我們同樣地可以設想禮拜五也可以在一個清明的早晨，握着實彈的手鎗走出來，那時暴力的關係，顛倒過來了：禮拜五反居指揮地位，魯濱孫不能不用全力來工作。我們這樣不斷地回溯魯濱孫和禮拜五的歷史，我們應該向讀者道歉，因爲這種歷史，祇存在於兒童的幻想中，而不是在科學上。但是我們何爲能力？我們被迫不能不自覺地應用杜林先生的原則的方法，如果我們常時回到兒戲式的問題上來，那麼這不是我們的罪過。言歸正傳，手鎗戲勝了利劍，在那時候，就是最幼稚的學生也明瞭暴力不是簡單的隨意的舉動，牠的實現，需要非常眞實的先決條件，就是說需要某種工具，在這些工具中，更完美的工具戰勝完美程度較次的工具；他也一定明瞭，這些工具是應該生產出來的，完美的暴力工具（或簡單稱武器）的生產者，戰勝不完美的武器的生產者；換句話說，勝利根據於武器的生產，而武器的生產則又根據於一般的生產，所以也就是根據於『經濟的力量』，『經濟的情形』或暴力所有的物質資料。

在現時，暴力是軍隊和艦隊，我們不幸都知道，軍隊和艦隊是需要『不可勝計的金錢』，但是暴力本身不能鑄造金錢，最多牠祇能奪得已經做成的東西，但是這上面牠也不是時常能夠成功的，這點我們不幸根據法國軍隊的經驗，也知道了。所以歸根到底，金錢還是要從經濟生產上去求得的；這樣，暴力還是要用經濟情形來決定的，因經濟情形，供給牠以製造及保藏爭鬥工具的資料。但是還不祇如此。任何東西，沒有像軍隊和艦隊那樣利害地依靠於經濟條件之上。軍裝，人材，組織，戰術，戰略等等，首先就要依靠目前所有的生產和交通發展的程度。這上面起革命作用的，不是天才指揮官的『自由理智的創造』，而是更好的武器的發明，及活的士兵成分的變更；天才指揮官的影響，最多祇能使爭鬥的性質，適合於新的武器和新的戰士。

在十四世紀初，西歐的國家從阿剌伯人那邊獲得了火藥，他們於是開始應用火藥，從此以後，每個小學生都知道，火藥的應用，在戰爭的方式上發生了徹底的變更。但是火藥和火器的應用，絕對不是暴力的結果，而是工業的即經濟發展的結果。無論工業是否生產有用的物品或是生產那種用來破壞的物品，但工業還是工業。火器的引用，不但革命地澈底影響作戰的方法，而且還影響於統治及被統治階級的政治關係。要生產火器，一定要有工業及金錢，但是這些東西，都爲城市人所佔有。所以火器在最初的時候，就是城市及向前發展的專制君主的武器，君主在和封建貴族爭鬥時，依靠於城市。以前不能動彈的封建堡壘的城牆，現在不能抵禦城市人大礮的轟擊了；布爾格而鉛的子彈，打破了武士的盔甲。貴族的統治，也和裝於護身甲中的貴族騎士隊一樣，同行滅亡了。步兵和砲兵，隨着資產階級的發展，更加成爲戰爭勝利的主要原素；在砲隊的逼迫之下，軍事組織，不能不包括新的純粹工業的部門——工兵隊。

火器的改良，進行得非常的慢。大礮很久是不能轉動的，鎗雖有許多部分的發展，但也是很笨的。經過三百年之後，方才出現能够武裝全體步兵的鎗。祇在十八世紀初，裝上刺刀的火繩鎗（舊式鎗的一種），方才最後的消滅步兵內的長矛。那時的步兵隊包括善作軍事操練的人，這些人是社會中最不可靠最無用的份子，祇在鞭策之下，方才就範；常時步兵隊包含僱傭的諸侯的兵士和強編成軍的仇敵的俘虜；這些兵士，祇有在直線戰術的形式之下，能够應用新的武器，這種戰術，在法萊台立赤第二時代獲得最完成的形式。某支軍隊中的全體步兵，非成三列，形成很長的裏面空的四角形，在軍事行動時，步兵以整個的形式前進；祇在最緊急的時候，方准兩翼之中的一翼稍須前進或後退。這種軟弱無力的隊伍，祇能在非常平坦的地方，方能齊整地前進，而且還是非常緩慢（每分鐘七十五步）；行軍秩序的變更，在作戰時是不能的，步兵一經進入戰爭，那末勝敗在最短時期內，一下子就決定了。

在美國獨立戰爭中，暴動者的隊伍，出來對抗這種柔弱無力的直線隊，眞的，暴動者不會操練，可是他們能够更好地施放他們的來福鎗，他們爲自己切身的利益而奮鬥，所以並不像僱傭的募兵一樣，臨陣脫逃。他們並不按照英國人所期望的那樣，應用直線的軍事排列，在平坦的地面上出來和英兵對抗；他們以分散的流動的隊伍，隱避於森林中向英兵射擊。直接隊伍，無能用力，而被不能[illegible]的不能近的敵人所擊敗，因之在行軍上又重新發明分散的組織——這種新的戰爭方式，是兵士成份變更的結果。

美國革命所開始的變更，由法國革命來完成了——在軍事方面，也是如此。法國革命，在對抗混合政府的訓練極好的傭備軍隊時，祇能應用訓練不足的數量極多的羣衆，即全民的武裝。牠不得不用這些羣衆，去保護巴黎，所以要一定掩護一定的地點，要進到這個目的，不在外方羣衆的戰鬥中獲得勝利，是不行的。簡單的射擊，已經是不够了：應找出適當的形式來應用羣衆，縱隊制於是就發現了。因軍隊編成縱隊，所以就是訓練較差的軍隊，也能够充分齊整地進行，而且步伐還要快些（每分鐘一百步以上）；縱隊的編制，使他們可以衝破不能轉動的舊時直線組織的形式，作戰於任何地方，——對於直線編制最不利的地方——；而以任何最便利的方法，集合軍隊，并且以分散的射擊，牽制、擾亂敵人的隊伍，使之疲乏，——直到最後，用保存於後方的準備隊去衝破敵人陣營最主要的地方。這種新的戰爭方法，根據於射擊隊伍與步兵縱隊的聯合，根據於各種武器的獨立部隊或師團的劃分——這種新的戰爭方法，在戰術方面，在戰略方面，已經完全由拿破崙規定了。從上面所說的，可以看到，這種新戰爭方法之所以成爲必要，首先是因爲法國革命所指揮的兵士成份的變更。但是要順利地應用這種方法，先要有兩個非常主要的技術的條件：第一，更輕的裝運野戰礮的砲車，格利包佛爾（Gribeauval）製造了這種砲車，因之牠就可以根據需要而以極大的速度來運行；第二，一七七七年引用於法國的仿效獵鎗的鎗靶的彎曲，以前鎗靶都是直的鎗桿的繼續——因其彎曲所以可以向某一點描準，而不會百擊不中。如果沒有最後一種改良，那麼或許就不能在分散的編制中，應用舊的武器來進行射擊。

全民武裝的革命制度，很快地就被限制而變成強迫的徵召（富厚的人，可以繳錢，豁免兵役），這樣的形式的徵兵制，爲大多數歐洲大陸的大國所採用。祇有普魯士企圖應用自己的舉國皆兵制（Landwehrsystem）來更大規模地利用國內的軍事力量，牠應用了從口實彈的來福鎗不久，自一八三〇到一八六〇年間來福鎗得到改良以後，牠就用新的武器，卽用從後方實彈的來福鎗，武裝全體步兵。普魯士之所以能夠採用上述兩種新設施，是靠牠在一八六六年的勝利。

在普法戰爭時，歷史上第一次兩方面對敵的軍隊，都是應用從後方實彈的來福鎗，而且，實在講來，兩方面都是具着舊時直桿火繩鎗時代的軍隊編制 分別祇是在普魯士企圖以『連』的縱隊爲最適於新武裝的戰鬥形式。但是當八月十八號在聖白利佛作戰時，普魯士衛隊嚴重地試用這種連的縱隊，可是在這役中參加最力的五團兵，不到二小時就差不多失去了三分之一以上的隊伍（一七六軍官，五一一四兵士），從此以後，在戰爭中排的縱隊，和連的縱隊及直線編制一樣，同遭堅決的擯斥。以後，再不敢在敵人的鎗火之下。推出密接的隊伍，德人方面，以後祇以嚴密的射擊，進行戰鬥，在敵人鎗火的射擊之下，縱隊總是自行分散，雖是上級指揮，把這種情形看作破壞秩序，加以禁止，可是總不發生效力。同樣的，在敵人礮火射擊的範圍內，唯一的行動方式，是跑步。兵士又是比較軍官爲機警：兵士就是以其本能，找到唯一戰鬥的方式，直到現在，在那種從後方實彈的鎗火之下，此種方式還是可用的方式；兵士不管長官的反對，還是勝利地支得了這仗戰爭。

普法戰爭，是一個轉變之點，牠比以前一切變更都具有更重大的意義。第一，武器已經改進到這個程度，使新的起種革命作用的進步，再不能發生了。旣有大礮可以在目光鍿準之下，掃射一營軍隊，旣有鎗可以彈擊個人，而且實彈所需時間比鍿準爲少，所以往後的改良，對於野戰，多少是沒有意義的了。在這方面，主要發展的　代，是已經完結了。第二，這個戰爭，使歐洲大陸各國不得採用強有力的普魯士式舉國皆兵的制度，因之加重了軍事的負担，在這種重負之下，牠們不久就破落下來。軍隊變成了國家的主要目的，牠變成了自在的目的，人民之所以生存祇是爲着供給及給養兵士。軍國主義統治着歐洲而呑噬了歐洲。但是這個軍國主義產生自身滅亡的萌芽。各個國家的競爭，一方面使他們每年應用更多的經費於陸軍海軍大礮等等上面，所以更加緊經濟危機的爆發；他方面使他們不得不更嚴重地採用全國徵兵制，因之全體人民結果都學會武器的應用，人民就得到一種可能，使他們在一定的時機，可以不顧上級軍官的指揮，而實行自己的意志，當民衆——城市工人及鄉村農民——確有一定的意志之時，那麼這樣的時機，是必然要來到的。在這個發展的階段上，統治者的軍隊立刻轉成人民的軍隊，機器拒絕工作，軍國主義就在自身辯證法的發展底影響之下破滅下來。一八四八年時資產階級德謨克拉西之所以不能勝任，就是因爲這種德謨克拉西是資產階級的，而不是無產階級的，我們是指　給與勞苦羣衆以適合於他們階級地位的意志——牠不可免的要完成社會主義。這也就是說從內部消滅軍國主義以及一切常備軍。

這是近代步兵歷史上的一種教訓。別一種使我回溯杜林先生的教訓，是在於：近代軍隊的全部組織及戰鬥方法，以及軍隊的勝負，都要依靠於物質的即經濟的條件：即依靠於人的貲料，依靠武器，所以就是依靠人民的質量及數量，依靠技術的發展。祇有打獵的人民（如以前的美國人）能够發明鐵拉里耳制（Tirailliren）但是他們之所以爲獵人，完全是因爲經濟的原因，正好像舊時幾州的美國人，因爲純粹經濟的原因，轉成農民，工業家，海員，及商人一樣，商人再不在蠻荒的森林中射擊，可是他們更巧妙地致力於投機事業，他們在這上面，也更深遠地精究利用羣衆的藝術。法國革命，在經濟上解放了資產階級，特別是解放了農民，祇有像法國那樣的革命，方能發明羣衆的軍隊，而同時給牠們找到自由行動的形式，這種自由形式，打破了保護專制政體的舊的不能轉動的直線（這是專制政權的軍事反映）。當技術的成功，剛剛能夠應用或事實上已經應用到軍事上的時候，牠們（技術成功）怎樣強制地（差不多強制地）常時違反上級指揮的意志而引起戰鬥方法上的變更或甚至革命，——這點我們在上面已經一步步的考察過了。戰事的進行，怎樣要依靠於後方以及前線的生產力交通工具——關於這點，現在任何稍有知識的下級軍官，都能夠教導杜林先生。總而言之，無論在什麼時候無論在什麼地方，經濟的條件及源泉，幫助『暴力』去獲取勝利，沒有勝利，牠就不再成爲力量，誰要是想利用相反的和杜林先生原則相適合的原則，來改造軍事，那麼他除了當頭的打擊以外，再不會得到什麼的。

（註）普魯士總參謀部，最明白地知道這點總參謀的麥克斯葉恩斯上尉（Max Jahns）在一個學術的報告中說：『軍事的基礎，首先就是人民生活的經濟制度』（一八七六年四月二十日的『凱恩日報』）

如果我們從陸上轉到海上，那麼在最近二十年來，我們可以看到更重大的變更。在克里米亞戰爭時，戰船祇是兩層或三層的木製的船，牠有六十架到一百架的砲；牠主要的是用帆來推動的，船上力量極小的蒸汽機，祇做補助的工作。船上所裝的砲，大多是三十二磅的，重祇五十困德耳（一困德耳合一百磅）祇有少數的砲是六十八磅的，重九十五困德耳。在這次戰爭末，出現了裝甲浮動砲臺，牠是不能轉動的，但在那時砲隊中，這已經是攻打不破的奇物了，不久以後，鐵甲就裝到戰船上來；在開始時候，鐵甲是很薄的，四寸厚的已算是極重的鐵甲了。但是砲隊的發展，很快的就戰勝了這種鐵甲，他們應用更重的大砲來攻打以後所裝的任何厚度的鐵甲，這種大砲，容易地打破了這種鐵甲。因之，在一方面我們已經達到了十吋，十四吋及二十四吋的鐵甲（意大利想建造三尺厚鐵甲的戰艦），他一方面。我們已達到二十五、三十五，八十，甚至一百噸（一噸等於二十困德耳）重的遠射砲，能把三百磅，四百磅，一千七百磅，直到二千磅的砲彈，放到前所未見的距離之外。現在的戰艦，是巨大的鐵甲輪船，牠有八九千噸的吸水量，有六千——八千匹的馬力，有團轉的瞭望臺，有四架或多至六架的重砲，并且在船的頭部，在水線之下，還裝有凸出的尖鐵，以衝撞敵人的船隻，這種戰船總起來講，是一架極大的機器，蒸汽力不但用來迅速開行船隻，而且還用來管理船舵，昇降，鐵錨，轉動瞭望臺，實彈放砲，抽出積水，昇降小船，（這些小船，一部分也是用汽力來推動的）

。鐵甲的保護和砲力二者中間的競爭，這樣的急進，使現時正在建造中的戰艦，往往已
經不能應付需要，牠在未下水以前，已經變成太陳舊了。近代的戰艦，不僅是大工業的
產物，而且同時是大工業的模型，水上的工廠——是的，牠祇是浪費金錢。擁有最發達
的大工業的國家，差不多獲得了建造這種船隻的獨占權：全部土耳其的戰艦，差不多全
部俄國的戰艦。以及大部分德國的戰艦，都是在英國建造的；稱爲可用的鐵甲，都是由
英國雪費爾特地方製造的，歐洲能夠製造最大最重的大砲底三個製鐵廠，有兩個在英國
（一在武立亦，一在愛爾斯維克）第三個（克虜伯）在德國。這個例子，最顯著地指示
出，杜林先生所稱爲『經濟情形的根本原因』之『直接政治力量』，是完全依靠於經濟
情形的；不祇海上暴力工具，戰艦的建造，而且這個工具的應用，本身都成爲近代大工
業的部門。在事情達到這種地步時，世上再沒有像『暴力』，即國家那樣倒運的了，國
家現在建造一隻軍艦，要化費和以前成立整個艦隊一樣的金錢；這種貴重的戰艦，尚未
下水時，已經變成太舊，因之其價值就減低，國家又不能不忍受這種損失；國家大概不
較杜林爲差，也嘆息現在『經濟情形』的人，工程師，在船上竟比較『直接暴力』的人

，船主，具有更大的意義。但在我們方面，我們沒有根據去嘆息，我們看到因爲鐵甲和大砲的競爭，戰艦達到這樣精緻的地步，使牠既需要不堪負擔的價格，同時又不適用於戰爭（註　，因爲這種海洋戰場上的競爭，他們內部辯證法發展的規律，也出現了，根據這種規律，軍國主義將與任何其他歷史現象一樣，因自身發展的結果而滅亡。

所以我們在這上面，也彰明照着地可以相信下述的論調是不正確的，即是：以爲『首要的原因，應該在直接政治暴力中去尋找，而不應到間接的經濟力量中去尋找』。恰巧相反，在事實上，在暴力的本身裏面，什麼是『首要』的呢？首要的，是經濟的力量，以及利用近代工業力量的可能性。依靠於近代戰艦之上的海上政治力量，絕對不是直接的力量，而是完全依靠於經濟的力量，牠依靠於高度的鋼鐵工業的發展依靠於熟練的技術師及豐富的煤礦等等的存在。

（註）我們說軍用工業的最近的改良時，我們是指自動的水雷，水雷大概是要實現這種結果：在這上面，最小的水雷將強過巨大的戰艦。（讀者須記得，這條註解，是在一八七八年寫的）

但是這些話有何用處？讓杜林先生在最近的海上戰爭發生之時，掌握最高的指揮權，看他怎樣不用魚雷，及其他詭計，而祇用他的『直接暴力』，去消滅爲『經濟情形』所奴役的艦隊。

四　暴力論（完）

『極主要的一點，卽是在於：事實上，對於自然界的統治，是根據對於人的統治才發生的。（統治是發生的！）無論在什麼時候，無論在什麼地方，如果沒有預先把人轉成奴隸，沒有強迫他作某種奴隸的工役制的勞働，那末佔據廣大面積的地產的經營，是永不能實行的。人類要建立對於物件的統治，先要有政治上社會上及經濟上人對人的統治，作爲牠的先決條件。那有一個大的土地所有者，在他統治奴隸，農奴，及間接不自由的人民上面，不同意於這種意見呢？一個人最多祇能得到他的家屬的幫助，如欲大規模地經營農業，那末這一個人的力量，能有什麼意義呢？在歷史上，人之所以能夠耕種及擁有那些超出各人天然力量以上的土地，祇是因爲在建立土地所有權之前，或正在這個時候，人已經建立了奴隸制。在更後的發展階段上，這種奴隸制比較輕鬆些了……牠的現在的形式，在比較發展的國家裏，是僱傭勞働制，他或多或少的是爲警察的統治所領導的。近代財富中的這些形式，如廣大的土地的統治及（！）巨大的地產等等之實際可能性，都是根據於此種統治之上的。自然的，其他分配的財富的形式，在歷史上也可以由同樣的原因來解釋；人對於人的間接依賴，現在成爲經濟最發達的國家內的主要特點，可是這種依賴，祇從本身去看，是不能了解和解釋明白的，要了解和解釋地祇有把牠看作是以前直接壓迫和掠奪的產物』。杜林先生確定地這樣的說。

大前提：人對於自然界的統治，預先需要人對於人的奴役。

證明：極大面積上的土地的耕種，無論在什麼時候，無論在什麼地方，都是由不自由的人來執行的。

證明的證明：大的土地所有者假使沒有傭工，而祇和他的家庭一起，那麼祇能耕作他的地產的極小部分，這樣，如果沒有傭工，大的土地所有者，怎能存在呢？

所以杜林先生爲着證明人要戰勝自然界先要預先奴屬別人起見，他就不再往前兜圈子，而直接把『自然界』一變成『極大面積上的地產』，這個地產——不知是誰的——又立刻轉成大地主的財產，大地主沒有傭工。自然是不能耕種他自己的土地的。

第一，『對於自然界的統治』和『土地的耕種』絕對不是同一的東西。在大工業上，人對於自然界的統治，比較在農業上還要採取更大的規模，農業直到如今，還是不得不依賴着氣候，而不能戰勝氣候。

第二，如果我們祇說絕大面積的土地的耕種、那麼很重要的要知道這些土地是屬於誰的；關於這點我們可以看到，在一切開化民族的歷史開始時，這種土地所有者，絕不是『大地主』，杜林先生在此地，也用着他所習用的變戲法的手腕——他把這種手腕，稱爲『自然的辯證法』——把大地主塞了進來，事實上在歷史開始時，此種土地所有者，是氏族的或鄉村的公社，牠們經營着公社制的農業。從印度到愛爾蘭，絕大面積的土地的耕種，最初就是由這種氏族和鄉村公社來進行的，在工作上，或是以公社力量共同耕種，或是把耕地分作各個小塊，由公社分配給各家，在某個時期內耕種，森林或牧場總是由大家公用的。在科學上造成新紀元的莫萊爾（Maurer，1790—1872）的著作，說明原始德意志馬克（一種鄉村公社）的組織，此乃德意志法律的礎基，同時莫萊爾的著作以及不斷發展的著作，證明歐洲及亞洲的開化人民，都經過原始公社的農業，而且考察了這種農業存在及崩毀的各種形式；杜林先生對於上述情形一點不懂，他的文字，表現出他完全不知有這些著作，這眞是杜林先生在『政治學，法律學』上的『精密無比的特別研究』底特點呵！好似，杜林先生在法國和英國的法律方面，『一手獨得全部的鬼話』，同樣的，他對於德國法律、更是茫然無知，這更是值得稱讚了。他這樣尖刻地鄙視大學教授眼光的狹窄，可是他自己在德國法律上最多還祇站在二十年前大學教授所站的地位。

杜林先生確定的說。在絕大面積的土地上經營農業，需要地主和不自由的傭工，這點眞是杜林先生的『自由創造和想像的最純粹的產物』。在公社或國家是土地所有者的那種東方國家裏，土人的言語中甚至沒有『地主』這樣的字；關於這點，杜林先生儘可以問那些到過印度的英國法律家，他們在印度苦思焦慮地推敲這個問題『這裏誰是土地所有者』？好像善忘的王子．亨利第七十二蹩扭苦思『此地誰是憲兵』的問題一樣。祇有土耳其人在其征服的國家裏，首次推行類似地主封建制度的東西。希臘在英雄的時代，已經畫分成許多等級，這種等級是以前長久的我們所不知道的歷史底顯然結果。在那裏，土地完全是由獨立的農民耕種的；顯貴的氏族的王公所有的較大采邑，是種例外，而且很快就消滅了。意大利之所以成為肥沃，主要的是由於農民的勞働；當羅馬共和國末期，巨大的地產——所謂『拉鐵豐地』(latifundia)即大農莊——排除小農而代以奴隸的時候，牠們同時也以畜牧代替了農業，像柏利尼 (Plinius) 所已經知道的一樣，牠們終於使意大利崩毀了(Latifundia Italiam perdidere)。在中世紀時代，在歐洲到處都統治着農民的經濟，(特別是在空地墾殖上)至於農民是否應該向某個封建主進獻貢物，那麼這對於我們目前所討論的問題，是沒有多太關係的。法里士，下薩克孫尼亞法蘭門及下萊茵區域的殖民，墾殖奪自斯拉夫人的愛爾伯河以東的土地，他們具着自由農民的資格，祇付極低的租款，但決不是處在『某種工役制』之下。在北美洲，極大部分土地之所以能够耕種，是靠自由農民的勞働，南部的大地主，應用奴隸勞働，以貪得無饜的經濟制度，使土地肥沃力，完竭到這種地步，以至在這些土地上祇能生長松樹，而棉花的種植，祇能更往西推移。在澳大利亞及紐西蘭，英國政府強制造成土地貴族的一切企圖，都失敗了。總而言之，如果除開熱帶和半熱帶的殖民地不說，因爲那裏的氣候，不能使歐洲人從事農業，那麼，那種統治自然界利用奴隸勞働或工役制農奴勞働來墾殖土地的大地主，純粹是幻想的產物。反之，在大的土地所有者暫時出現於鄉村的地方，如在意大利，他們把農民所種植的土地變成牧場，因之使整個區域衰落下來，變成四無人煙。祇在最近，自極大的人口密度擡高土地價格，農學的發展使更壞的土地也能適於耕種，祇從這時候起，大的土地所有者，方才大規模地參加空地及牧場的墾殖，他們所用的方法，主要的是奪取農民及鄉村公社的土地，在英國如此，在德國也是如此。可是在這上面，也發生相反的過程！大的土地所有者，在蘇格蘭墾殖每畝公社的土地，總要把三畝可耕的土地轉成畜羊的牧場，最後，甚至把牠轉成蓄養飛禽走獸的花園。

　　此地我們祇是批評杜林先生意見，他說無論在何時何地，絕大部分土地——實際上即差不多全部耕種土地——之所以變成可耕，都是因爲大的土地所有者領了不自由的勞働者，來加以墾殖；我們可以看到這是他的意見的先決條件，實在是因爲他絲毫不懂歷史。所以我們在此地可以不必詳細研究，那些完全墾殖或大部分已經墾殖的土地，以後在各個時代，有多少爲奴隸所耕種（如在希臘興盛的時期），或爲農奴所耕種（中世紀以來的負擔繁重的農戶）我們也不往下考察，大的土地所有者，在各個時代，具着何種社會的作用。

杜林先生既然給我們巧妙地描寫了這幅幻想的圖畫，在這幅畫中，希奇古怪，誰也不知道，究竟是演釋的戲法，或是歷史的揑造；更値得驚異——他在描寫後意氣揚揚地高呼道：『自然，其他分配的財富的形式，在歷史上也可以由同樣的原因來解釋』。他應用這種方法使他不用費絲毫的力，不用說一句話去解釋資本的發生。

如果杜林先生在說人對於人的統治是人對於自然界統治的先決條件之時，祇是一般的要想說明，整個我們的經濟組織及已到達的農業工業的發展程度，是社會歷史的結果，此種歷史，發展於階級矛盾之中，發展於統治的及奴役的關係之中，如果這樣，那麼他所說的不過是共產黨宣言發表以來人所共知的話。但是現在所要注意的，就是階級及統治關係，是怎樣發生的，如果杜林先生在這問題上，祇有『暴力』一字，那末這樣的解釋，是不能絲毫給我們以幫助的。上下古今，被壓迫及被剝削的人，總是比較壓迫者及剝削者爲衆多，所以眞正的力量，總是在前者的手裏——所有這些事實已足够證明暴力論的荒謬無據。所以，統治及奴役的關係，應該要由別種原因來解釋。

這些關係的發生，有兩種方法。

人在最初脫離動物界（狹義的說）而進入歷史以後，還是半動物性的、粗暴的，他既無力對抗自然界的力量，又沒有覺到自己的力量，所以他們像動物一樣的窮，他們的生產力，也並不是怎樣比較動物來大。在原始人的中間，存在着某種物質狀况的平等，對於家長，至少也是有特種的社會地位的平等，那時沒有社會階級，他們繼續生存於以後開化民族的自然與發的農業大雜居中。在每個這樣的社會中，最初就存在着共同的利益，他們不得不將保護此種利益的責任，在共同監督之下，加到某些人的身上。這些責任，有如：解決爭端，制止個人方面之違犯規律；看守水源，特別是在炎熱的國家裏；最後，在原始的條件之下，也有一些宗教的儀節。無論在什麼時候，這些職位，都可以在原始農村公社中看到譬如在最古的德意志的馬克裏，就是如此，在印度，直到現在，還有這種情形。顯然的，他們擁有某種的全權，來便利他們的工作，這種職權是國家政權的萌芽。生產力逐漸發展起來，人口密度的增加，在某些場合上，形成共同的利益，在別種場合上，又形成了各個農村公社間利益的衝突，各個農村公社，組成更大的集體，這點又引起新的分工，和新的機關的建立，以保護共同的利益，反抗敵對的利益。這些機關，乃成為整個集體共同利益的代表，牠們對于單獨的村社，佔據特別的而且有時是敵視的地位，牠們很快的變成更加獨立了，一部分是因為公共的職務，繼續遺傳，此種遺傳在一切事情自發而生的社會裏，差不多是自動地形成的；還有一部分是因為一個集團和他個集團間的衝突加多了，所以這樣的權力，更覺需要了。至于這些問題，如這種公共職權對於社會的獨立，怎樣以後變成凌駕社會的統治，最初社會的傭僕，怎樣在順利的條件之下，逐漸轉成領主；這種領主怎樣因各種情形，或是轉成東方的皇帝或諸侯，或是轉成希臘的氏族的王公或是轉成克萊脫部落的酋長等等，這種領主在轉變時候，怎樣利用武力，最後，單獨的統治者，怎樣聯合成統治的階級——這些問題，我們現在可以不必贅述。我們在此地所要的是要確定；政治統治的基礎 到處都是公共職務的建立，而且政治的統治，祇有在牠執行這種公共職務之時，方能長久地保存下來。在波斯印度等國，昌盛一時而後趨于衰落的許多東方的皇朝，很明白地知道自己首先是流域上灌溉制度的經營者，在東方如沒有灌溉，那麼農業是不能進行的。祇有文明的英國人，方才會在印度忽視這種情形；他們任運河及水閘，荒廢毀壞，祇在現時，經過不絕的饑荒以後，他們方開始領會他們忽視了這樣重要的工作，英國人的統治，假使要與他們以前的統治，具同樣的法律基礎，那麼他們至少也是要注意到這種工作的。

在這種方式之外，還有別種方式，形成階級。農業家庭內天然的分工，在一定的物質狀況的階段上，使牠有吸收一個或幾個勞働者的可能。在舊的公社的土地所有權，已經崩毀，或是至少，以前的共同耕種制，已經讓位給各家單獨分種小塊土地的制度，在那些國家裏，上述情形，尤其普遍。生產已經發展到這個程度，使人的勞働力能夠生產比較勞働力簡單生存所必需的數量更多的東西；給養多數勞働者的資料，已經具備了，應用這些勞働力的資料，也已具備了。這樣勞働力得到了價值。但是這種勞働力所屬的自己的公社及集團，還不能從自己的內部，分出自由的多餘的勞働力。戰爭使他們得到了這些勞働力，戰爭的現象，和幾個社會集團同時毗連存在的現象，是一樣的陳舊。以前都不知道怎樣處置軍事的俘虜，或是把他們殺了，再以前簡單地把他們吃了。但是在已有的『經濟情形』的階段上，他們得到了某種價值；所以俘虜留得了性命，而由人來利用他們勞働。這樣，暴力非但沒有統治經濟情形，而且反被迫爲經濟的目的服務：奴隸制于是發明了。這種制度，很快的成爲各種民族的主要生產方式，他們比舊時公社得到進一步的發展，但是這種奴隸制，結果也成爲他們衰落的主要原因之一。那時祇有奴隸制方能在農業和工業中間，形成更大規模的分工，因之使古時希臘的文化，有昌盛的可能。如果沒有奴隸制，那末，或許就沒有希臘的國家，希臘的藝術及科學；沒有奴隸制或許就沒有羅馬帝國，沒有希臘文化和羅馬帝國的基礎，或許就沒有像現在這樣的歐洲。我們永遠不要忘記，全部我們的經濟政治及智慧等等的發展，有這樣的社會組織作爲基礎，在這種社會中，奴隸制正是共同承認的成份，同樣的也是必需的成份。在這個意義上，我們有權說，沒有古時的奴隸制，或許就沒有現在的社會主義。

對於奴隸制及其他類似的可恥現象，很容易地可以發表一般的辭句與高尙的痛恨。可惜，這種痛恨，祇是表現任何人所知道的事實，就是——這種古代的組織，已經再不能適合近代的物質條件及這些條件所決定的我們的情感。但是這種態度，不能供給絲毫的材料，去解釋這種制度是怎樣發生的，牠爲什麼存在，牠在歷史上畫了何種作用。如果說到這個問題，那麼我們應該說——無論聽起來，是怎樣的矛盾和離奇——這種奴隸制的採用，在那時的條件之下，是一種極大的進步。事實總是如此：卽人類是從畜生的情形發展起來的，所以他要跳出野蠻的境況，他就不得不應用野蠻的差不多是獸性的手段。舊時的農村公社，在其繼續存在的地方，于數千年中，形成了最殘暴的國家形式，東方君主統治的基礎，從印度到俄國。都莫不如此。祇在農村公社崩毀的地方，人民方以自身力量，向前發展，他們最切近的經濟進步，是利用奴隸勞働，來增加及發展生產。這上面極明顯的一點是：在人類勞働還是很少生產性，除了必需的生活資料之外，還祇有很少剩餘的時候，那時生產力的發展，交換的推廣，國家及法律的發展，藝術及科學的創造，都很難能夠前進——這些進步，祇在加緊分工的情形之下，方才可能。此種分工的基礎，當時卽在於羣衆與少數特權分子的基本的分工，羣衆執行簡單的體力勞働，少數特權分子，領導工作，經營商業，國事，再後，更致力於科學及藝術。這種分工的最簡單的自然形成的形式止是奴隸制。在古代特別是在古時希臘的歷史條件之下，進於以階級矛盾爲基礎的社會之轉變，是祇能在奴隸制的形式之下來完成的。就是在奴隸本身看來，那也是一種進步。戰時俘虜，爲多數奴隸的來源，此種俘虜以前硬被殺死或被燒吃，現在至少可以保留性命了。

我們可以爽直的說，歷史上直到現在，剝削階級和被剝削階級，統治階級和被統治階級間的對立，都可以在這種人類勞働的比較不發達的生產力中，找得說明。當眞正勞働的人民要致全力于自己所必需的勞働，而再後沒有餘暇，來做社會的工作——來領導工作，來參預國事，來建立法庭，來研究藝術及科學等等——當這時候，總是一定要存在着特別階級，這個階級，解除了眞正的勞働，牠就可以顧到上述工作，並且牠永不會錯過機會使勞苦羣衆，做更多的工作，以增進牠的利益。祇有大工業所達到的巨大生產力的發展，方能把勞働分配於一切社會份子的中間，而限制每人的工作時間，這樣，使每人都有充分的時間，來參預那些關係全社會的理論成實際的工作。所以，祇在現時，任何統治及剝削的階級，不僅成爲無用的階級，而且更成爲社會發展的直接障礙；祇在現時，統治及剝削階級，無論具有多少『直接的暴力』，總是要不可免地被毀滅的。

所以，如果杜林先生責罵古時希臘的奴隸制度，那麼他自己可以有同樣的權利，去責備希臘人。爲什麼他們那時沒有蒸汽機及電報。倘然他說，我們現代的雇傭奴隸制是以前奴隸制稍須變形的和緩一些的遺傳物，而不由牠的本身（即由近代社會的經濟法則）去解釋，那麼這種意見，或是指僱傭勞働，和奴隸制一樣，同是壓迫及階級統治的形式——那末這是每個小孩子都知道的情形——或是非常錯誤，因爲他有何種權利可以說僱傭勞働制，祇是吃人制的減輕一些的形式，我們現在已經確地規定，這種吃人制，是最初的利用戰敗的敵人之方法。

從這上面可以明白看到，在歷史上暴力對於經濟的發展，採着何種作用。第一，一切政治力量，最初總是根據於某種經濟的社會的職務之上，自社會分子因舊時農村公社破壞，逐漸轉成私有生產者，而和那些執行全社會職務的人們更相脫離以來，政治力量，也就往前發展起來。第二，在政治力量是對于社會處獨立地位，而且從社會傭僕變成社會主人以後，牠可以朝兩種方向工作去。牠或是根據有規律的經濟發展的方向工作去，那時在這兩個原素之間，(卽經濟與政治兩種原素之間)就不會發生什麼衝突，經濟發展的本身，也更迅速地前進。或是牠(政治力量)的行動和經濟的發展相反，那麼政治力量，除去少數例外，總是爲經濟的發展所擊敗。這種例外，是少數的武力侵略的結果，那時蠻暴的征服者，屠殺或驅逐某國的土人，而消滅他們的生產力，或因不會利用這些生產力而使他們衰落。摩爾西班牙的基督教徒，對於摩爾人的大部分灌漑制度，就是這樣的幹去，此種灌漑制度正是摩爾人的高度發展的植和園藝事業所依靠着的。更野蠻的民族之侵略，自然中止經濟的發展，破壞許多生產力。但是在長期征服的時候，文化程度較低的征服者，在大多數的場合上，是不得不在征服後的情況之下，與被征服國家的更高的「經濟情形」相適應；他們爲被征服的土人所同化，而且極大部分還引用了土人的言語。如果我們把征服的事件，擱置不說，那麼我們看到任何國家的政權，要是與其經濟的發展，發生衝突——直到現在，一切政治權都是如此的——那麼爭鬥的結果，總是政權被推翻。無論在什麼時候，經濟的發展，總是毫不容情地打通自己的路，這方面最近的最顯著的例子，是我們所已經說過的法國大革命，如果根據杜林先生的學說，以爲經濟情形以及任何國家的經濟組織，是依靠於政治的力量，那末就不能懂得，爲什麼德皇法萊特立亦威廉在一八四八年以後，雖有他的『勇敢的軍隊』，可是總不能把行會組織及其他奇妙的幻想，裝到鐵路事業，蒸汽機，及德國那時開始發展的大工業等等上面去；或是什麼擁有更大政治權力的俄國沙皇，不但不能付他的債，而且爲保持他的政權起見，不得不向西歐的『經濟界』，籌借新債。

在杜林先生看來，暴力是絕對的惡事；在他的眼睛裏，第一次的暴力舉動，是種罪惡，他的全部意見，祇是悲慘地敍述第一次的罪惡，怎樣傳染到全部以後的歷史，這個鬼小子——暴力——怎樣可恥地僞造全部自然的及社會的法則。至於暴力還有別一種作用，革命的作用，至於暴力，如馬克思所說的，還能促進舊社會生下新社會，至於社會的運行，賴武力去開闢道路，而打破停滯的，痲木的政治形式；至於這些事實，我們沒有聽到杜林先生說一句話。祇在嘆了一口長氣之後，他方才承認有這種可能，即將來爲推翻剝削者的經濟起見，或許需要暴力——，可惜是需要，因爲每次暴力的應用都會腐化應用武力的人。杜林先生總是這樣的說，他不管在一切勝利的革命以後，道德及智慧的程度，是這樣的提高。這樣的話，甚至是說在德國裏，在德國，人民被迫進行的暴力的衝突，至少有這點好處，就是他把三十年戰爭中人民忍氣吞聲的奴僕氣，從國民意識中排除出去了。杜林先生這種愚鈍的，失去任何生氣的，傳教式的思想，竟有這種野心，想來侵佔到歷史上最革命的政黨之中！

五　價值論

差不多在一百年前，在萊拍齊格出版了一本書，這本書到十九世紀開始時已經再版了三十次以上，官吏，牧師，各色各樣慈善家都在城市中鄉村中，傳播這本書，到處把這本書介紹給國民小學，作爲很好的教材。這本書叫作『兒童之友』，是洛霍夫（Rochow）做的。這本書的目的，是向農民及手工業者的青年子弟，教訓他們一生的使命，他們對于社會政府長官的責任，同時，叫他們深感厚恩地滿足於他們的人間的命運——滿足於黑麵包及山芋，滿足於工役制，滿足於低微的工資，滿意於上輩的耳光等等的好事，這些都是用那時流行的教育來訓誨的。城市及鄉村的青年從這上面可以明瞭，天公排佈得怎樣離奇，一方面，許多人不能不以勞働維持自己生活，并且由此得到生活的滿足，命運使每個農民和手工業者，能够以他的繁重的勞働，獲得糧食，農民和手工業者應該感覺到何等的快樂；他方面富足的懶漢，因爲消化不良或夜食過多，常患胃病，他無味地勉強吞嚥最精巧最肥美的小菜。舊時的洛霍夫、以爲這些教訓、對於薩克遜的農民子弟儘够了，現在杜林先生在他政治經濟學概要的第十四頁上，却把上面的情形，當作最新的政治經濟學絕對的根基，來供給我們了。

「人的需要，在本身看來，是有天然的法則的，這種需要的發展，是有某種限度的；任情放蕩，可以在不久的時期中，毫無阻礙地破壞這種需要；經過這種情形以後，開始厭惡，嘗够生命滋味，衰弱，轉成社會的殘廢者，最後，歸於死亡……生命是遊戲的生活，滿含快樂，沒有更遠的認眞的目的，牠很快地就進到厭惡的地步，或是失去任何的欣賞力。某種形式下的眞正勞働、是健康人的社會及天然的規律……如果本能和需要，沒有平衡物，那麼他們難得能夠造成純粹兒童式的生活，至於歷史上逐漸上昇的生活，更不用說了。如果不經勞働，而來完全滿足這種需要，那麼這種需要，是很快就要枯竭的，人在需要尚未回復的難耐的時間內，就不能不過無味的生活。所以需要與願望的滿足，依靠於經濟阻礙的克服，這種依靠，是自然界外部結構及人的內在本質的美妙的基本法則」。等等，讀者可以看到，出名的洛霍夫的最卑鄙的鬼話，在杜林先生的書裏，竟祝牠的百年紀念，而且他還自以爲這是唯一的眞正批判的及科學的，共同社會體系」呢。

杜林先生奠了基礎以後，於是可以繼續往上建築了。他應用數學的方法，他開始照愛夫克立特（Euclid）老頭子的例子，給我們以許多定義，這是非常便利的，因爲他可以把定義下得這樣，使定義所應該證明的情形，已有一部分包含於這些定意之中。我們首先聽他說，以前政治經濟學的主要內容，是財富，直到現時在全世界歷史上大家對於財富的眞正了解中，在財富擴大牠的勢力範圍時，財富總是「對於人及物體的經濟權力」。這上面有雙重的錯誤。第一，舊時氏族及農村公社的財富，絕對不是對於人的統治。就是在那些進於階級矛盾的社會裏，當財產包涵對於人的統治之時，牠主要的而且差不多完全的是因爲擁有對於物品的統治，利用這種統治，方才能夠擁有對於人的統治。在最初時代，當奴隸的獲取和奴隸的剝削已成各不相關的事業時，奴隸的剝削者，不得不購買奴隸，這就是說，他祇有統治了物質，擁有購買的價錢，具備奴隸的生活資料及生產手段時，他方才能够獲得對於人的統治。在全部中世紀時代，擁有大地產，是封建貴族獲得貢物制及工役制農民的先決條件。在現時，就是六歲的小孩也可以看到，財富祇有經牠所有的物件，方能統治着人。

有人要問，杜林先生為什麼要定下錯誤的財富的定議，為什麼他要扯斷一向存在於一切階級社會中的實際的連繫？杜林的目的，是要把財富從經濟領域拖到道德的領域中來。對於物件的統治，是很好的事情，但是對於人的統治，却是惡極的事，杜林先生既不許自己用對物的統治，去解釋對人的統治，所以他又採取勇敢的步驟，以他所愛的暴力，去解釋這個統治。統治人的財富，是種『掠奪』，這樣我們又重新回到普魯東名言：『財產是偸竊的行為』之惡化的與陳腐的複述。

這樣，我們也就順利地可以把財富，裝在生產及分配的兩個觀點之下：統治物質的財富，生產的財富，是好的一方面；一向存在的統治着人的財富，分配的財富，是壞的一方面，打倒牠！當用到現在的關係上來時，這就是說：資本主義的生產方式，是很好的，可以繼續存在，但是資本主義的分配形式，絕對不與、所以應該被消滅。他在著作政治經濟學時，甚至不明瞭生產與分配中間的連繫，以至竟會寫出這樣毫無意義的話來。

財富之後，跟着價值的問題．杜林先生的價值定義如此：『價值是經濟物品和工作在流通中所有的意義』。這個意義，適合於『價格或其他等量物的名稱，如工資』。換句話說，價值就是價格。或是爲公平地待遇杜林先生及轉達他的荒謬的定義起見，我們盡可能地應用他自己的話：價值，是價格。因爲在第十九頁上，他說：『價值，及表現價值於貨幣上的許多價格』，所以他己規定，同一價值，有許多不同的價格，也就有許多的價值。如果黑格爾沒有死去，他或許要笑死。要造成具有多數價值（如價格一樣的多）的價值——黑格爾無論怎樣應用他的全部神學邏輯，也不能成功的。祇有具備杜林先生那樣自信力的人，方能在創造新的更深刻的政治經濟學理論時，開始就說，在價格與價值之間，除了一個表現於貨幣上一個不表現於貨幣上的區別以外，再沒有其他不同的地方。

但是這些都還不能給我們說明，什麼是價值，更不能說明價值是由什麼東西決定的。杜林先生所以不得不更詳細地出來說明。『一般的說來，價值及表現價值於錢幣上之價格所依靠的比較評價之基本法則，是切近地存在於生產的領域中，而不依靠於分配，分配祇在價值的意義中加上次要的原素，天然條件的不同，使生產物品時所用的力量，遇到或多或少的障礙，而逼迫他化費更多或更少的經濟力量——這種障礙，也決定更大或更小的價值』；價值是由『自然界及外界條件給與生產的障礙來決定的……我們用到物品裏面的自己力量的多寡——這就是一般的價值的存在，以及特別的價值的決定之直接根本原因』。

如果，這些話，含有意義，那末這種意義，也祇是說：某種勞働產品的價值，是由製造這個物品所必需的勞働時間來決定的，這點我們不用杜林先生說已經知道得很久了！他不是直爽地敘述事實，而偏要用神咒似的說話，來敘述這個事實。說某人用到物品裏面的力量的多寡，是價值及價值量的直接基本原因。第一，一定要顧到力量是用在何種物件上面的，第二，力量是怎樣用在上面的。誰要是製造對於別人沒有使用價值的物件，那麼他的全部力量，不能造成一絲一毫的價值；如果他頑固地用手藝的方法，去製造物件，而機器的生產，却能比他所製造的便宜二十倍，那麼他所用的力量的$\frac{19}{20}$，（二十分之十九）不能造成一般的價值也不能造成特別的價值量。

再次，如果把積極造成產品的生產勞働，轉爲消極免除抵抗的舉動，那麼整個的問題，都得到錯誤的立場。如果這樣說來，那麼要得一件襯衫，我們要做下述的事：首先要克服棉花種子對於種植及生長的抵抗，其次要克服成熟棉花對於收獲裝包，及運送等的抵抗，再次要克服棉花對於開包，軋花，紡花的抵抗，以後，棉紗對於織布的抵抗，棉布對於裁剪和縫級的抵抗，最後，做好的襯衫，對於人的穿着的抵抗。

這種兒童式的反面話和曲解，究有什麼用處呢？牠的目的，要用經過『抵抗』，從『生產的價值』，從這個眞正的，但直到如今還是理想的價值，走到爲暴力所價造的統治於以前全部歷史中的『分配的價值』上去。『除了自然界所給的抵抗以外……還有別一種純粹社會的阻礙……，在人與自然界之間，存在着一種障礙的力量，這種力量，依舊是人，想像中的單獨的及孤立的人，對人自然界，是自由的。……但是我想出別個人來，情形就大變了，這個人手握利劍　佔據自然界及天然富源的門口，要求某種形式的進門錢。這一個人，……好像是收取貢款；這個原因，使人所需要的物品的價值，比較沒有這種政治及社會障礙而去開採或生產之時的眞正價值爲大……這種強制的物品意義的增高，有極其複雜的形式，這種增高，自然要相對地減低勞働的意義……這將是一種幻想，如果預先把價值看作本義的等衡物，就是把牠看作根據某種工作及與之相交換的工作中間的平等原則而建立的相等意義或交換關係；……反之　正確的價值論的表記將是這樣，即我們所佔定的評價底最普遍的原因，不會與建築在強迫分配之上的特別價值形式，相吻合。後一種形式，跟着社會組織而變化。但是本身的經濟價值，却祇能是生產的價值，這種價值是由人對於自然界的關係來定的，所以牠祇跟着天然的及技術的生產障礙而變化』。

所以，現時在實際上所存在的某種物品的價值，根據杜林先生意見，包含兩部分：第一，包含於物品裏面的勞働，第二，『手上利劍』所逼迫出來的具有賦稅性質的另加費用。換句話說，統治於現時的價值，是種獨佔的價格。現在，如果根據這個價值論，以為一切商品都有獨佔的價格，那麼祇能產生兩種情形。或是每個人在購買商品時，損失他在出賣商品時所得的利益，那麼價格祇在名義上變更，實際上經過對銷，牠們（價格）還是沒有變更；那時一切都和以前一樣，所謂特別的分配價值，不過是簡單的海市蜃樓。或是，假定的另外抽取的費用，是真正的價值數目，即創造價值的勞働階級所生產而其獨佔者階級所吞沒的價值數目，那麼在這時候，這個價值的數目，簡單的祇是包含未得代價的勞働，不管他怎樣假定手握利劍的人，不管怎樣假定賦稅形式的另加費，但是我們在此地終究還是歸到馬克思的剩餘價值理論。

讓我們來看所謂『分配價值』的幾個例子罷。在第一二五頁以及以後幾頁，這樣的說道：『因個人競爭而起的價格的形成，也可以看成是經濟分配及相互課稅的一種形態……試設想，某種必需商品的貯藏，突然顯着地減少，那時在賣者方面，就有非常大的剝削的可能……騰貴到如何高度，那麼這特別要看必要產品的來源長期杜絕時的特殊情形如何而定』。此外，杜林先生更補充說，在事務正常進行的場合之中，存在着實際的獨佔，因這獨佔，而能够任意提高價格，例如鐵路，都市的自來水及燈用煤氣公司等這樣獨佔剝削的場合是有的，這是早已知道的了。可是牠們（指這些場合）所造成的獨佔價格，應該看作不是例外或特殊情形，而正應該看作現在居統治地位的決定價格之典型的例子，——這件事倒是新的。生活資料的價格，是怎樣決定的呢？杜林先生回答道：到那四面被圍，供給斷絕的城市去，在那裏去學習吧。競爭怎樣影響於市場價格的決定呢？問獨佔罷，獨佔會告訴你們的！

可是，即使在這種獨佔的場合上，也絕不能發現這位手執利劍立在背後的人。相反的，在這個四方被圍的城市中，手握利劍的人，即指揮官，如果執行他自己的職務，那麼他總是很快地結束這種獨佔，沒收獨佔者的貯藏，來應付平衡分配的目的。而且一般的，如果手握利劍的人，企圖製造『分配價值』，那麼他們總是要招致事業的失敗與損失。荷蘭人因其東印度貿易的獨佔，而破滅了自己的獨佔及自己的貿易；從來所存在兩個最強大的政府，北美革命政府及法國康文梯（國民議會之意），盡力規定最高價格，可是結果完全失敗了。俄國政府，好幾年來努力想提高倫敦市上的紙盧布的市價，這種市價，因俄國政府在本國不斷地銀行不兌現的銀行紙幣，所以低落了下來；為着這個目的，俄國政府不斷地在倫敦購買寄往俄國的支票，結果，俄國政府在數年之間化費了六千萬盧布．但紙盧布在現在則祇值兩馬克，而不是值三馬克。如果利劍具有杜林先生給牠假定的經濟的魔力，那爲什麼沒有一個政府能夠以強制的辦法，長期地給惡的貨幣以好的貨幣之『分配價值』，或給不換紙幣以金子的價值？真的，在世界市場上操指揮作用的利劍，究竟在什麼地方呢？

除了上述的分配價值的例子之外，據林林先生意見，還存在着分配價值的一種主要形式，分配價值以這種形式來無報償地佔有他人勞働的產品；這就是財產的貨金，即地租及資本的利息。我們現在說出這點，祇是爲着指示，杜林先生關於有名的『分配價值』所告訴我們的一切，即盡於此。——但真是所有一切嗎？還不是所有一切。我們再往下聽着：

『不管在生產價值及分配價值的認識中，怎樣具着雙重的觀點，可是在其基礎上，總是有一種共通的事物，從這事物中，形成一切價值，一切價值因之也就要牠來測量。直接的自然的尺度，是力的使用，而最簡單的單位，則是就其最素朴的意義而言的人力。後者（即人力）歸結爲生存的時間；生存的自身的維持，自身是營養上生活上一定數量的困難的克服。祇在不經生產的物品之處分權，或用更通常的話來說，祇在這些物品的本身，與那種具有眞正生產價值的工作或物品互相交換的地方，純粹或絕對形式的分配價值或佔有價值，方纔存在。在一切價值中所表現的同一性，因之也就是在那用分配方法去無報償地佔有的價值之構成部分中所表現的同一性——這種同一性，是在於每個商品……所包涵的人力的使用』。

在這上面，告訴我們的是什麼呢？如果一切商品的價值，都由商品中所包涵的人力的使用來測量，那麼什麼地方是分配價值，是價格的加添，是課稅的施行呢？是的，杜林先生告訴我們，未經勞働生產的物品，即不能有眞正價值的物品，也能夠獲得分配價值，而與勞働所生產的具有價值的物品相交換。可是同時他說，一切價值都包含完全分配性質的價值，都由其中所包涵的人力的使用來決定，可惜在這上面，我們就不明瞭，怎麼樣在未經勞働生產的物品中，包涵着人力的使用。無論如何，在這個價值的錯綜之中，最後終於說明了一點，即：分配價值，因社會地位而強制加上的價格的增添，利劍力量所加的課稅，——所有這些，都絲毫沒有發生效力；因之，商品的價值，是由人力的使用來決定的，簡單的說，是由其中所包含的勞働來決定的？所以，如果不顧地租及幾稱獨占價格的話，杜林先生不正是無系統地，模糊地說着那早經李嘉圖一馬克思的價值論更確定地更明白地說明的意見嗎？

是的，他這樣的說，可是同時却又說出正相反對的話來。馬克思從李卡圖的研究出發，這樣地說道：商品的價值，是由其中所包含的社會必需勞働來決定的，這個社會勞働，本身又是由時間的長短來測定的。勞働是一切價值的測量物，可是他自身是沒有任何價值的。杜林先生以其汚俗的態度，也提出勞働爲價值的測量物，可是同時又繼續說道：勞働『歸結爲生存的時間，生存的自身的維持，自身是營養上生活上一定數量的困難的克服』，我們且不顧創造慾所引起的對於勞働時間（這面所說的祇是這勞働時間）及生存時間的混淆（這生存時間，直到現在，永沒有造成過測量過價值）。我們也不顧這生存時間的『自身維持』所應該引起之錯誤的『共同社會』的外表；自從世界存在之時起，以迄繼續存在的時期完結之時止，每個人都應該維持自己，這是說，他自己消費他維持生命所必需的資料。假定，杜林先生以確切的政治經濟學的術語表示出來；那時，上述的意見，或是一點意義都沒有，或是具着如下的意義：商品的價值，由其中所包涵的勞働時間來決定，而這勞働時間的價值，則又由這個時間內維持工人所必需的生活資料的價值來決定。在應用到現社會之時，這就是說：商品的價值，是由其中所包含的工資量來決定的。

這裏我們到達了杜林先生所眞心要說的東西。在俗流經濟學的術語上說，商品的價值是由生產費來決定的，凱雷(Carey，1793—1878)反對這種意見而『提示這樣的眞理，以爲商品的價值，不是由生產費，而是由再生產費來決定的』（批判史第四〇一頁）。這種生產費或再生產費，具有什麼意義，這點我們在下面再說；在這裏祇要指出牠們是由工資及資本利潤來組成的。工資是包涵於商品中『勞働的消費』，是生產的價值；而利潤則是資本家利用獨佔，利用手中利劍所逼迫出來的課稅或價格的增加，是分配的價值。這樣，杜林價值論的全部矛盾的混亂，最後解決下來而成爲奇異的和協的明白意見。

在亞丹斯密之時，以工資決定商品價值的意見，還和以勞働時間決定價值的意見，相並地遇到；這種以工資決定商品價值的意見，自李嘉圖以來，已經完全被擯於科學的政治經濟學之外，在我們現在，這種意見，僅在俗流經濟學中保持其殘喘。正是最平庸的現存資本主義社會秩序的歌頌者，宣傳以工資決定價值，同時把資本家的利潤，形容爲最高的一種工資形式，禁欲的報酬（因資本家沒有蕩盡他自己的資本），冒險的獎賞，經營的報酬等等。杜林先生與他們不同之點，祇是在於他宣佈利潤是掠奪的。換句話說，杜林先生是直接根據着最壞的俗流經濟學的理論，來建立他的社會主義。他的社會主義正和俗流經濟學，具有同樣的價值：牠們的命運，是不可分裂地相互連繫着的。

可是下面的事情，是很顯明的：勞働者所生產的東西以及他的勞働力所化的費用，正好像機器所產之物及機器本身價值一樣，是兩種不同的東西。工人在十二小時勞働時間內所生產的價值，是和他在勞働時間內及其後休息時間內所消費的生活資料的價值，完全不同的。在這些生活資料內，按勞働生產力發達的程度，可以包涵着三小時，四小時，或七小時的勞働時間。設想，這些生活資料的生產，需要七小時的勞働，那時根據杜林先生所採用的俗流經濟學的價值論之主張，十二小時勞働的產品，具有七小時勞働產品的價值，十二小時勞働等於七小時勞働，或十二等於七。說得更明白些：設使有一個農村工人，不論其所處社會關係如何，在一年內生產了二十海克脫立脫的麥子，在這一年內、自己卻祇消費了等於十五海克脫立脫麥子的價值——在這樣狀況之下，二十海克脫立脫麥子的價值，等於十五海克脫立脫麥子的價值。這是在同一條件之下發生的；換句話說二十等於十五。這還敢稱爲經濟的科學呢！

人類社會脫離動物野蠻狀態的進一步的發展，是從一家的勞動開始生產比其本身生活所需更多的產品之時起始的，從這時起，一部分勞動可以不僅用來生產消費資料，而且用來生產生產手段。勞動產品超越勞動維持費之上的剩餘，以及後來這種剩餘中社會生產基金及準備基金的形成與積累，在過去與現在，都是任何社會，政治及思想進步的基礎。在全部以前的歷史上，這種基金，是特權階級的財產，除這種財產之外，特權階級還擁有政治及精神的指導。擺在我們前面的社會革命，首先要使這種社會生產及準備的基金，就是說，要使全部原料，生產工具，及生活資料，變成眞正社會的所有把牠們一切從特權階級的統治中奪過來，轉交於全社會，作爲共同的財產。

二者之中，應擇其一。或是商品的價值，由生產這些商品所必需維持工人的費用來決定，在現社會中，這就是由工資來決定；在這樣的場合上，每個工人在其工資中就獲得了自己勞働產品的價值，那時資本家階級對於雇傭勞働者階級的剝削，就成爲不可能的事情。假定，維持工人的費用，在該社會中是每天三馬克。那時工人每天的產物，根據上述俗流經濟家的理論，就是有三馬克的價值。現在假定，僱用這個工人的資本家對於這產物，加上一種利潤，一元錢的課稅，所以把這產品以四馬克出賣。其他資本家，也是這樣的做。那時，工人日的日常費用，祇三馬克就不夠，最少非四馬克不可。因爲一切其他的條件。假定是不變的，那麼表現於生活貨料上的工貨，應該留着不變，表現於貨幣上的工資，就不得增加，從每天三馬克增至四馬克。資本家以利潤形式從工人階級身上所剝削來的東西，不得不以工資的形式，依舊還給工人。這樣，我們始終沒有從原來的地方，前進一步。如果工資決定價值，那麼任何資本家對於工人的剝削，就成爲不可能。那時生產物剩餘的產生，亦成爲不可能，因爲根據我們的假定，工人正是消費他所生產那樣多的價值。因爲資本家，並不產生任何價值，所以甚至設想不出，資本家究竟怎樣能夠生活呢。如果這種生產超越消費的剩餘，這種生產及準備的基金，還終究能夠存在而且握於資本家手中的話，那麼可能的解釋，祇是一種，即：工人爲維持自己起見，祇消費商品的價值，而商品的本身，則留在資本家掌握中，備進一步的應用。

或是應該提出別一種解決問題的方法。如果，這個生產及準備的基金，事實上存在於資本家階級的掌握中，如果牠眞的是由所積累的利潤來組成的，（地租現在我們暫時不管），那麼這種基金的組成，一定是由於工人勞働的產品超越資本家階級付給工人的工資之上的積聚的剩餘。在這場合上，價值就不是由工資來決定，而是由勞働量來決定；那時工人在勞働產品上給與資本家階級的價值，比較他在工資上從資本家階級所得的價值爲大，那時資本的利潤以及其他一切佔有無代價的他人勞働產品之形式，祇是馬克思所發見的剩餘價值的單純的組成部分。

其實，關於偉大的發見，即李卡圖在其主要著作上，開道就說：『一個商品的價值，依靠於牠的生產所必需的勞働量，而不是依靠於或多或少的付與這種勞働的報酬』

——關於這個開闢新紀元的發見，杜林先生在其政治經濟學的講義中，一字都沒有說到。在批判史中，這種發見，由下述神咒似的語句，表現出來：『他（李卡圖）沒有顧到這種情形，卽：工資可以成爲生活需要的支出之或多或少的比例，應該……連帶地引起不等的價値關係』！這句話可以使讀者任所欲爲地想去，可是最穩當的，却是讀者絲毫不要去想牠。

現在讓讀者任自己所喜，來選擇杜林先生給與我們的五種價値罷：第一，依靠自然條件的生產價値；第二，人間惡性所造成的分配價値，牠的特點，卽在於是牠是由自身所不曾包含的勞働力的使用來測量的；第三，由勞働時間來測量的價値；第四，由再生產費來決定的價値；最後第五，由工資來決定的價値。眞是豐富的選擇，十足的混亂，我們至此祇能與杜林先生共呼：『價値論是決定經濟學體系的價値之試金石』！

六　簡單勞働及複雜勞働

杜林先生在馬克思書上發見四年級學生那樣的笨拙的經濟的錯誤，這錯誤同時又包含着有害社會的社會主義的邪教。馬克思的價值論，祇是一種尋常的……學說，以爲勞働是一切價值的原因，而勞働時間則是價值的尺度。至於所謂熟練勞働的不同價值，應該怎樣去思考，那麼這問題在這裏還是完全不明瞭的。無疑的，根據我們理論，能夠測量自然之自己價值因之就是能夠測量經濟物品的絕對價值底東西，祇能是所化的勞働時間。可是在這上面，我們以爲一個人的勞働時間，是完全和別個人的勞働時間相等的，所應該顧到的，祇是在熟練的勞働上，除一人的個人勞働時間以外，還加上別人的勞働時間……例如，所用的工具。所以事情並不是像馬克思模糊地所設想的那樣，以爲某人的勞働時間，本身要比別人的勞働時間所值更多，在前者之中，好似凝結着比平均勞働時間更多的勞働量；不，不是這樣；任何勞働時間毫無例外地原則地，——即不必定出什麼平均率，——都是一樣的，完全是具有同等價值的；對於任何人的勞働，如對於任何製造品一樣，祇要說明，在表面上是他所化的勞働時間中，隱藏着多少別人的勞働。無論是由手來使用的生產工具，或是手或是頭腦，這頭腦沒有別人的勞働時間，是不能得着一定的專門特質及勞働能力的——無論是什麼，在嚴格地應用理論之時，都是沒有任何意義的。可是馬克思在其價値說的論斷上，總是不能解脫那隱於背後的幽靈。有識階級的傳統的思維方法，使他在這方面，不能徹底，在有識階級看來，承認拉車者的勞働時間和建築師的勞働時間，在經濟上具有同樣價値，這好像是非夷所思的事情」。

馬克思書上引起杜林先生這樣憤怒的地方，是極其短的。馬克思研究商品的價値，是由什麽東西來決定的，他回答道：是由其中所包含的人的勞働來決定的。他繼續的說，這人的勞働「是簡單勞働力的化費，任何尋常的沒有特別訓練的人，在其肉體組織內，都具有這樣的勞働力……比較複雜的勞働，被看作加倍或數倍的簡單勞働，所以少量的複雜勞働，等於多量的簡單勞働。複雜勞働，經常地化成簡單勞働，這由經驗可以指示出來。某種商品，可以是最複雜的勞働的產品，可是牠的價値，使牠與簡單勞働的產品相等，所以價値自身就等於一定數量的簡單勞働。各種勞働變成簡單勞働以作測量單位的不同的比例，是在生產者背後由社會的過程來決定的，所以在生產者看來，這好像是一種傳統的習慣」，

這上面馬克思所說的，首先就是關於商品價値的決定，這商品是在私有生產者所組

成的社會內生產的，私有生產有以私人的費用，來生產這些商品，而把牠們與別的商品相交換。所以這地方所說的不是隨時隨地存在的『絕對價值』，而是通用於一定社會形態內的價值。在這個確定的歷史範圍中，這價值是由各個商品中所包涵的人的勞働來造成並測量的，而人的勞働則是簡單勞働力的化費。可是，並非任何勞働，都是簡單人類勞働力的化費：許多種類的勞働，包含着技巧及智識的應用，此種技巧及智識，是要用或多或少的勞働，化費或多或少的勞働時間及金錢去獲得的。這種複雜勞働在同一時間內，是否像簡單勞働、像簡單勞働力的化費那樣，產生同樣的商品價值？自然，不是。一小時複雜勞働的產品，和簡單勞働的產品相較，是具有更高價值兩倍或三倍價值的產品，因這一比較的結果，複雜勞働產品的價值，就由一定的簡單勞働量表現出來。可是這種把複雜勞働化成簡單勞働的計算，是在生產者背後由社會過程來完成的；——現在在討論價值論時，祇是說定這個過程，而不是加以解釋。

馬克思就是說出這個在資本主義社會中每天完成於我們眼前的事實。牠是這樣的確鑿無疑，使杜林先生自己也不敢在其『講義』及『政治經濟史』中，有所辯難。馬克思的說明，是這樣的簡單，這樣的明瞭，使除杜林先生之外，差不多沒有別人還會陷於『完全不明瞭』之中。正是因爲自己的觀點，完全不明瞭，所以杜林先生把馬克思這裏所研究的商品價值，當作更加令人不明白的『自然的自己價值』，甚至當作『絕對價值』，可是我們知道，這樣的絕對價值，直到現在，是不曾在政治經濟學上通行過的。無論杜林先生怎樣了解『自然的自己價值』，無論在其五種價值中，那一種是『絕對的價值』——可是有一點是毫無疑義的：馬克思絲毫沒有說過這些東西，馬克思祇是說到商品價值；在『資本論』上關於價值的一編中，並沒有絲毫的表記，指示馬克思是否以爲他的商品價值論，可以應用於其他社會形態，如果可以，究竟應用到何等程度之事實。

杜林先生繼續的說：『所以事情並不是像馬克思模糊地所設想的那樣，以爲某人的勞働時間，本身要比別人的勞働時間，所值更多，在前者之中，好似凝結着比平均勞働時間更多的勞働量；不，不是這樣，任何勞働時間，毫無例外地，原則地——即不必定出什麼平均率——都是一樣的完全具同等價值的』。杜林先生眞幸福，他的命運，沒有使他成爲廠主，因之他就可以不必按照這種規律，去定商品值價，而避免必然的破產。

自慢。我們難道還是存在於廠主的社會中嗎？完全不是。杜林先生以其自然的自己價值及絕對價值，強制我們作一種飛躍，作眞正的生死的跳躍（Sa'to Morta'e）從現在的剝削者的惡世界，一跳跳到他自己的將來的經濟公社跳到純潔無疵的平等與正義的天空；所以我們在這裏雖然過於早些，可是我們不得不多少地觀察這個新世界。

毫無疑義的，根據杜林先生的理論，經濟物品的價值，在其將來的公社中，也是由所費的勞働時間來測量的；可是每人的勞働時間，應該毫無例外地，原則地，不必預定什麼平均率，而預先看作是具同等價值的。以後，請讀者把這種急進的平均社會主義和馬克思的模糊的觀念相比較，這觀念以爲某人的勞働時間本身要比別人勞働，具更多的價值，因其中凝結着超出平均數以上的勞働時間，——對於這種觀念，馬克思因爲有識階級的思維方法，總是不能解脫，在有識階級看來，承認拉車者的勞働時間和建築師的勞働時間，在經濟上具有同等價值，這好像是非夷所思的事情！可惜，馬克思對於上述的『資本論』上的一段，還作了很小的註解。『讀者應該顧到這上面所說的，不是勞働者作工一日所得的工資，或價值，而是他的工作日所由獲得物質表現的商品價值』。馬克思在這裏正好像預先看到杜林先生一樣，自己提出抗議，反對把上述的意見應用到近代社會中付與複雜勞働的工資上。如果杜林先生尙不以此種應用爲滿足，而誣蔑馬克思欲以此種意見爲社會主義社會組織中調劑生活品分配時所根據的基本原則，那麼這種無恥的虛構手段，祇有在強盜式的書籍內，才可以遇到。

現在讓我們更切近地來看價値相等的學說。杜林先生說，任何勞働時間，完全具着同樣的價値，無論是拉車者的勞働，或是建築家的勞働。這樣，勞働時間，以及勞働的本身，都有價値。但，勞働正是一切價値的創造者。祇有勞働，給與自然的產物以經濟意義上的價値。價値本身，不是別的，正是社會必需的人間勞働在某一產品中物體化的表現。所以，勞働不能有任何價値。說出勞働的價値，並且企圖決定這種價値，這等於說價値本身的價値，等於不去決定物體的重量，而去決定重量之重量。杜林先生蔑視聖西門，歐文，傅立葉等等，稱他們爲社會的鍊金術者。可是當他在勞働時間的價値，即勞働的價値等等之上穿鑿附會之時，他甚至沒很遠的處在實際的的鍊金術者之下。杜林先生強制地把那種意見加到馬克思身上，說馬克思主張一人的勞働時間比別人的勞働時間，具有更多的價值，主張勞働時間，卽勞働具有價值，其實馬克思正是第一個說明勞働不能有價值，而且證明爲什麽如此——杜林先生的這種卑汚手段，讓讀者自己去度量吧。

欲解放人類勞働力出於商品地位的社會主義，很重要的應該知道這個眞理，卽勞働沒有價值，而且不能有價值。欲在將來，把生活資料的分配當作最高工資形式來調劑，這樣的企圖——這種企圖是從幼稚的工人社會主義遺傳給杜林先生的——，因上述的了解，而失去其根據。在牠（卽欲解放人類勞働力出於商品地位的社會主義）看來，分配既爲純粹經濟的顧慮所支配，牠（分配）將爲生產的利益關係所調劑，而最能促進生產發展的分配方式，則一定要能使一切社會的分子，盡可能地發展，保持並適用自己的能力。自然，有識階級遺傳給杜林先生的思維方式，不得不驚奇，怎麽在將來，不會再有職業的拉車者及建築家，而在半點鐘內作建築師工作的人，在一忽以後，就可以推車，直到以後，他的行動更需要他作建築師之時爲止。把拉車職業永遠化的社會主義，眞算是好！

如果勞働時間的同等價值所含的意義，是指每個勞働者在同一的時間內生產同一的價值，而不必預先造出任何平均率而言，那麼這顯然是錯誤的。兩個人在一小時內所產的產品，雖然在同一工業部門內，也因勞働的強度及勞働者技巧程度的不同，而各不相同；這樣的災難——或許祇有杜林先生那樣的人會把牠看成災難——是任何經濟公社，至少我們地球上的任何經濟公社所不能挽救的。這樣說來，一切勞働的同等價值，還剩些什麼呢？別的沒有什麼，祇有吹牛的辭句，這種辭句的經濟基礎，祇是在於杜林先生不能區別勞働決定價值與工資決定價值之意義——祇有簡單的勅令、及新經濟公社的基本法則，說：同一勞働時間的工資，應該是相等的。可是法國的工人共產主義者及魏特林已經爲他們的工資平等論，舉出更好的理由了。

關於複雜勞働的較高工資之全部重要問題，怎樣解決呢？在私有生產者的社會裏，教養熟練勞働者的費用，是由私人或其家庭來負擔的；所以熟練勞働力的更高工資，也是歸於私人：熟練的奴隸，賣價更高，熟練的工人也得到更高的工資。在社會主義組織的社會裏，這種費用，由社會來償付，所以複雜勞働所造成的成果，即更多的價值，也應歸於社會。工人自身，不能要求任何剩餘。從這上面，更得出這樣的結論：工人對於『整個勞働產品』的得意的要求，更多一次地顯出是謬誤的。

七　資本及剩餘價值

『關於資本，馬克思首先不具着通行的經濟概念，以爲資本是所生產的生產手段，而企圖造成一種史特殊的，侵潤於概念及歷史之轉形作用中的，辯證法的歷史的觀念。根據馬克思，資本是由貨幣產生的；牠形成歷史的過程，這過程約從十六世紀開始，即是和那時起源的世界市場共同開始。顯然地，在這樣的概念的解釋之下，經濟分析的尖利性，就喪失了。這樣粗笨的觀念，應該一半是歷史的，一半是邏輯的，實際上牠祇是歷史幻想及邏輯幻想的雜生物；在這樣粗笨的觀念之中，理智的識別力以及任何其正的概念的用法，都喪失了』……『在整頁上，都是用這樣的口氣……』；『馬克思的資本概念之定義，祇能在嚴密的國民經濟的科學中，引起混亂……假裝爲深刻邏輯眞理的輕率意見……基礎的脆弱』等等，

這樣，根據馬克思，資本是在十六世紀初從貨幣產生出來的。這等於有人說，金屬

的貨幣，是在三千多年前由牲畜來形成的，因爲以前牲畜在其他物品之中，也盡過貨幣的作用。祇有杜林先生能够採取這樣粗笨的不正確的表現方法。馬克思在分析商品流通過程所倚以完成的經濟形式之時，指出貨幣是最後的形態。『這個商品流通的最後的產物，是資本出現的最初的形式。在歷史上，資本首先以貨幣的形式，當作貨幣的財產，當作商業資本及高利貸資本，到處與土地財產相對立……同樣的歷史，每天發生於我們的眼前。任何新的資本，在開頭出場之時，就是說，在商品勞動或貨幣的市場出現之時，這樣，總是採取貨幣的形式，這些貨幣，經過一定的過程之後，應該變成爲資本』。馬克思也祇是確說事實。杜林先生既無從辯難這種事實，於是就把牠竄改，說，根據馬克思，資本是由貨幣產生的。

往後，馬克思就對於貨幣所賴以轉成資本的過程，作進一步的研究，他首先看到，貨幣作爲資本而流通的形式，是和貨幣作爲一般商品等價物而流通的形式，採取相反的秩序。簡單的商品所有者爲買而賣他自己所不需要的東西，而以所得的貨幣，買他所需要的東西。可是，着手經營事業的資本家，一開始就購買他自己所不需要的東西；他之所以購買，是爲着出賣，爲着要賣得貴些，爲着收回最初在購買時所費金錢，再添上某種貨幣的增加。這種增加，馬克思就稱之爲剩餘價值。

這種剩餘價值，是從什麼地方得來的呢？牠的形成，不能是因爲買者購買商品，低於牠們商品價值，而賣者出賣商品，則高於牠們價值。因爲在這兩個場合上，每人一定是買者，同時又是賣者，所以每人的利潤與損失，應該兩相對銷。剩餘價值也不能是欺騙的結果，因爲欺騙祇能犧牲一人，富足別一人，但總不能增加兩人所有的總數目，所以不能增加流通價值的總額。『一國資本家階級，整個說來，是不能自己欺騙自己的』。

可是我們看到，每個國家的資本家階級，整個說來，買賤賣貴，佔取剩餘價值，而在我們眼前不斷地富足起來。這樣我們還是回到起初所說的問題。這種剩餘價值，是從什麼地方來的呢？這個問題，必須解決，而且用純粹經濟的方法去解決，應該除去任何欺騙及任何暴力的干涉，而提出這樣的問題：卽更以相等價值經常與相等價值互相交換爲前提，那麼怎樣能夠經常地使賣出去的比買進來的爲貴呢？

這個問題的解決，是馬克思著作的偉大的功績。這一解決，使那個直到現在社會主義者也和資產階級經濟學者那樣摸索於黑暗之中底經濟領域，也被光明所普照。祇有從這個解決起，才開始科學社會主義，祇有以這種解決爲中心，才結成了科學的社會主義。

解決如下。應該轉成資本的貨幣數目的增大，不能從這種貨幣上產生，也不能從購買上產生，因爲貨幣在這裏祇是實現商品的價格，而這價格，根據相等價值相互交換的前提，是和商品的價值相適合的。根據同一理由，價值的增加，也不能從商品的販賣上產生。所以，這種變更的產生，應該是在於所購買的商品，不是在於牠的價值，因爲商品的買賣，是按着牠的價值的；也就是說，這種變更，是按於牠的使用價值的本身，換句話說，價值的變更，應該是從這種商品的消費上產生的。『爲着要從任何商品的消費中，得出價值來，我們的貨幣所有者，應有這樣的幸運……可在市場上找出一種商品，這商品的使用價值，具有那種可作價值來源的特質，這種商品的實際的消費，將是勞動的物體化，價值的造成。貨幣的所有者，果然在市場上找到這樣的特殊商品，即勞働的能力，或勞働力』。如果像我們在上面所說的，勞働的本身，不能有價值，那麼對於勞動力，就不是如此。勞働力之所以具有價值，祇是在於現在牠在事實上是一種商品，牠的價值也『像任何其他商品一樣，是由這種特殊物品的生產及再生產所必需的勞働時間來決定的』，就是說，要看勞働者爲着維持自己能夠工作的狀態起見以及爲着傳種接代起見所必需的消費資料之生產，需要多少勞働時間來決定。假定，這種消費資料，每天代表六小時勞働時間。我們新來的資本家，爲經營企業起見，購買了勞働力，就是僱用了工人，在這場合上，如果他付給工人以代表六小時勞働的貨幣數目，那麼他就是付給工人以其勞働力的每天的全部價值。所以工人爲這個資本家作了六小時的工作後他就補償了資本家爲他所付的全部費用，即資本家所付的勞働力的每天價值。可是，這樣，貨幣還沒有轉爲資本，還沒有產生任何剩餘價值。所以勞働力的購買者，完全以不同態度，來觀察他所締結的交易的性質，六小時勞働，足夠在二十四小時內維持工人，這一事實，並不妨礙工人在二十四小時中抽出十二小時來工作。勞働力的價值，及其在生產過程中的有利的使用，完全是不同之量。貨幣的所有者，付了勞働力的一天的價值，所以這天內勞働的使用權，整天的勞動，也就歸屬於他。勞働力的消費在一天內所造成的價值，比牠自己的每天價值多一倍，這一事實，對於勞働力的買者、是特別有利之事，可是根據商品交換的法則，這一事實，對於賣者。也不是什麼不正。這樣，根據我們的假定，貨幣所有者每天給與工人的一定數量的產品，在價值上等於六小時的勞働，而工人每天提供給資本家的產品，則在價值上等於十二小時的勞働，貨幣所有者所得的差數，爲六小時毫無報償的剩餘勞働，包含六小時勞働的毫無報償的剩餘產品。魔術於是做成了。剩餘價值產生了，貨幣轉成了資本。

這樣，馬克思指示了剩餘價值如何產生，在那調劑商品交換的法則的統治之下，剩餘價值祇有這樣才能產生，馬克思既指示了這些，所以也就發現了近代資本主義生產方式以及以牠爲根據的佔有方式之機構，曝露了整個近代社會制度所倚以凝集的中心點。

這種資本的形成，要有一個重要的先決條件：『爲着要使貨幣轉成資本，貨幣的所有者一定要在商品市場上找得自由的勞働者，這上面的自由，有兩種意義：第一，他是自由的人格，可以處置自己的勞働力，把牠作爲商品；第二，除此之外，他再沒有別的商品可以出賣，他自由地從一切應用勞働力所必需的事物上解放出來』。在社會上，一方面有貨幣或商品的所有者，他方面有那種除自身勞働力之外一無所有的人們，這種區分，決不是自然的關係，也不是一切歷史時代所共通的關係：『顯然的，牠的本身，是過去的歷史發展的結果，是整批的過去社會生產形態的沒落之……產物』。在十五世紀末，十六世紀初，因封建生產方法崩毀的結果，這種自由的勞働者，首先大批地出現。這種情形，以及在那時候已經發端的世界貿易與世界市場的形成，給與了一種基礎，使在這種基礎之上，現存的動產之財富，更甚地轉成資本，而以生產剩餘價值爲目的之資本主義生產方式，更甚地佔據絕對支配的地位。

這就馬克思的『粗笨的觀念』，『歷史幻想及邏輯幻想的雜生物』，『在這樣粗笨的觀念之中理智的識別力以及任何眞正的概念的用法，都喪失了』。試把杜林先生提供與我們的『深刻的邏輯的眞理』『包含嚴密原則意味的終極的最嚴格的科學性』，和這種『輕率的意見』和比較。

所以馬克思對於資本，不是具着『通行的經濟概念，以爲資本是所生產的生產手段』；相反的，馬克思確定的說，一定的價値量，祇在增殖及造成剩餘價值之時，才變爲資本。杜林先生怎樣說呢？『資本是經濟力量的主要根源，這力量為的是往前進行生產，為的是造成一般勞働力的成果中之參與部分』。這話無論說得怎麼詰屈聱牙及神秘，可是總有一點是毫無疑義的：經濟力量的主要根源，可以永遠地進行生產，可是，根據杜林先生本人的話，牠在未造成『一般勞働力的成果中之參與部分』，即未造成剩餘價值，或至少未造成剩餘產品之時，牠是不能成為資本的。所以，杜林先生僅自己犯了他所用以非難馬克思的罪惡——因馬克思不同意於通行的資本的經濟概念——；杜林先生而且還犯了不巧妙的，高傲口吻所『很難遮掩的』剽竊馬克思之罪。

在二六二頁上，這種意見，發揮得更詳細些：『事情在於：社會意義的資本』（非社會意義的資本，還要請杜林先生去發見）『與簡單的生產手段，有特殊的差異，因為簡單的生產手段祇具技術的性質，并且在任何情形之下，都是必需的；可是前者（杜林所指的社會意義的資本）的特徵。則在於牠具有一種佔有的及造成參與部分的社會力量。無疑的，社會的資本，大部分不是別的，祇是技術的生產手段之社會職能，正是這種社會職能……在將來不得不歸於消滅』如果我們顧到，正是馬克思首先指示出這種『社會職能』——因這種職能之助，一定的價值量，方才變成資本——那裏無論如何，『每個注意地研究問題的人，應該很快地就明瞭，馬克思對於資本概念的定義之釀成混亂，不是在嚴密的國民經濟學中，而唯一的祇是在杜林先生本人的頭腦中，這位先生在其『批判史中』已經遺忘了在他『講義』中怎樣時常地所應用的這個資本的概念。

可是，杜林先生用了『清洗過』的形式向馬克思剽竊資本的定義以後，還不自以為滿足。他就是在『概念及歷史的轉形作用』的路上，也不得不追隨馬克思，而且他自己明白地知道，在這上面，除了『粗暴的觀念』，『輕率的意見』『基礎的脆弱』等等以外，是再不會有什麽東西的。資本的這種社會職能，使牠能够佔有他人勞働的產品，牠因有這種職能，所以和簡單的生產手段不同，這樣的社會職能，是從什麽地方產生的呢？杜林先生說道，『牠（職能）不是依靠於生產手段的性質及其技術的必然性之上』。所以，這種職能是在歷史上產生的，在二五二頁上，杜林先生又重複地敍述他已經說過整整十數次的東西；他又用了久所知道的兩個人的冒險談，來說明資本的產生，在上述兩人之中，一個人以暴力制服別一個人，而在歷史之初，把自己的生產手段轉成資本。杜林先生替一定價値量所賴以轉成資本的社會職能，說出歷史的起源之後，還不以爲滿足，他還預說這種職能的歷史的終結：『正是牠不得不歸於消滅』。可是在歷史上產生的，重新又在歷史上消滅的那種現象，在一般通用的語言上，稱爲『歷史的過程』。所以，不但在馬克思看來，而在杜林先生看來，資本也是歷史的過程；因之，我們不得不作出這樣的結論，卽是，我們已經落在耶穌會的教徒中了。二人做相同的事，可是終究不相同。如果馬克思說，資本是歷史的過程，那麽這是粗暴的觀念，歷史幻想及邏輯幻想的雜生物，在其中，一切識別力以及任何眞正的概念的用法，都喪失了。可是如果杜林先生也是這樣地說明資本是歷史的過程，那麽這祇是證明國民經濟學分析的銳利性以及嚴密原則意義上之終極的最嚴格的科學性。

杜林先生對於資本的觀念，和馬克思的有什麽別呢？

馬克思說：『資本並沒有發見剩餘勞働。在社會內的一部分人擁有生產手段獨佔權的任何地方，勞働者，無論是自由或不自由，都不能不在維持自己所必需的勞働時間之外，加上多餘的時間，去爲生產手段的所有者，生產生活的資料』。剩餘勞働，延長到勞働者維持自己所必需的時間之外的勞働，這種剩餘勞働產物之被別人所佔有，由是說勞働的剝削——這正是從來運行於階級矛盾中的社會形態之共通點。可是，祇在這個時候 當這種剩餘勞働的產品採取剩餘價值的形式，當生產手段所有者找得自由勞働者——解脫社會桎梏及自身私產而自由的勞働者——作爲剝削對象，而在商品生產上剝削勞働者之時，祇在這時，生產手段，根據馬克思，方採取特殊的資本的性質，這種情形，祇在十五世紀末，十六世紀初，方才大規限地發生起來。

相反的，杜林先生把『造成一般勞働力的成果中之參與部分』，因而產生一切形態的剩餘勞働底那種生產手段，都稱爲資本。換句話說 林林先生從馬克思那裏剽竊他所發見的剩餘勞働，而欲以這種剩餘勞働之助，來撲滅他在這裏所不合意的，也是由馬克思發見的剩餘價值。這樣，在杜林先生看來，不但利用奴隸經營的柯令夫與稚典公民的動產與不動產，而且羅馬帝國時代大土地所有者的財富，以及中世紀封建領主的財富，祇要是用來生產，都毫無差別地是種資本。

這樣，關於資本杜林自己不是具有『通行的概念，以爲資本是所生產的生產手段』

，而是具着簡直與此相反的概念，在這概念中，甚至包含着不經生產的生產手段，土地，及其自然的財富。說資本是一般的任何『所生產的生產手段』，這樣的觀念，也祇通行於俗流的經濟學之中。在杜林先生所這樣寶貴的俗流經濟學之外，『所生產的生產手段』，或一般的某種價值量之所以能够成爲資本，祇是因爲牠產生利潤或利息，就是說以剩餘價值的形式——卽是以這兩個（利潤與値息）特殊的形式——佔有無報償的勞働的剩餘生產物。整個資產階級經濟學總不能除去這種觀念，以爲在正當條件下用於生產及交換上的任何價值量，都具有產生利潤及利息的性質，但在這裏，這是絲毫沒有關係的。在古典派經濟學中，資本與利潤，或資本與利息，正好像因與果，父與子，昨日與今日一般，同樣地相互不能分離，同樣地處於相互關係之中。可是祇在資本一字所指示的事物本身出現之時，祇在動產剝削自由勞動者的剩餘勞働，來生產商品，而更甚地帶上資本的職能之時，祇在這時，近代經濟學意義上的『資本』一字，方才出現；這字在歷史上最先爲第一個資本家國家，卽十九世紀十六世紀時的意大利人所採用。如果馬克思首先徹底地分析了近代資本所固有的佔有形式，如果他指出資本的概念，使之與歷史事實（結局上，資本從這種歷史事實抽象出來，可是牠的存在，是由於這種歷史事實的）相適合；如果馬克思因此使這個經濟概念，解脫不明白的及動搖不定的觀念（在古典派資產階級經濟學及以前社會主義者的著作上，給牠蒙上了這種觀念）——那麼這正是說，馬克思走着『終極的最嚴格的科學性』之道路，這種科學性，當時掛在杜林先生口上，但可惜我們這樣稀少地能在他的著作上遇到。

眞的，在杜林先生書上，事情完全採取了別種樣子。他開頭把歷史過程的資本說明，罵作『歷史幻想及邏輯幻想的雜生物』，他還不以此爲滿足，於是在後來自己把資本的說明，看作歷史的過程。他不經什麼討論，就把一切經濟力的手段，一切佔有『一般勞働力成果中的一部分』的生產手段，因之也就把一切階級社會中的土地財產，都宣佈爲資本，可是這並不妨礙他在往後的敍述中，根據全然傳統的方法，把地產及地租和資本及利潤分別開來，而祇將產生利潤及利息之生產手段，當作資本，這些在他『經濟學講義』的一一六及以後諸頁上都可以詳細地看到。以同樣的理由，杜林先生儘可以起初在『機關車頭』的名詞之下，包含一切馬、牛，驢犬等等，其理由在於車子也可以用這些牲畜的力量來推動；於是杜林先生更進而責難現代工程師，說他們把機關車頭的概念，祇限於近代的火車頭，因此他們就把牠看成歷史的過程，造成粗暴的觀念，歷史幻想及邏輯幻想的雜生物等等；以後終於自己宣佈，馬，驢，牛，犬，還是應該除於『機關車頭』的名詞之外，這名詞，祇能適用於火車頭。——這樣，我們還是不得不說，正是在杜林式的資本概念的定義之中，喪失任何經濟分析的銳利性，消滅識別力以及任何眞正的概念的用法；而粗野的觀念，混亂，假裝爲深刻邏輯眞理的輕率意見，基礎的脆弱，所有這些，正是在杜林先生著作上狂放其花。

可是，這還沒有什麼要緊。杜林先生還是有這樣的功績，即，他發見了全部以前經濟學，全部政治學及法律學，換句話說，全部以前歷史所倚以迴轉的樞紐。樞紐如下：

『暴力與勞働，這就是在構成社會連繫時所應該顧慮的二個主要因素』。

在這一句內包括着從來一切經濟制度的憲法。牠可以說得非常簡單：

第一條用勞動來生產

第二條由暴力來分配

『用人間的德文的話來說』，杜林先生的全部經濟學的智識，就盡於此。

八　資本及剩餘價值

『按照馬克思的意見，工資祇是勞働者爲着使自身生存成爲可能而眞正工作的勞働時間之代價。爲着這個目的，祇要比較少的的時間數就夠了，整個往下延長的勞働日的其餘部分，產生剩餘，在這剩餘中包含着著者所稱呼的「剩餘價值」，用通常的話來說，或是資本的利潤。不管某個生產階段上包含於勞動手段及原料中的勞動時間多少，上述的勞働日中之剩餘，就形成資本主義企業家的所得。所以，勞働日之延長，純然是資本家所得的榨取的利益』。

這樣，照杜林說來，馬克思的剩餘價值，祇是通常所說資本利益或利潤。請聽馬克思本人怎樣的說。在『資本論』的第一九五頁（德文版第一卷）上，剩餘價值由括弧內的『利息，利潤，地租』等字來說明。在二一〇頁上，馬克思舉出例子說明七十一先令的剩餘價值，怎樣表現於分配所造成各種形式之上：什一稅，地方稅，國家稅——二十一先令；地租二十八先令；農業企業者的利潤及利息——二十二先令，總計剩餘價值的數目七十一先令。在五四二頁上，馬克思指示李卡圖的一個主要缺點，是在於他『沒有說明純粹形式的剩餘價值，即是說那種不與牠的特殊形式如利潤，地租等等相聯的剩餘價值』，所以李卡圖直接地把統制剩餘價值率的法則和統制利潤率的法則，混淆起來。在這上面，馬克思指出：『在本書的第三卷上，我將證明，同一的剩餘價值率，可以表現極其不同的利潤率，而不同的剩餘價值率也儘可表現同一的利潤率』。在五八七頁上，我們看到：『產生剩餘價值的資本家，即直接榨取無償勞働而使之固定於商品中的資本家，眞的是最先的佔有者，但絕不是這種剩餘價值的最後的所有者。這位資本家，以後不得不與一般社會生產過程中盡其他職能的資本家，不得不與地主等等相分配。所以剩餘價值，就分成許多部分。牠的各部分，歸屬分於各部門的人，而獲得各種不同的相互獨立的形式，例如：利潤，利息，商業利潤，地租等等。剩餘價值的這些轉化的形式，祇能在第三卷中去研究』。在許多其他地方，也是這樣的說着。

再難得能夠說得更明白的了。在每一適當的機會上，馬克思總是特指出，他所說的剩餘價值，絕對不能與資本的利潤相混，因爲資本的利潤，祇是剩餘價值的一種特殊形態，而且常常祇是剩餘價值的一部分。如果杜林先生還是確說馬克思所說的剩餘價值，『用通用的話來說，是資本的利潤』，如果大家知道馬克思的全書，是以剩餘價值爲樞紐的，那末結果二者之中，必有其一：或是他完全不懂，這樣，他旣不懂這書的主要內容，而把牠拿來割裂，這眞是無恥之尤。或是他很懂得，那麽他就作了故意的揑造。

再往下看：『馬克思在描寫搾取事業上所懷抱的深刻的痛恨，是很易了解的，但同時，如果不承認馬克思剩餘價值論的理論方法的正確，那麽更強烈的憤怒，也是可能的，無條件地承認基於僱用勞働之上的經濟形態的剝削性質，也是可能的』。

這樣，馬克思的具着好心的但理論錯誤的方法，引起馬克思對於搾取事業的深刻的痛恨，自身本是道德的那種情感，因錯誤的理論方法，而得了非道德的性質，而表現於卑下的憎惡及低劣的痛恨之上。相反的，杜林先生的終極的最嚴格的科學性，表現於高貴性質的情感上，表現於那種在形式上是道德的，在數量上超出深刻痛恨的更強烈的憤怒之上。當杜林先生自己誇耀之時，我們且盡力來說明這種更強烈的憤怒之來源，究竟怎樣。

杜林繼續說道：『發生這樣的問題：互相競爭的企業家，怎樣能夠經常地把全部的勞働產品——剩餘產品自然也在內——按照這樣高的價格出賣，這價格，像上述剩餘勞働時間量所指示的，是這樣巨大地超出自然的生產費？對於這個問題的解答，我們在馬克思的學說上找不到，簡直的因爲在馬克思學說上這個問題，甚至沒有提出來。在牠裏面，以僱用勞働爲基礎並以奢侈品生產爲目的之生產的性質，完全沒有認眞地說到；帶着寄生社會地位的社會制度，沒有被認爲白色奴隷制的最後的原因。相反的，根據馬克思見解，一切政治社會的事物，總是應該用經濟方法來說明』。

可是，從上面所摘引的地方，我們可以知道，馬克思並不是說，作第一個剩餘產品佔有者的資本家，像杜林先生所說的那樣，平均都是按照全部的價值出賣。馬克思非常確定地說，商業利潤也是剩餘價值的一部分，這種情形，在現有的先決條件之下，祇當廠主把自己產品賣與商人，低於商品價值，卽是使商人獲得一部分利潤之時，才有可能。無論如何，這個問題，如果像杜林先生所提出的那種樣子，那麼牠是不能爲馬克思所提出的。這個問題，在合理地提出之時，當然是這樣的：剩餘價值。怎樣轉成牠的特殊形態——利潤，利息，商業利潤及地租等等？這一問題，無疑地，馬克思約定在資本論第三卷中加以解答。假使杜林先生不能等候『資本論』第二卷的出版，那麼他應該先注意地細讀第一卷。那時除了上述的引句以外，他還可以在三二三頁看到，根據馬克思意見，資本主義生產的內在的法則，表現於資本的外部運動上，而操着強制的競爭法則之作用；牠在這個形式之下，以刺激的動機，到達個別資本家底意識；這樣祇在理解了資本的內部性質之後，對於競爭的科學分析，方才成爲可能，正好像祇在知道了眞實的，但不能爲感覺所領受的天體的運動之後，牠方能理解天體的外表上的運動一樣。以後，馬克思就舉出一個例子來說明，一定的法則，即價值的法則，怎樣在一定的場合上表現於競爭的條件之中，牠怎樣表現牠的運動力。就是從這上面，杜林先生已經可以得出結論，即是，在剩餘價值的分配上，競爭操着主要的作用；在稍能思考之時，第一卷上的這些指示，已經儘夠使人了解——至少是大體的——剩餘價值轉成牠的特殊形式之方法。

可是，對於杜林先生，競爭正是理解上的絕對的障礙。他不能理解，互相競爭的企業家，怎樣能夠經常地把全部產品　剩餘產品，自然也在內——按照這樣巨大地超出自然生產費的價格出賣。這裏我們又遇到杜林先生所常有的措辭的『嚴格』，實際上這祇是疏忽而已。事情在於，據馬克思意見，剩餘產品，沒有任何生產費　這是資本家不費一錢而得的一部分產品。假使互相競爭的企業家欲根據自然的生產費，來實現剩餘產品，那麼他們就簡單地應該把牠贈送。可是我們儘可不必詳述這種『顛倒鏡論理學的枝葉問題』。難道互相競爭的企業家，在實際上不是每天把勞働產品按照那超出自然生產費的價格出賣？根據杜林先生意見，自然生產費，是在於『勞働或人力之使用，牠最後是可以用生活費來測量的』所以在近代社會裏，自然生產費是在於原料：生產手段，及工資等等的實際的費用，牠們是與『課稅』，和利潤，和手中利劍所迫出來的價格的增加等等不同的。可是，大家都知道，在我們所處的社會中，互相競爭的企業家，不是按照產品的自然生產費，來出賣產品，而是還算上——而且通常獲得——『價格之增加』，利潤。這樣，根據杜林先生意見，他祇要一提出這個問題即可以推翻馬克思的整個體系，好像以前耶索（Josua 攻破耶立和（Jericho）城牆一樣——這樣的問題對於杜林先生的經濟理論也是存在着的。試看，他怎樣回答這一問題。

他說道：『資本的財產，如果其中沒有包含間接的對於人間資料的暴力，那麼牠沒有任何實際的意義，而且不能增殖。這種暴力的產物，就是資本的利潤，所以利潤之大小，是依靠着這種暴力應用的範圍及強度來決定的；……資本的利潤是政治的及社會的制度，牠比競爭，具有更強大的作用。企業家在這方面以一個等級來行動，各企業家個別地維持自己的地位。在現在的經濟方式之下，一定的資本利潤的高度，是必需的事物』。

可惜，直到現在，我們還不知道互相競爭的企業家，怎樣能夠長期地把勞働的產品，按照超出自然生產費的價格出賣。杜林先生決不能這樣輕蔑聽衆，欲以空話來滿足聽衆，說資本利潤，超越競爭之上，正好像從前說普魯士王超越法律之上一樣。普魯士王用以得這種地位的方法，我們是知道的；資本利潤可以用來使自己比競爭更爲有力的那種方法，正應請杜林先生說明給我們聽。可是他却執拗地拒絕說明。據他的話，企業家在這場合上以一個等級來行動，而且個別企業家各維持自己地位。但事情並不因此而有所變更。我們並不是一定要相信他的話，說，一定數量的人，祇要以一個等級形式，來團結地行動，就足使每人維持自己的地位？大家都知道，中世紀的行東及一七八九年時的法國貴族，堅決地以一個等級來行動，可是終究失敗了。普魯士軍隊在葉納河畔，也以一個等級的形式來行動，可是牠非但不能維持自己地位，而且反不能退却，以後甚至一部分一部分地投降。說，在現在的經濟方式之下，一定的資本利潤的高度，是必需的事，這個保證也不能滿我們；因爲這上面需要說明爲什麼是這樣的。杜林先生又告訴我們，『資本的支配，是和土地的支配密切相連地發展起來的。一部分農奴的農村工人，轉入城市，變成手工業工人，最後變成工廠的材料。在地租之後，形成了資本的利潤，作爲財產租金的第二種形式』，這些話，也不能使我們更接近些目的。即使不管這個主張的歷史的錯誤，牠也不過是空口的主張，作者祇是重複地指出所要解釋所要證明的東西爲正確。所以我們祇能得出這樣的結論，即，杜林先生不能答覆他自己所提出來的問題；相互競爭的企業家怎麼能夠經常地按照那超越自然生產費的價格出賣勞働的產品，換句話說，他不能夠說明利潤的產生。他不能用別的方法，祇能簡單地頒佈命令：

資本的利潤，是暴力的產品，這是和杜林式社會憲法的第二條完全相合的，因第二條說：由暴力來分配。這自然是說得很漂亮的　可是現在『發生問題』：暴力來分配，——分配什麼呢？因爲在面前，應該有東西來分配，不然，就是最強大的暴力，也總是無能爲力。互相競爭的企業家裝入自己荷包中的利潤，是非常顯然及確實的。暴力可以奪取牠，可是不能創造牠。如果杜林先生執拗地拒絕給我們說明，暴力怎樣獲得企業的利潤；那麼他對於暴力從何處獲得這種利潤的問題，更是保守死一樣的靜默。像俗語所說，什麼地方，要是一無所有，那麼皇帝以及一切暴力，都喪失自己的權利。從無有之中，不能產出什麼東西來，（即巧婦不能作無米之炊的意思——譯者），利潤更是如此。如果資本的財產，在其中沒有包含間接的對於人間資料的暴力，那麼牠是沒有任何實際的意義，而且不能增殖；這樣，又發生問題：第一、資本怎樣獲得這種暴力，——這一問題，是絕不能爲上述二三個歷史的主張所解決的——；第二，這種暴力，怎樣轉爲資本的繁殖轉爲利潤；第三、暴力從什麼地方取得這種利潤。

我們無論從那方面去考究杜林的政治經濟學，我們總是不能前進一步。對於牠（杜林的政治經濟學」所不喜的事情，如利潤，地租，飢餓的工資，對於工人的壓迫等等，牠祇有一個字來說明：暴力，再是暴力；而杜林的「更強烈的憤怒」，也祇是歸結爲一種反對暴力的憤怒。我們已經看到，第一，這種暴力的藉口，是偷懶的躲避，是從經濟領域跳到政治領域的藉口，牠絕不能解釋一件經濟的事實；第二，牠使暴力本身的產生，無從說明；此中用意是很深的，因爲不然，他就不能不得出這樣結論，即，任何社會權力，任何政治暴力，都發源於經濟的條件，發源於歷史上某個社會的生產方法與交換方法。

無論如何，再試一下，能否從這位頑強的政治經濟學的「深刻發創者」，得出其他關於利潤的說明。或許當我們更切近地去看他關於工資的議論之時，我們能夠做到這點。在一五八頁 這樣說道：

「工資是維持勞働力的僱用的代價，在這裏研究之時，首先祇應該把牠當作資本利潤及地租的基礎。爲要完全明白地說明這上面所產生的關係，應該在歷史上，首先不顧工資，即是說，以奴隸制及農奴制爲根據，來研究地租以及資本的利潤……。所應該維

持的　是奴隸或農奴　或是雇傭勞働者——這祇是形成生產費的賦課方法的不同。在所有這些場合上，因利用勞働力而得的純收入，是雇主的收入……由此可以明白地看到，……一方面有某種財產的租金，他方面有無產者的雇傭勞働，這兩方面的主要的對立，決不能祇從一方面去找，而必然地應該同時從兩方面去找』。我們在一八八頁又看到，財產的租金，是地租　資本利潤的共通的表現，更後，在一七四頁上說道：『資本利潤上的特徵，是勞働力產品的主要部分的佔有。假使沒有資本的相關物，即沒有直接的間接的在某種形式之下受人支配的勞働，那麼就不能思考到資本的利潤』。在一八三頁上又說道：『在一切情形之下，工資祇是一般的保證勞働者維持自己及繁殖之可能的一般付款』。最後在一九五頁上說道：『歸於財產租金的東西，應該是工資的損失，反之，從一般工作能力（！）中給與勞働的一部分，應該從財產的收入上去獲得』。

杜林先生給與我們的妙語，真是玲瓏滿目。在價值論以至競爭論以後的各章裏，即是說，從第一頁到一五五頁，商品價格或價值，分成：第一、自然生產費或生產價值，即是原料、勞働工具及工資的費用，第二，增添之價，或分配價值，這是。獨佔階級手握利劍所強制奪得的課稅，這種增添之價，像我們在上面所看到的，絲毫不能在財富分配上引起什麼變更，因為一手奪得，他一手不得不歸還；而且就杜林先生關於牠的起源及內容所說的話而言，這種增添之價，是從無有中產生，因之其本身也就是無有。在以後論述收入種類的兩章，就是說從一五六頁到二一七頁，關於增添之價，已經一字不提了。這裏說法已經不同，每個勞働產品的價值，卽是每個商品的價值，分成兩部分：第一，生產費，其中也包含所付的工資，第二，『因利用勞働而得的純收入』，牠是雇主的收入。這種純收入，具有一定的面貌　而是任何文飾及人工的塗抹所不遮掩的。『為完全明白這裏所有的關係起見』，讓讀者把上面從杜林先生著作中所摘下來的地方，與以前從馬克思書上所摘下來的關於剩餘勞働，剩餘產品及剩餘價值等段相比較，讀者就可以看到，杜林祇是按照自己格式簡直地抄襲馬克思的『資本論』。

杜林先生承認，任何形式的剩餘勞働，無論是奴隸勞働，農奴勞働，或雇傭勞働，都是從來一切統治階級的收入的來源；這是從多次摘引過的「資本論」的二七七頁上，剽竊來的，在資本論上說：『資本並沒有發現剩餘勞働』等等。——造成「雇主所得」的『純收入』，這不是勞働產品超越工資之上的剩餘，還是什麼呢？這種工資，不管杜林先生怎樣空費手脚地把牠改爲『雇傭的代價』，還是一般地應該維持勞働者的生活及其繁殖的可能。像馬克思所說，資本家從勞働者身上所吸取的勞働，比較被勞働者消費的生產品之生產所必需的勞働爲多；資本家強制勞働者所做的工作，比較補償工人所得的工資所需要的爲多．除了馬克思所說的這種方法之外，還有什麼方法能够佔有『勞働力產品的主要部分』呢？所以勞働時間的延長超越了勞働者生活資料的再生產所必需的勞働時間，這種勞働時間或馬克思所說的剩餘勞働，正是隱藏於杜林『勞働方法的利用』之下的東西。至於杜林所說的雇主的『純收入』，那麼牠不表現於馬克思的剩餘產品及剩餘價值的形式　還能表現於什麼形式上呢？除了不確切的表現以外，杜林的財產租金，還和馬克思的剩餘價值，有什麼區別呢？其實，財產租金（Besitzrente）的這個名詞，杜林也是從羅特盤多同（Rodbertus）那裏抄來的；羅氏以一般的「租金」一字，概括地租，及資本租金，即資本利潤，杜林祗要加上『財產』一字就够了（註）。

（註）其實，甚至這個字也沒有加上。在其『社會書札』第二函中（Soziale Briefe 2Brife 五九頁）羅特盤

多所說道，『根據這一（他的）理論，租金是那種不費自己勞動，完全依靠某種財產而獲得收入』，爲使別人對於剽竊的存在毫無懷疑的餘地起見，杜林先生以他固有的格式，來總結馬克思在『資本論』第十五章上（五三九及以後諸頁）所發揮的關於勞働力價格與剩餘價值量之變動的法則，并且說，財產租金所得之部，正是工資所失之部，反過來亦是如此，換句話說，杜林把內容豐富的馬克思的法則，歸爲內容空虛的同義的反覆，因爲顯然的，一個量分成兩部分，一部分增加時其他一部分自然不能不減少。這樣，杜林剽竊馬克思的思想，而採取這樣的形式，使馬克思的論述無疑地所特有的『嚴密原則意義的終極的與最嚴格的科學性』在這形式中，完全失去了。

這樣，我們不能不得出如下的結論：杜林先生在『批判史』上關於『資本論』所作的高聲的呼喊，特別是他對於上述剩餘價值研究上的有名問題（這問題還是不要提出的好；因杜林自己絕不能加以解答）所捲起的灰塵，都僅僅是一種軍事的狡計，狡滑的手段，用來想遮掩自己在『批判史』中對於馬克思的粗惡的剽竊。杜林先生真的有充分的理由，警告讀者不要研究『馬克思所稱爲「資本」的迷路』，不要研究歷史幻想及邏輯幻想的雜生物，不要研究黑格爾的混亂與模糊的觀念與遁辭等等。這位忠實的愛卡兒(Eckart)警戒德國青年不要去接近美麗女神(Venus)，他自己却隱祕地把這女神從馬克思的領域引到自己的家裏來了。我們恭賀杜林先生利用馬克思的勞働力而獲得的這種純收入，恭賀他所添上的特殊光彩，因他以財產租金之名，併吞馬克思的剩餘價值，而給牠以錯誤的執拗的敍述(在兩版上都是這樣地重複)，說馬克思在剩餘價值的名詞之下，是僅僅指點資本的利潤。

總結起來我們不能不以杜林先生自己的話，來形容他的功績：按照『杜林……先生的意見』，『工資祇是勞働者為使自身生存成為可能而真正工作的勞働時間之代價。為着這個目的，祇要比較小的時間數就夠了；整個往下延長的勞働日的其餘部分，產生剩餘，在這剩餘中包含着著者所稱呼的』……財產租金，『不管某個生產階段上包含於勞働手段及原料中的勞働時間多少，上述勞働日中之剩餘，就形成資本主義企業家之所得。所以勞動日的延長，純然是資本家所得的搾取的利益』。『杜林先生在描寫搾取事業上懷抱的深刻的痛恨，是很易了解的』……可是不容易了解，『杜林先生怎樣還能有「更強烈的憤怒」？

九　經濟的自然法則　地租

直到現在，我們用盡心力，總不能發見，怎麼樣杜林先生能够在經濟領域上『有這樣野心，想建立一種不但滿足時代的而且成爲時代準的之新體系』。可是，或許我們在暴力論、價値及資本的理論等等裏面所找不到的東西，可以在杜林先生所提出來的『國民經濟的自然法則』中，突然顯豁地呈現於我們的眼前。因爲，好像他以其常有的新奇與尖銳的思想所說的那樣：『最高科學性的勝利，在於經過那種好像處於靜態中的單純記述與分類，而到達那輝照着創造力的生動的觀念。法則的認識，是最完全的認識，因爲牠指示我們，一個過程，怎樣被別個過程所規定』。

一切經濟的第一自然法則，已爲杜林先生所發見。亞丹斯密『顯然地不但沒有把一切經濟發展的最主要的因素，提到第一位，而且甚至沒有特別把牠規定起來，這樣他就無意識地使那種影響近代歐洲發展的力量，降處次要的地位』。這個『應處第一位的基本法則，是技術武裝的法則，甚至可以說是人的自然經濟力的武裝之法則』。杜林先生所發見的這個基本法則如下：

第一條法則：『經濟手段，自然財富及人力的生產力，因發見與發明而提高』。

我們爲之一驚，杜林先生對付我們，正好像莫利愛（moliere）小說上的著名笑話家對付新見世面的貴族一樣，他把自己一生全部經歷的散文，當作珍聞，告訴貴族，而沒有被他所識破。發明及發見，常時增加勞働生產力（在許多場合上，也不能這樣的說，各商標登記局內的巨量廢紙的堆積，可以作爲證明）這我們早已知道了；至於這一尋常已極的平凡事實，竟是全部經濟學的法則，那麼這一宣言，是應該歸功於杜林先生的。如果經濟學上以及哲學上的『最高科學性的勝利』是在於把響亮的名稱，給於隨意遇到的平凡　實，而把牠吹噓成自然的或甚至基本的法則，那麼科學上『更深刻基礎的奠定』及變革，眞的是任何人都能够擔負的了，甚至伯林的『國民新聞』的編輯者，也能把牠負擔起來了。在這樣的場合上，我們不得不『以整個的嚴重態度』，把杜林先生對於柏拉圖的判斷，用於杜林先生自己的身上：『如果這樣的東西，應該被看作政治經濟的智慧』，那麼批判的基本智識之『作者，應和任何一般地有過思考的人，同具這樣的智慧』，或是和那些隨口說出『顯然易見之事』的人，同具這樣的智慧。如果，我們說：動物吃東西，那麼我們就不自覺地說了偉大的話；因爲祇要說一切動物生活的基本法則，是在於吃東西，我們就在動物學上完成了整個變革。

第二條法則。分工：『職業部門的分歧及活動的分化，提高勞働生產力』。即使這是正當的話，那麼牠自亞丹斯密以來，也已成爲衆所共知之事了；至於這句話正當到如何程度，那麼我們在第三編中再來說明。

第三條法則。『距離之遠近及運輸，是阻害或促進生產力共同行動的主要原因』。

第四條法則。『工業國家，比較農業國家，具有更大的人口的容量』。

第五條法則。『在經濟上，任何事情，沒有物質利益，是不能完成的』。

這些就是杜林先生用以建立新經濟學自然法則。他還是忠於他在哲學上所敍述的方法。流行於市而且措辭錯誤的兩三件最平凡的事實，算是在經濟學上不需證明的公理，基本的命題，自然的法則。更後，在闡發這些法則內容——實際上這些法則是毫無內容的——的口實之下，杜林先生給與讀者以刺耳不絕的關於各種題目的經濟的胡說，這些題目的名稱，在上述所謂法則中已經說到，就是關於發明，分工，交通工具，人口，利益，競爭等等。在這種胡言的枯燥的平庸性中，調上神咒似的大言之滋味，而且有些地方，更加上歪曲的一般的見解或裝腔作勢的細小煩瑣的詭辯。祇在這樣以後，我們才算最後到達地租，資本利潤及工資等等，因爲在上面我們祇說到後兩種佔有形式，所以這裏在結束之時，我們要簡短地研究杜林先生對於地租的意見。

在這上面，我們不管杜林先生從他的先驅者凱雷所剽竊下來的各點；我們現在並不是論述凱雷，我們的任務，也不是在於爲李卡圖對於地租的見解辯護，去反對這位經濟學者（即凱雷）的曲解與胡說。我們祇是論述杜林，杜林對於地租，下了這樣的定義：地租是『土地所有者自身從土地上所得的收入』。杜林先生僅僅是把他所應該解釋的地租的經濟概念，翻譯成法律文句，這樣我們在經濟問題上，就絲毫沒有前進一步。因爲如此，所以我們的深刻的肇創者，無論願意不願意，不得不作更進一步的說明。他把一定土地之租與農業經營者，與一定資本之貸與企業家相比較，可是他自己很快的就發見，這個比較，和許多其他比較一樣，是有缺陷的。他說道：『如果我們想進一步試行這種比較，農業經營者在償付地租以後所餘的利潤，應該與借資經營事業的企業家在償付利息以後所餘的利潤相等。可是，通常都不把農業經營者的利潤看作主要的收入，不把地租看作剩餘……這種見解不同的證明，是下列的事實，即，在地租論中，沒有特別提出自己經營的場合；而且把佃金形式的地租與自己經營的土地所有者所得的地租二者之間的差別，看作不大重要。至少誰也沒有理由故意把自己經營所得的地租，分成這個樣子，使一部分代表土地的利息，而別一部分則代表企業家的剩餘利潤。不管農業經營者所用的資本如何，常人好似大抵把農業經營者的特殊利潤，看作工資。在這個問題上作堅決的斷語，是很危險的，因爲這問題一般地並沒有在這樣確定的形式提出來。無論何處，當我們遇到更大的經營之時，儘可以很容易地見到，我們決不能把農業經營者的特殊利潤，形容成工資的形式。事情是在於這種利潤，本身根據在農村勞働力的對立之上，祇有這種勞働力的剝削，使這種形式的收入，成爲可能。顯然的，在佃種者的手裏，留下一部分地租，因此，所有者自己經營之時所能獲得的完全地租，就減少了』，地租論是政治經濟學中特殊英國的部分，這是很顯然的，因爲祇在英國存在着那種使地租與利潤利息相分裂之生產方式，大家知道，在英國統治着大的土地所有及大規模的農業。土地所有者，以大耕地而且甚至極大耕地的形式，把自己土地，租與農業經營者(Farmer)耕種，農業經營者，具有充分的經營的資本，自己並不像農民那樣從事勞働，而祇是以資本主義企業家的資格，利用僱農及日傭者的勞働。所以在這裏，我們就看到資產階級社會的三個階級，以及各階級所固有的收入：土地所有者，獲得地租；資本家獲得利潤；最後，工人獲得工資。從來沒有一個英國經濟家，像杜林先生所想像的那樣，會把農業經營者的利潤，看作一種工資；他們把農業經營者的利潤，看作牠（利潤）無疑地顯然地特著地所代表的東西，即把牠看作資本的利潤，這在他們看來，更不是什麼冒險之事。說，農業經營者的利潤，究是什麼東西的問題，甚至沒有確定地提出來，這話簡直是可笑之至。在英國，這一問題，絕無提出之必要，因爲問題及答覆，已經早已具備於事實本身之中，而且自亞丹斯密以來，從沒有在這上面發生過什麼疑問。

杜林先生所謂自己經營的場合，或實際上現時在德意志大部分所採用的，土地所有者延請管理人來經營的場合，絕不能改變事實的本質。如果土地所有者應用自己資本，而以自己財力，來經營生產，那麼他除地租之外，還把資本利潤，裝入自己荷包中。這是顯然的。而且在近代的生產方式之下，當然是如此的。如果杜林先生確說，直到現在，誰也沒有理由來故意分割土地所有者自己經營生產所得的地租（應該說收入），那有這是完全不對的，最多這祇能證明他自己的無知。例如：

「勞働所得的收入，稱為工資；使用資本者所得的收入，稱為利潤……靠土地而得的收入，稱為地租，屬於土地所有者，……如果這三種不同形式的收入，為不同的人所得，那末這是很容易區分的；如果牠們為同一的人所得，那麼牠們常被混淆，至少在日常談話上是如此。在自己一部分土地上經營生產的土地所有者，除去經營的費用之後，獲得土地所有者的地租及租田人的利潤。可是，他總是慣把自己的收入，稱為利潤，因之就混淆地租及利潤，至少在日常談話上是如此。我們的北美及西印度的農業經營者，大部分是處在這種狀況之中的；他們大多數都是在自己所有的土地上經營生產，所以我們極少聽到什麼種植場地租，而祇聽到他所產生的利潤……自己親身耕種園地的園藝家，就一身同時佔有三種地位——土地所有者，租種者及工人。所以他的產品，應該償付他以第一人的地租，第二人的利潤及第三人的工資。可是所有這些，通常都被稱爲勞働的報酬；在這種場合上，地租及利潤，就和工資相混淆了」。

這一段，是從亞丹斯密『原富』一案第六章上摘下來的。所以，自己經營的場合，在百年以前，已經研究過，而使杜林先生這樣頭痛的疑慮與動搖，唯一的祇是他自己無知的結果。

最後，他以勇敢的步驟，來解脫困難的境遇，而說：租田人的利潤，根據於『農業勞働力的剝削，所以牠顯然是『地租的一部分』，那種本身應該完全裝入土地所有者荷包中的『完全地租，就被減去了』這一部分。因此，我們知道了兩件事情：第一，租田人『減少了』土地所有者的地租，所以杜林意見正和一般所取的主張相反，按照杜林先生意見，不是租田人把地租付給土地所有者，而是相反的，土地所有者把地租付給租田人——這確是『根本特殊的見解』；我們最後看到杜林先生怎樣了解地租；他所了解的地租，是：農業上剝削勞働力所得的全部剩餘產品。因爲除幾個俗流的經濟學者之外，在全部以前的政治經濟學內，這種剩餘產品，部分成地租及資本利潤，所以我們不能不斷言，杜 先生在地租上，也『不同意於一般通行的觀念』。

這樣，在杜林先先說來，地租及資本利潤二者的區別，祇是在于前者（地租）得自農業，而後者則得自工業或商業。到達這樣非批判的混亂的觀念方法，正是杜林先生的必然的命運。我們已經看到，他是從『正確的歷史見解』出發的，根據這一見解，對於土地的支配，完全建立於對人的支配之上。因此，土地爲某種不自由的勞働所耕種之時，土地所有者獲得了剩餘，這種剩餘就形成了地租，好像工業上雇傭勞働者的產品超越工資以上的剩餘，形成資本利潤一樣。『這樣，顯然地，在農業由某種隸屬的勞働力來經營的地方，地租總是隨時隨地大抵存在着的』。杜林先生把地租解釋成全部得自農業的剩餘產品，在這樣的解釋之下，攔住杜林先生去路的，一方面有英國農業經營者的利潤，他方面有上述生產品中地租與租田人利潤的區分（這是從英國農業經營者的利潤中引伸出來的，而爲整個古典派經濟學所承認），就是說，攔住去路的，有純粹的正確的地租觀念。杜林先生怎麼辦呢？他假裝絲毫不知道農業剩餘產品中租地人利潤與地租的區分，所以就是不知古典派經濟學中所通行的整個地租理論。他裝出一種樣子，好像租地人利潤究竟是什麼的問題，還沒有『這樣確定地』提出來，好像這上面的事情，是關于一種除假象及疑點以外毫無所知的，絲毫未經研究的對象。在不快的英國，農業上的剩餘產品，沒有任何理論學派的協助，而無情地分成地租及資本利潤之組成部分；杜林先生想脫離這個不快之地，而遁入他所深愛的，行施普魯士國法的區域；在這區域中，自己的經營，在完全氏族制的形式之下，盛行發展，『地主以自己土地上的收入為地租』，而士官先生們對于地租的見解，則具有野心，欲在科學上佔標準之地位，在這樣的區域裏，杜林先生還能希望用某種方法，通過自己關於地租及利潤的混亂的概念，甚至叫別人來相信他的最新發明，說，不是地租人把地租付與土地所有者，而是相反的，土地所有把地租付與租地人。

十　『批判史』論述

最後，我們更來看『政治經濟學批判史』，來看杜林先生所自稱為『空前僅見』的

『企業』。或許在這裏，我們最後遇到多次預約的終極的與最嚴格的科學性。

杜林生先常看重自己的發見，以爲『經濟學』是『極其近代的現象』(第十二頁)眞的，在馬克思的『資本論』上，我們看到『政治經濟學……以特殊的科學而言，是首先在手工工業時代出現的』，在他的『政治經濟學評判』一書的二十九頁上說：『古典派經濟學……在英國開始于配蒂(Petty)，在法國開始於蒲亞吉而盤爾(Boisguill-ebert)，而其完成則在英國爲李卡圖，在法國爲薛斯蒙第』。杜林先生也追蹤着這條預先指示的道路，可是在他看來，最高級的經濟學，祇在資產階級經濟學的古典時期終結而可憐的早產的資產階級經濟學者乘勢出現之時，方才開始。杜林先把自己和這些經濟學者相較，于是在其緒論之末，以充分的權利，唱着這樣得意的凱歌：『如果這一企業，按其外部的特點，及其重新改作的一半內容而言，是完全爲前人所未有，那麼按其內部批判的立脚點及其一般的觀點而言，牠更是我個人的私產』。(第九頁)。實際上，他儘可以從內部及外部的兩方面宣佈自己企業(工業上的表辭，應用得不壞)爲『唯一者及其財產』(『Einzige und sein Eigenthum』這是 Max Stirner 恃個人主義高調的著作）。

因爲歷史上所出現的經濟學，事實上正是資本主義生產時代的經濟之科學分析，所以，以前，例如古代社會的著作家之所以能夠應用同樣命題及方式，祇是因爲某種現象，如商品生產、貿易，生利的資本等等，是爲古代社會及近代社會所共通的。因希臘人偶然也涉獵於這一領域，所以他們也和在其他領域上一樣，表現出同樣的天才與創造力。他們的見解，成爲近代科學的歷史的出發點。現在我們且聽世界歷史上的杜林先生說些甚麼話：

『這樣關於古代的科學的經濟理論，我們本來（！）沒有什麼積極的東西可以報告，而完全非科學的中世紀，在這上面、更少有供獻（爲的是絲毫不必報告！。）可是自衒博本的手段……乃近世科學的通弊，所以爲引人注意起見，不得不舉出幾個例子』。以後杜林先生就舉出批判的例子，眞的，這批判就是連『表面上的科學性』也解除了。

亞歷斯多德說『每一貨物，有兩種用途：一種是物品本身所固有的，他一種則不是；例如草鞋可用來加於足上，也可以用來交換。這兩種都是草鞋的使用方法。因爲誰要以草鞋交換他所需的物品，例如貨幣或食物，他也就是以草鞋形式使用草鞋。但這不是草鞋的消費方法，因爲草鞋本來不是爲交換而存在的』，——這個意見，在杜林先生看來，『不但是說得汙腐，帶着學究意味』，而且在其中找得『使用價值與交換價值之區別』的人，還陷於滑稽的地位，而忘記『在最近的時期』，『在最進步的體系之範圍中』——自然在杜林先生體系之範圍中——使用價值及交換價值的問題，已經永遠結束了。

『在柏拉圖關於國家的著作中……也希冀發見經濟分工的近代的觀念』。這大概是說到『資本論』第十二章的第五節（德文本第三版第三六九頁），可是相反的在這節上却巧是證明，古代人對於分工的見解，是與近代處于『最嚴格的對立』之地位。——柏拉圖在當時以天才的見解，說明分工爲城市的（在那時希臘人看來，城市等于國家）自然的基礎，這種天才的說明，祇引起了杜林先生的高傲的侮蔑態度，此外再沒有什麼東西，牠之所以引起這樣態度，祇是因爲柏拉圖沒有提及，（杜林先生，希臘人克生諾風Xenophon早提及了！）『當時的市場範圍，爲進一步分化職業種類及技術上分解特殊作業所需的界限……對於這種界限的表象，正是一種認識，使觀念採取經濟學上重要眞理的意義，不然，這觀念便不配稱爲科學』。

可是杜林先生所這樣輕視的羅雪兒（oscher 1817—94）『教授』，却舉出了分工觀念所倚以變成『科學』的界限，所以直接宣佈亞丹斯密爲分工法則的肇創者。在商品生產爲主要生產方式的社會裏，『市場』——用杜林的話來說——總是『企業家中間』所熟知的界限。可是如果要了解，不是市場造成資本主義的分工，而是相反的，以前社會關係的崩壞及由此發生的分工，造成市場。要了解這點，需要比『智識及積習之本能』更多的東西（參照『資本論』第一卷，第二十四章，第五章：『產業資本的國內市場之形式』）。

『貨幣的作用，無論在什麼時候，總是經濟（！）思想的主要的刺激。可是亞歷斯多德在這上面知道些什麼呢？顯然的，祇知道，以貨幣爲媒介的交換，代替了原始的物品的交換，此外再沒有什麼了』。

可是，如果『某一』亞歷斯多德，還有這樣膽量，敢發現兩種不同的貨幣流通的形式，一種是貨幣操着簡單流通手段的作用，他一種是貨幣操着貨幣資本的作用，那麼在杜林先生說來，他祇是表現『道德的厭惡』。如果『某一』亞歷斯多德自信地出來分析貨幣的價值尺度的『作用』，而眞的正確地提出了這個對于貨幣論有這樣重要意義的問題，那麼『某一位』杜林先生對於這種不能允許的妄爲，就需要保持完全的沉默，自然，這是根據於有理由的祕密的動機的。

總結起來說：在杜林先生『注意力』的反映中，古代希臘，實際上祇是有『最尋常的觀念』（第二十三頁），如果這樣的『蠢思』，（二十九頁）還一般的和尋常的及非常的觀念有共通之點的話。

至於杜林先生關於重商主義的一章，那麼最好是讀『原本』，即讀李斯特 F. List, 1789—1846）的『國民制度』(Nationales System)，第二十章：『在該學派的文辭上誤稱爲重商制度之產業制度』。杜林先生怎樣能深思熟慮地在這裏避免任何『博學的外表』，這儘可以由下面的話表現出來。

李斯特在論述『意大利經濟學者』的第二十八章裏，這樣的說：『意大利在政治經濟的領域上　無論在理論上或實際應用上，都超過一切近代的國家』，再後更提到『意大利乃博爾人安東尼辟拉在一六一三年所作的關於怎樣供給王國以剩餘金銀的一書，是第一本特別關於政治經濟學的著作』。杜林先生骨直地採取此說，而把辟拉的『Breve trattato』一書，看作『晚近經濟學前史的入口之一種牌號』。事實上，他對於『Breve trattato』一書的觀察，祇限於這種『審美文的蠢思』。不幸，實際情形，却是不同：早在一六〇九年，即在『Breve trattato』出現前四年，已經發表了湯麥司孟（Thomas Mun 1571—1641）的『A Discourse of Trade etc,』（『英國與東印度間商業論叢』）。這個著作之所以一出版就有特別影響者，正是因爲牠是攻擊那時爲英國所擁護而通行於政治上的現金制度（Monetarsystem）牠代表着重商主義對於原來制度的自覺的自己的脫離。孟的著作在原來的形式下已經翻印了好幾版，而直接影響於立法。以後經著者完全改過而在其死後，一六六四年出版的著作，（題爲『對外貿易下之英國財政』）在百年內，總是成爲重商主義的福音書。如果說重商主義具有一部創立新紀元的著作，作爲『一種入口的牌號』，那麼這本書應該承認就是孟的著作，正是因爲如此，所以對於『用心觀察歷史等級』的杜林先生，牠是不存在的。

關於近代政治經濟學的創立者配蒂，杜林告訴我們說，他具有『充分輕卒的論斷』，更次，『對於概念的內部與更精密的區別，絕少感覺』，……『博學，所知極廣 但容易從一個題目，跳到別個題目，而並不徹底研究任何深刻的思想』……他『還是非常粗野地論述國民經濟』，而『進入幼稚思想，他的對照…… 儘可以娛樂認眞的思想家』。『深刻的思想家』杜林先生，竟會下顧而看到某某配蒂，在這場台上我們難道不是看到極高的謙虛態度！可是杜林先生怎樣看到他呢？

『勞働，甚至勞働時間，被當作價值的尺度，這在他的書上，祇遇到不清楚的暗示』配蒂關於勞動及勞動時間的論述，在杜林先生書上，祇這一句話，此外便別無所有。不明白的暗示！在其『賦稅及貢款論』(Treatise of taxes and Contributions，初版，一六六二年），配蒂給商品價值量，作了充分明白及正確的分析。他應用那種需要同量勞働來生產的貴重金屬與穀物之同等價值來說明，而說出關於貴重金屬價值的最初與最後的『理論』辭句。此外，配蒂更確定地以一般的形式說出商品價值由相等勞働（Equal labour）來測定的觀念。他把自己的發見，應用到各種問題，一部分非常複雜的問題之解決上，在有些地方，有些場合，並在不同著作上，他從這個主要的見解，作出重要的結論，甚至在他不直接重複之時，亦是如此。在他第一部著作上，他已說道：『我確定的說這點(即相等勞働之測定說)是價值比較的評價之基礎；可是我應該承認，在這個主張的上層構造及實際應用中，將遇到許多複雜及錯亂的事物』。這樣，配蒂已經感覺到他的發見的重要及其詳細應用之困難。爲要到達某些詳細的目的，他就試驗着別一條道路。應該在土地及勞働之間，找出自然的平衡關係，使其價值可以任意地表現於『其中之一，或更好地表現於二者之上』。這個迷惑，在本身看來確是天才的。

杜林先生關於配蒂的價值論，作了尖銳考察的註釋：『如果他自己更尖銳地考慮一下自己的思想，那麼我們或許就不會在他書上的其他地方，遇到前面已經說過的相反見解的痕跡』——其實，杜林先生在前面除『不明瞭的暗示』之外，並沒有說過什麼東西。這裏暴露了杜林先生所特有的手段，他『在前面』說了某種毫無內容的辭句，使『以後』可以告訴讀者，他已經『在前面』知道了事情的本質，其實在事實上，他在以前以後，都脫去了這種本質。

可是我們在亞丹斯密書上不但看到關於價值概念的『相反見解之痕跡』，不但看到兩種，而且看到四種關於價值的尖銳對立的見解，這些見解在他書上很便利地相互並存着。對於政治經濟學的肇創者，這是無足爲奇的，因爲他必然地要暗中摸索，舉行試驗，而和開始形成一定形式的觀念之混沌狀態爭鬥；可是對於那位批判地綜合一百五十年來研究的著作家，這却是非常奇怪的，因爲一百五十年來研究的結果已經部分地從書籍進於一般的常識中了。從大到小，我們在上面也已看到，杜林先生自己同樣提供我們以五種不同的價值，以及同量的相反的見解。自然，如果杜林自己『更尖銳地考慮一下自己的思想』，那麽他儘可以不必化費這種多的勞働，使讀者脫離完全明瞭的配蒂對於價值的見解，而轉陷於完全的混亂之中。

配蒂的充分完成與整齊的著作，是他的『Quantulumcunque Concerning Money』這書在其『Anatomy of England』一書出版後十年，即在一六八二年出版（後一本書，『首先』出版於一六七二年，而不是杜林先生從『通俗編纂教科書』所抄襲下來的一六九一年）。在其最後一部著作上，他的以前其他著作內所包含的重商主義見解的最後痕跡，也都消滅」。這在內容上及形式上說來，是一個小傑作；正是因爲如此，所以杜林先生甚至沒有一字一語來提及牠的標題。這也是當然的事，因爲佯擺場面的學校的庸夫俗子，對於大才的而且最天才的經濟研究家，祇能表示自己氣冲冲的不滿，祇能埋怨，爲什麼理論的閃光，不在他們之前傲慢地整批地發現出來，像早已備好的『公理』一樣，而祇是靠着『粗雜』的實際材料上，例如租稅問題上的探究，單獨地發表出來。

杜林先生於配蒂的純粹經濟的著作，既取這樣的態度；同時對於配蒂是一個與統計相對立的『政治算術』之創造者的這一事實，也採取同樣的態度，對於配蒂所用方法的奇特祇有作惡意的唾棄！如果我們記起甚至在百年之後在這一科學部門上爲拉武亞徐(Lavoisier)所採用的奇異方法，如果我們記起現在的統計，還是這樣遼遠地離開配蒂所提的目的，那麼這樣的自命不凡的驕傲，在二世紀後，就祇表現出牠的絲毫不能粉飾的愚昧了。

配蒂的最有意義的觀念——這在杜林先生的企業中，差不多是沒有提到的，——在杜林看來，祇不過是相互很少聯繫的思想，偶然的提示；祇在我們現時，人們方在書中斷章取義，賦與牠們以實際上全不相稱的意義，所以牠們（指這些思想）在眞正的經濟學史上，絲毫不起作用，而祇在杜林先生深入批判與『大規模歷史記述』水平之下的近代書籍中，起這樣的作用。杜林先生眼中好像是祇有盲目信從而不敢要求杜林先生證明自己主張的那種讀者羣衆。我們在講到洛克及諾爾斯時很快地還要回到這個問題上來，現在我們應該概略地說到蒲亞吉爾盤爾及勞（Law，1691—1727）。

至於蒲亞吉爾盤爾（以下簡稱蒲氏），那麼我們祇指出杜林先生的唯一的發見。杜林發見了以前所沒有指出的蒲氏與勞氏中間的聯繫。這種聯繫如下。蒲氏主張，在貨幣盡着商品流通中的正常的貨幣職能之條件下，貴重金屬，可以爲信用貨幣(Un morceau de papier，一片紙）所代替。相反的，勞氏以爲這些『紙片』數量的任何的增加，就是國富的增加。杜林先生從此得出結論，以爲『蒲氏的思想，已經包藏着重商主義之新形式』，換句話說包涵着勞氏。這話很顯著地證明如下：『祇要以一紙片』指示貴重金屬所應盡的作用；重商主義的轉形．就立刻完盡了』。用同樣的方法，也可使叔父轉形爲叔母。是的，杜林以鎭靜的態度附加說道．『蒲氏並沒有這樣的意思』。可是，怎麼樣僅僅因爲他主張貴重金屬在這作用上可以爲紙片所代替，而就具有這樣的意思，欲以重商主義者的迷信的見解，來代替自己對於貴重金屬貨幣作用之合理見解呢？可是，杜林先生以其滑稽的嚴重態度，這樣的繼續說道：可是應該承認，我們的著者（蒲氏）在有些地方，實在發表了眞正剴切的說明』。

關於勞氏，杜林先生祇能說出這樣眞正剴切的說明：『顯然的，勞氏也不能拋棄上述的根據，（即『貴重金屬的基礎』），可是他使紙幣的發行。達於極度，就是說達到整個制度的崩毀』（第九十四頁）。實際上，紙幣的胡蝶——簡單的貨幣表誌——之所以飛到人間，不是爲着拋棄貴重金屬的基礎，而是爲着把這些貴重金屬品，從民衆的錢袋，裝入空虛的國家的庫藏。

再回到配第以及杜林先生在政治經濟史上所劃給他的極少的作用；試聽杜林先生關於他的最近的後繼者，洛克（Locke 1932—1704）及諾爾斯（North, 1641—91）告訴我們些什麼。在一六九一的這一年，出版了洛克的『利息減低貨幣增高的考察』（『Consideration on Lowering of Interest and Raising of Money』）及諾爾斯的『貿易論』

(『Discourses on Trade』)。

『他(洛克)關於利息及金錢所作之書，不能脫離重商主義統治時代國家生活上的事變所常有的考察之範圍』(第六十四頁)。現在這個『報告』的讀者，就應該完全明瞭為什麼洛克的『利息的降低』一書，在十八世紀後半期，對於法，意的經濟思想，在多方面上，發生這樣的影響。

『關於利率自由的問題，許多實業家抱着同樣的(與洛克同樣的 意見，關係的發展，本身帶着這樣的傾向，使人把利息的限制，看作實際上並非現實的辦法。當某位諾爾斯能夠以自由貿易的傾向著述『貿易論』之時，在空氣中，一定已經存在着許多理由使反對限制利息的理論，不至成為曠古未有的奇聞』(第六四頁)。

這樣，洛克為要發表利息自由的理論及不作曠古奇聞起見，祇要考慮同時代的某位『實業家』的思想，或攫住『散處空氣中』的許多傳聞就夠了！實際上在一六六二年時配蒂已在『Treatise on Taxes and Contributions』把『我們所稱為高利貸的貨幣租金』(Rent of money which we call usury)之利息，與土地及房屋的租金(Rent of land

and houses）相對提，而向那些欲以立法手段壓低貨幣租金（自然不是地租）的大地主，解釋頒佈違反自然法的人為法之徒勞無益（The vanity and fruitfulness of making civil positive law against the law of nature)。在其『Quantulumcunque』（一六八二年）一書中，更宣佈法律對於利息的限制，和貴重金屬輸出或支票價格之調劑一樣，同是蠢事。在同一著作上，他還敍述了對於貨幣增漲（例如，企圖欲令半先令具一先令之名，欲從一翁司銀子鑄造兩倍多的先令等等）永具標準意義的意見。

在這個最後的一點上 洛克與諾爾斯差不多祇是照抄配第。至於利息，那麼洛克贊成配第把資本利息與地租相並而舉的主張。而諾爾斯則更進一步把資本的利金，即利息，與地租相對立，把資本家（Stock lorde）與地主（Landlords）相對立。同時，洛克有限制地接受配第所要求的利息自由 而諾爾斯則無條件地加以接受。

當杜林先生——他自己祇是『更加微妙』意味的重商主義者 說明諾爾斯的『貿易論』是帶着『自由的貿易的方向』之時，杜林先生真是趾高氣揚。這正是等於某人在講到赫爾凡（Harvey, 1578—1657，生理學者，首倡血脈循環論）時，說他是遵循血液循環論的『方向』而著作一樣。不管其書的其他功績如何，諾爾斯的這一本書，總是古典的，一貫論述的，關於國內外自由貿易之理論的分析著作，這在一六九一年時，確是『曠古未聞』之事！

更後，杜林先生告訴我們，諾爾斯是一個商人，而且一個極壞的小人，他的著作『沒有博得人的贊許』。眞的，在英國那時保護關稅佔着最終勝利的時代，這樣的著作，難道還能得煊赫一時的混蛋們之贊許！可是這並不妨礙這部書立刻發生理論上的影響，這影響，在牠以後所出版的以及一部分在十世紀所出版大的經濟著作上，都可以看到。

在洛克及諾爾斯的例子上，我們以確信，配帝在差不多一切政治經濟學的領域上所作的最初的勇敢試驗，以後怎樣爲他的英國的後繼者所領會，而作進一步的研究。從一六九一到一七五二年間的這一過程的痕跡，就是對於最浮面的觀察者，也是顯然在目，因爲這個時期中比較重要些的經濟學著作，無論贊成與反對，都是從配帝出發的，這就是爲什麼這個富於獨創頭腦的時期，是研究政治經濟學漸次發生的最重要的時期。馬克思的『資本論』，這樣重視配帝以及這時代的其他作家，使在『大規模的歷史記述』看來，這簡直是不可饒恕的大罪。『大規模的歷史記述』簡單地祇是把他們拋出於歷史之外。從洛克，諾爾斯，蒲亞吉爾盤爾及勞　牠（即杜林的大規模的歷史記述）直接跳到重農學派。更後在經濟學眞正大殿的入口，出現了但維特休謨（D vid Hume, 1711—76）．我們獲得杜林先生的許可，來恢復年代的順序，所以把休謨置於重農學派之前。

休謨的經濟學論集，出版於一七五二年『在有關係的各篇論文『貨幣論』，『貿易均衡論』『商業論』等裏面，休謨都是一步一步地，有時甚至在極其離奇的各方面，都是追步范台令特(J rob Vanderlint)的『金錢答覆萬事』(『Moneyanswers all things』1734年倫敦）一書之後塵。無論杜林先生怎樣不認識范台令特，可是在十八世紀末的經濟著作上，也就是說在亞丹斯密以後的時代，還都是充分地顧慮及他的。

像范台令特一樣，休謨也把貨幣看成簡單的價值表誌，他差不多是按字照抄范台令特（這個情形，是很重要的，因爲以貨幣爲價值表誌的理論，他還可以從別人書上去抄襲），所以貿易平衡，決不能不變地有損或有利於某國；他和范台令特一樣，也提出貿易差額平衡的學說，這種平衡是按着個別國家的經濟狀況，而自然地決定的，像范台令特一樣，他也宣傳自由貿易說，不過比較的不勇敢及不徹底，和范台介特一起，他以更淺薄的形式，提出需要爲生產動力之作用；他跟着范台介特，錯誤地以爲銀行貨幣及國家有價證券，影響於商品的價格；他和范台介特一起，非難信用貨幣；和范台介特一樣，他以爲商品價格依靠於勞働價格，即依靠於工資：他甚至抄襲范台介特的這樣的奇特意見，以爲貨幣的貯藏，壓低商品的價格等等。

杜林先生早已隱秘地訴說，有些人對於休謨的價值論了解得不正確，他特別以威嚇的態度對付馬克思，誣他非法地在『資本論』中揭發休謨與范台介特，馬西(J. Massie)的秘密連繫，關於後者，在下再說。

關於這個不了解的問題，情形是這樣的。根據休謨實際的貨幣論，貨幣祇是價值的表誌，所以商品的價格，在一切相等的條件之下，是因流通貨幣量的增加而減底，因流動貨幣量的減少而增高，對於這個貨幣論，杜林先生無論如何努力，最多祇能重複——雖然帶着他所特有底的明白的敍述方法——他的先驅者的錯誤見解。可是休謨在提出上述理論之後，對自己提出這樣的異議（孟得斯鳩根據同樣前提，也作了這個異議）：「

毫無疑義地』，自從美洲的金銀礦發見以來，『在歐洲、除這些礦產的所有者以外，其他一切國民的產業都臻於興盛』，這種興盛的『一個原因，也就在於金銀數量的增加』。他解釋這個現象道，『雖然商品價格的騰貴，是金銀增加的必然的結果，可是這種騰貴，並不直接隨這種增加而起。而是需要一些時候，使貨幣可以流通全國，而對全體國民發生影響』。在這一中間的時期，牠們（指貨幣）對於工業及商業，發生良好的影響。在這個分析之末，休謨還給我們說明這種影響的原因，雖然他的說明，和許多他的先驅者及同時代人相較，更要偏面得多：『不難考察貨幣在全社會中的運動；那時我們看到，貨幣在未提高勞働價格以前，牠們是鼓舞每人的勤勉心的』。

換句話說：休謨在這裏是在描寫貴重金屬價值上變動的影響，即牠們價值低落的影響，亦即貴重金屬的價值量的變動的影響。他正確地發見，在商品價格的平衡漸次完成的狀況之下，這種價值（貴重金屬品價值）的下落，祇在後來才『提高勞働價值』，簡單的說，就是提高工資，所以牠首先祇是犧牲工人來增加商人及工業家的利潤（在他看來，這是當然之事），因此『鼓舞勤勉心』。可是，貴重金屬的供給的增加，在其價值不變的狀況之下，是否影響於商品的價格，而且這種影響怎樣實現，這一眞正科學的問題休謨甚至沒有提出來，他把任何『貴重金屬數量的增加』，與其價値的低落混爲一談。這樣，休謨所做的事，正是馬克思對他所寫的那個樣子（『政治經濟學批判』，一四一頁）。我們在下還要簡短地回到這點，可是首先來看休謨的『利息論』。

休謨直接反對洛克的論據，說利息不受現有貨幣量的調劑，而受利潤水平的調劑，這個論據以及他的關於決定利息高低之原因的說明——所有這些，儘可以在一七五〇年，卽在休謨論著發表前二年出版的一書中『An Essay on the Governing Causes of the Natural Rate of Interest wherein the Sentiments of Sir W Petty and Mr. Hocke, on the head is Concerned』（註）中，找到，不過其形式比較確切，比較不靈活罷了。這書的作者，是馬西，他是多方面的作者，頗爲人所傳誦，這點在那時英國的文獻上可以看到。亞丹斯密對於利息高度的說明，接近馬西，比較接近休謨爲甚。馬西和休謨二人，對於在他們學說中操這樣作用的『利潤』之性質，並不知道，而且絲毫沒有說到。

杜林先生教導我們道：『一般的講，在對於休謨的評價中，發見大部分是強烈的偏私意見，別人把他所完全不同意的觀念，加在他的頭上』。杜林先生自己正供給我們這種偏私意見的適當的證明。

例如，休謨的利息論，以下列的話開始：『任何國民的繁榮的最可靠的表誌，是利率的低下，這是完全正當的意見，雖然我以爲這種現象的原由，和普通所想的，有幾分不同』。這種劈頭一句，休謨就說低下的利率，是某一國民的繁榮之最可靠的表誌，這已是那時所熟知的見解了，眞的。這一『觀念』，自却埃爾特（Child 1630—99）以來，經過百年，已普遍傳佈開來。在杜林先生書上，我們相反的看到：『從休謨對於利率的見解中，主要的應該特別指出這一觀念，即利率是狀態，（什麼狀態）？的眞正的風雨表，而這表的低下正是某一國民的繁榮之差不多不會錯誤的表誌』（第一三〇頁）。這上面誰表示出偏私的意見呢？不是別人，正是杜林先生。

而且，我們的批判的歷史家（即杜林）看看休謨在發揮確當的觀念之後，『沒有把自己說明爲這種觀念的創造者』，於是表現了自己的幼稚的吃驚。對於杜林，大概是不會發生這樣的事情的。

我們已經看到，休謨把貴重金屬的任何數量上的增加，和引起牠們價值低落，引起牠們自身價值上的變動，即引起商品價值量的變動底那種增加，混爲一談。這種混淆，對於休謨，是不能免的，因爲他完全不知道貴重金屬作爲價值尺度的那種作用。他本來不知道價值的本身，所以也不知道上述的作用。價值一字，在他的論著中，不過用了一次；而且還用得不對，因爲在那地方，他想糾正洛克所說貴重金屬『祇有想像價值』的意見，而說牠們『主要的具有虛構的價值』，因之他自己也沒有說對。

他（休謨）在這個問題，不僅次於配蒂，而且還次於他許多的英國的同時代人。同時，他繼續唱着老調，尊重『商人』爲生產的主要發條，這個觀點，已早被配蒂所遺棄，所以在這上面，他也表現出一種『落後』。至於杜林所說休謨在其論著中，研究『主要的經濟關係』的這句話，那麼祇要和亞丹斯密所摘引的康替龍（Cantillon）的著作（這書和休謨的論著一樣，也出版於一七五二年，但那時作者是已經死去多年了）相較，就可以驚異於休謨經濟著作的範圍之窄狹。像上面所說的，不管杜林先生把休謨捧得怎樣，休謨在政治經濟學領域上，還是一位可敬的人物，可是在這裏，他不能被認爲是獨創的研究家，更不是什麽開闢新紀元的學者。他的經濟論文之所以能影響那時的有識階級，不但是因爲他採用了卓絕的說明方法，而且更多地還是因爲他的論著，是對於當時繁榮的工商業，換句話說，就是對於急速發展的資本主義社會之進步與樂觀的贊美，因之，他的論著自然應受資本主義社會的『贊許』。這裏祇要簡短的指示就够了。每人都知道，在休謨的時代，英國民衆怎樣痛恨間接稅的制度，這種制度，有計劃地爲著名的華而坡爾（Robert Walpole）所利用，來減輕土地所有者以及一般富人的負擔。可是我們在休謨的『租稅論』中可以看到他和自己的不變的保證人，范台令特——休謨沒有直接舉出他的名字來，他是猛烈的間接稅的反對者，最堅決的土地課稅的擁護者——辯駁道：『如果工人不能用勤勉節儉而不增加勞働價格之方法，來償付消費稅，那麽這消費品稅應該眞的是太重，或者管理得不當』。好像在這裏我們是聽到華爾坡爾本人的話，特別是把牠與『公債論』中的幾段相比較，在那裏，關於向公債所有者課稅的困難，這樣的說道：『他們收入的減少，卽使採取簡單的間接稅或關稅的外表，也是絲毫不能遮掩的』。

對於這個蘇格蘭人，再也不希望有別種態度，休謨對於資產階級收入的景仰，絕不是純粹柏拉圖式的。他出身貧窮，可是後來却到達年收千鎊的非常富足的地位，這一事實，因其不是關係於配蒂，所以杜林就以下述優美的詞句來描寫道：『他以少數資產爲根據，利用極好的私人經濟手段，因而達到這樣的地位，使他不必爲奉迎任何人而著作』。當杜林往後關於休謨這樣的說：『他從來沒有對於黨派，王侯或大學的勢力，作過絲毫的讓步』，那麼實際上雖然不知道，休謨是否與某某『佛格涅耳』有過文字上的共同事宜，可是我們知道，他實是維格黨 Whig，(自由黨的前身)寡頭統治的熱烈擁護者，他非常尊重『教會與國家』，因爲這些功勞，所以他開始得到巴黎大使館秘書的位置，再後。得到更重要的富足的內閣副書記官長的位置。老年的世羅賽耳(Schlosser 1776—1861，歷史家」這樣的寫道：『在政治方面，休謨總是守舊及嚴格君主主義志向的人。所以現存教會制度的擁護者，對待他決沒有像對待吉蓬(Gibbon) 那樣的嫉視』。『粗野』的平民的柯貝特(Cobett, 1762—1835) 說道：『這位自利主義的休謨，這位說謨的歷史家』，罵英國僧侶為不結婚的，無家庭的，乞物為生的坐食無事的動物『可是他自己從來沒有家庭，沒有妻子，自己是大而肥的小人，大部分靠國家財富來給養，而從來沒有作過眞正國家的事務』。在杜林書上，我們看到：『在人生的實際關係上，休謨在要點上，比較康德那樣的人，具有更多的特色』。

可是，為什麼杜林先生在『批評史』上供獻休謨以這樣優越的地位呢？簡單的祇是因為這個『審慎與嚴秘的思想家，正是代表着十八世紀的杜林。好像休謨出來證明『整個科學部門（經學）的創造，是更開明的哲學之事業』，同樣的，在先驅者休謨的存在中，也正包含着更好的擔保，使這科學部門，可以找得異常的人物，來作迅速的完成；這位人物，把僅是『比較光明的哲學』重新改造為絕對光明的現實哲學，他也和休謨一樣，把『狹義哲學的研究和經濟學的科學研究密切地聯繫起來……這現象直到現在，在德國是沒有先例的』。根據這些，我們看到，無論如何還是可敬的經濟學者休謨，被吹噓成第一等的經濟明星；祇有直到現在如此執拗地埋沒『時代標準』的杜林先生著作之那種嫉妒，方才忽略這種第一等明星的意義。

——※ ※ ※ ※ ※——

大家知道，重農學派留給我們以凱納（Quesnay，1694—1774）的『經濟表』（Tableau économique）之謎，直到現在，政治經濟的批評家與歷史家，總是苦思焦慮，而不得其果。這個表，本來應該是一目瞭然地說明重農派對於一國全部財富的生產與流通之見解，可是這表還始終是後世經濟學界所不解的黑漆一團。杜林先生應該在這裏給我們以決然的光明。他說道：要決定生產關係與分配關係的經濟的模寫，對於凱納本人，是有怎樣的意義，那麼祇有『預先正確地研究他所特有的傾導的概念』。這種預先研究之所以更形需要者，還是因爲直到現在對於這些概念，總是以『動搖的不確定』態度來說明，甚至在亞丹斯密書上，也『不能認識牠們本質的特徵』。杜林先生現在永遠結束了這種傳統的『輕率的報告』。可是他在整整的五頁上，總是揶揄着讀者——在這五頁上作了無數誇大的言辭，不絕的重復，故意的混亂，爲的是要遮掩這種不快的事實，即杜林先生，也並不能比較他所不絕警告讀者的那些『通俗教科書』，更多地告訴我們以凱納的『傾導觀念』。這個引論上的『一個特別可疑之點』，是在於現在祇知其名的表，在這裏不過輕易地被作者所嗅到，以後作者就迷於任何『考察』，如『費用與結果之區別』的考察等等之中了。雖然這種結果，不能在『凱納的觀念中，找得完成的形式』，可是杜林先生在從冗長的書前的『費用』進到非常簡短的『結果』，即進到表的本身的解釋之時，却給我們以這種結果的極好的例子。現在我們摘了杜林先生關於凱納的表所以為應該告訴我們的一切，而且簡直是所有的一切。

關於『費用』，杜林先生說道：『他（凱納）以　當然地應把產品（杜林先生在這裏是說純粹產品）看作貨幣價值，而且把牠當作貨幣價值……他立刻把自己的『考慮』和貨幣價值相聯，這些貨幣價值，是要求以一切農產品脫離原主之手的出賣，為其前提的。用着這種方法，他就在經濟表的項目上，利用數十萬萬的數字』（貨幣價值）。這樣，我們三次地知道：凱納在其表中，利用農產品的貨幣價值，其中還包含『純粹生產品』的貨幣價值。往後，我們在本文上更讀到：『如果凱納採取用眞正自然的觀察方法，而不僅放棄貴重金屬及貨幣量，幷且還放棄貨幣價值……實際上，他僅僅是在計算價值總和，而且一開頭就把純粹生產物，思考（！）為貨幣價值』。這樣，第四次第五次又聽到：在經濟表上祇舉出貨幣的價值！

『他（凱納）除去開支而得後者（即純粹生產品）他主要的是想着（！）』（雖然不是傳統的報告，也是輕率的報告）『以地租形式爲土地所有者所得的那種價值』。——一切還是絲毫沒有移動，可是以後立刻出現了：『可是他方面，純粹的產物，以自然物的資格，也進入於流通之中，而因此變成一種維持……所謂不生產階級……之要素。在這裏立刻（！）可以看到一種混亂，這是因爲在一個場合上思想進程爲貨幣價值所決定，在他一個場合上則爲事物本身所決定』。——一般的講，任何商品流通，似乎都犯着這樣的『混亂』，就是，商品在這流通中既是『自然物』，同時又是『貨幣價值』。可是我們還是迴轉於『貨幣價值』的周圍，因爲『凱納要避免國民經濟收入的雙重的計算』。

請杜林先生允許我們進一言：往下，在凱納經濟表的『分析』（Analyse）中，種種生產物，被當作『自然物』，而在上面，在表的本身內，則把牠們當作貨幣價值。凱納以後甚至委託他的助波渡（Abbe' Beaudeau）把自然物和貨幣價值，並列於表上。

在化了如此的費用之後，最後才來到『結果』。顫着吧，吃驚着吧：『我們祇要提出這樣的問題，即，在國民經濟的循環上，以地租形式而被佔有的純粹生產物究竟成何狀態？祇要提出這樣問題，前後之不接（關於凱納付與土地有者的作用），就立刻顯露出來了。這裏在重農派的見解與經濟表上，能有一種達於神祕主義的混亂與恣意』。

好結果，好東西。這樣，杜林先生不知道『在國民經濟的循環（經濟表所指示的）上，以地租形式而被佔有的純粹產品，究竟成何狀況？對於杜林，經濟表是一種『圓之求積法』（指不可能的意思）。根據他的自白，他是不懂重農學派主張的入門的。在經過所有這些熱粥似的爭論，經過一切空話，一切奇異的飛躍，狂言，插話，退讓，重複，混淆許多東西於一團，因之使人爲之頭昏腦漲，所有這些，好像祇是準備我們去到達大規模的說明，說明，『在凱納本人看來，經濟表究有何種意義』——在經過所有這些之後，杜林在結論上可恥地承認他自己也不知道！

他既然拋去這個痛苦的祕密，拋去他在散步於重農學派國家時坐在他後面的，霍拉帝司 Horatius，古詩人），式的，黑暗的煩惱，於是我們的這位『審愼與精密的思想家』又欣然地說道：『凱納在其充分簡單（！）的表上』（共有六個呵！）『所隨處應用的，並用以說明純粹產物的流通之曲線』，使我們有理由可以設想在『這些奇異的項目的彙集中』，是否包含着某種數學幻想；牠們表示出，好像凱納是從事於圓之求積法等等。因爲根據杜林的自白，這些線，無論怎樣簡單，還是爲他所不懂，所以他就以他的得意態度，加以疑難。現在他就可以安靜地結束這個不快的經濟表：『我們從這個引起特別懷疑的一方面，來研究這種純粹的產物』，等等。他自己不得不承認，他一絲一毫也不了解『經濟表』以及其中所舉的純粹產品所操之作用　杜林先生把自己這種不得已的承認，稱爲『純粹生產物的可疑的一方面』！這是何等放蕩的滑稽！

爲着要使我們讀者，不像這些從杜林的『第一手』去取得經濟智識的人們那樣，對於凱納的經濟表，陷於黑暗的無知起見，我們簡短作以下的敍述：

大家知道，重農學派把社會分成三個階級：（1）生產的，即眞正從事農業的企業者及農業工人的階級；他們之所以被稱爲生產階級，正是因爲他們的勞働，產生剩餘——地租。（2）佔有這種剩餘的階級，其中包含土地所有及其從屬者，諸侯以及一般的國家的官吏，最後還包含那些佔有什一稅的特殊性質的寺院。爲簡短起見，我們稱第一階級爲『農業經營者』，第二階級爲『土地所有者』。（3）產業的，或不生產的(Sterile)階級，他們之所以被稱爲不生產者，正是因爲從重農學派看來，他們在原料上（這原料是由生產階級供給的）所加上的價值等於他們所消費的物品（這物品也是由生產階級供給的）的價值。凱納經濟表的任務，即在說明：一國（事實就是法國）每年的全部產物，怎樣流通於這三個階級之間，怎樣牠用來進行每年的再生產。

經濟表的第一個前提是：租種制度以及大規模的農業——這些名詞，包含着凱納時代所用的意義——，普遍地被採用，而且牠們的模範地是諾曼弟，匹卡弟依爾台法蘭斯及幾個其他的法國省分。農業經營者，作爲事實上的農業領導者，他在經濟表上代表整個生產的（農業的）階級，付給土地所有者以貨幣的地租。全體農業經營者，算是具有一百萬萬里佛兒（法國古時貨幣名，約值銀一磅）的固定資本或總財產，在這中間，五分之一，即二十萬萬，是每年應該投下去的流通資本，這種計算也是根據上述諸州的耕種最好的農場。

更後，還有其他的前提：1.爲簡單起見，採用固定的價格，簡單的再生產；2.在同一階級中所發生的任何流通，都棄置不顧。所以祇顧到階級與階級之間的流通；3.在經營的年度內所完成的一切買賣，都合算成一個總數。最後應該顧到，當凱納那時，在法國而且多少的浸在全歐，農家自身的家庭生產，供給了極大部分非食物的需用品，所以在這裏，就看作是農業的當然附屬品了。

經濟表的出發點，是總的收穫，土地所產的總生產物，或一國（在這裏就是法國）『再生產的總額』，因此，這個總生產物，就列於表之上端。總生產物的價值，是根據於商業國家的土地生產物之平均價格來計算的。這價值等於五十萬萬里佛兒　在那時可能的統計之下，這個數目，差不多是表示法國全部農業產品的貨幣價值。正是這種情形，而不產別種情形，使凱納在其經濟表上採用『數萬萬的數目』，採用五萬萬，而不五個里佛兒土腦（Livres Tourvois十三世紀頃使用於法國的一種銀幣）。

價值五十萬萬的總生產物，全部處於生產階級的手中，就是處於農業經營者的手中．這些農業經營者每年化費二十萬萬流動資本（與一百萬萬總資本相通應的數目）來進行生產。爲補償流通資本以及爲維持直接從事農業的人們起見所需要的農產品，生活資料，原料等等，就以現物的形式，從總收獲中吸取出來，而用在新的農業生產之上。因爲這上面的前提，像上面所說的，是固定的價格及簡單的再生產，就是說採取一定的規模，所以總生產物中預先除去的一部分的貨幣價值，等於二十萬萬里佛兒。這一部分，就沒有進入於一般的流通之中，因爲像上面所說的，任何發生於每個特殊階級的範圍內而不發生於各階級相互間的流通，都被除於表外。

除補償流通資本的數目以外，在總生產中，還有三十萬萬的剩餘，其中二十萬萬是生活資料，十萬萬是原料。可是農業經營者應該付與土地所有者的數目，佔這個剩餘的三分之二，卽等於二十萬萬，爲何這二十萬萬採取『純粹生產物：純粹取入』的表題，那麼這點等一下子就可以看到。

這樣，農業的總的再生產，價值爲五十萬萬，其中進入一般流通中的數目，爲三十萬萬；可是除這個農業的『總再生產』以外，在經濟表上所形容的運動尚未開始以前，農業經營者手中，還握着二十萬萬現金的全國儲蓄金（Pecule）。這些儲蓄金的情形如下。

因爲經濟表的出發點，是總的收穫，所以後者也成爲經濟年度——例如一七五八年——的終點，在這點之後開始了新的經濟年度。在這個一七一九年的新經濟年度中，總生產物中預定進入流通的一部分，因個別的支付及買賣之助，分配於其他兩個階級之間。這些相互連續的，分散的，延長整年的運動，歸結成——這自然是無條件地爲經濟表所必需的——少數幾稱顯著的行爲，此種行爲，每次包含着整整的一年。這樣，在一七五八年之末，農業經營者階級在一七五七年時以地租形式付與土地有者的貨幣，又重新回到這個階級的手中了（至於怎樣進行，那末經濟表就加以說明），就是說二十萬萬的數目，又重新回來了，這樣，農業經營者階級又可以在一七五九年，利用這筆款子。因爲據凱納意見，這個數目，極大地超過一國（法國）全部流通所實際需要的數目，因爲支付都是經常地應用小量數目來反覆進行的，所以操於農業經濟者掌中的二十萬萬里佛兒，是國民中間流通貨幣的總額。

地租收受者的階級，土地所有者的階級，操着付款收受者的作用；這在現在，還偶然可以見到。按照凱納的前提，狹義的土地所有者，在二十萬萬的地租中，祇獲得七分之四，七分之二，歸於政府，七分之一，歸於什一稅的收取者。在凱納那個時代，教會是法國最大的土地所有者，此外，教會還從其他地產上徵取什一稅。

『不生產』階級在整年內所支付的流通資本，是價值十萬萬的原料，而且祇有原料，因爲工具機器等等，算作是這一階級本身的生產物。這些產物在這階級之產業經營中所操的各種作用，好像僅僅發生於這階級本身範圍之中的商品的流通及貨幣的流通一樣，並沒有怎樣爲經濟表所顧及。不生產階級把原料轉成製造品的勞働之報酬，是等於他們所得的生活資料的價值，這生活資料，一部分是直接從生產者階級獲得，一部分則間接地經過土地所有者而獲得。雖然不生產的階級，本身分成資本家及僱傭勞働者，可是根據凱納的根本思想，牠以整個階級而言，是受生產階級及土地所有者階級的給養的。工業的總生產，以及收獲後翌年分配的總流通，也綜合成一個總數。所以舉出這樣的前提：在表內所形容的運動之初，不生產階級的每年商品生產，完全處於牠自己的掌握之中；所以價值十萬萬的流通資本或原料，轉成價值二十萬萬的商品，在這中間，一半是這個改製時期中所需生活資料的價格。這上面或許可以提出這樣的異議：不生產階級自己不是也需要工業品來供給自己家的使用，如果牠的全部產品都經過流通，轉入其他兩階級，那麼自己所需的工業產品，在什麼地方呢？對於這個問題，我們得到如下的回答：不生產階級，不但自己消費自身產品的一部分，而且此外還盡可能地想保留更多的商品於自己的掌握中。所以他把投入流通中的商品，賣得比實際價值爲高，而且他也不可不這樣做，因爲我們計算這些商品，是根據他們生產的全部價值的。這種情形，並沒有在表上引起任何變更，因爲其他兩個階級，祇是根據全部生產的價值去取得這些製造品。

這樣，我們現在就知道在經濟表所述運動之前的三個不同階級的經濟地位。生產階級除以現物抵補自己流動資本之外，還擁有三十萬萬的總的農產物以及二十萬萬的貨幣。土地所有者階級最初具有向生產階級要求二十萬萬地租之權。不生產階級具有二十萬萬的工業品。僅僅進行於兩個階級間的流通，重農學派稱之爲不完全的流通，而進行於三個階級間的流通，則稱爲完全的流通。

現在轉述經濟表的本身。

第一（不完全的）流通　農民經營者付給土地所有者以二十萬萬里佛爾的貨幣，作爲歸於他們的地租；可是，反方面的報酬絲毫沒有。土地所有者在所得之中。用十萬萬去向農　經營者購買生活資料，所以農業經營者在付地租時所化費的貨幣，有一半又回到自己手中來了。

在其『經濟表分析』中，凱納對於獲得七分之二地租的國家，獲得七分之一地租的教會，已一字沒有提及，因爲上述二者的社會作用，是一般人所熟知的。至於狹義的土地所有者，那麽凱納說，他們的費用——其中包括他們傭人的支出——至少最大部分是不生產的費用，祇有用來『維持或改進他們田莊及提高他們農作』的很小的一部分，可以算是例外。可是根據『自然法』，國家及教會的本來職能。正是在於『顧慮很好的管理以及維持他們產業所需的費用』，或是像更往下所解釋的，是在于『土地的預支』（Avances f.ncieres），即是那些費用，用來準備土地，並供給農場以一切必需的東西，使農業經營者可以把他的全部資本，化在眞正耕種事業之上。

第二（完全的）流通　土地所有者以其手中所餘的十萬萬，來向不生產階級購買工業品，不生產階級，反過來用了這上面所得的十萬萬，來向農業經營者購買生活資料。

第三（不完全的）流通　農業經營者，又用十萬萬的貨幣向不生產階級購買工業品，其中極大的一部分，是農業用的工具，以及農業所必需的其他生產手段。不生產階級把同量的貨幣送還給農業經營者，購買價值十萬萬的原料以補償自己的流動資本。這樣，農業經營者用以付納地租的二十萬萬貨幣，又重新回到他們的手中來了，計算於是終結了。『在國民經濟的循環上，以地租形式而被佔有的純粹生產物，究竟成何狀態』？的大謎，於是亦得解決了。

所以在過程開始之時，生產階級手中，握有三十萬萬的剩餘。其中付與土地所有者作爲地租的祇有二十萬萬。餘下來的十萬萬，成爲農業經營者投於事業上的整個資本的利息，即一分（百分之十）的利息。這種利息，他們不是從流通上得來的——注意——，牠以現物形式，存在於他們的掌握中，他們祇是經過流通，把牠實現，用流通方法，把牠轉成同價值的工業品。

如果沒有利息，那麽農業的主要代表者即農業經營者，或許就不會把固定資本預支於農業上。從這個觀點看來，農業經營者對於這部分剩餘農產品的佔有，即利息的佔有，在重農學派看來，也和農業經營者的階級一樣，同是再生產的必要條件；因此，這個組成部分，不能歸屬于國民『純粹生產物』或『純粹收入』的範疇中，因爲『純粹生產物』或『純粹收入』之特徵，是在於牠可以不顧國民再生產的直接需要，而被消費。可是上述的十萬萬基金，根據凱納意見，大部分是被用來在一年中作必需的修繕，並作固定資本的部分的更新，再次，作爲災害的準備金，最後，在可能範圍內，用來增加原定資本及流動資本，以及改良土壤，擴充耕種。

整個的過程，無疑地是『很簡單的』，在流通中：農業經營者投入了二十萬萬的貨幣，來付納地租，此外更投入價值三十萬萬的產物，其中三分之二是生活資料，三分之一是原料；不生產階級投入了價值二十萬萬的工業品。在價值二十萬萬的生活資料中，一半爲土地所有者及其從屬者所消費，他一半爲不生產階級所消費，作爲他們勞働的報酬。價值十萬萬的原料，補償同一階級的流動資本。從進入流通中的二十萬萬的工業品中，一半爲土地所有者所得，他一半爲農業經營者所得，對於農業經營者，這一部分工業品，祇是他們固定資本的利息之轉變形式，此種利息是他們從農業再生產上所直接得來的。農業經營者用來付納地租而投入流通的貨幣，因他的產品之出賣，而重新回到他的手中；這樣，在下一個經濟年度，同樣的循環，又可以重新進行了。

現在讓讀者來讚嘆杜林先生如此無限地超越『傳統的，輕率的報告』之『眞正批判的』說明吧！他繼續五次地向我們神秘地提出懷疑，說凱納在其經濟表上，僅僅利用貨幣的價值——這更是一種錯誤——以後他終於到這樣的結論：祇要對他（指凱納）提出這樣的問題『在國民經濟的循環上以地租形式而被佔有的純粹生產物，竟究成何狀態』，那麼『在經濟表上，就祇能有達於神秘主義的混亂與恣意』，我們看到，這個經濟表，是非常簡單的，同樣對于當代是非常天才的，每年再生產過程的說明，指出這一過程，怎樣經過流通而實現，這個經濟表，對於純粹生產物在國民經濟循環中成何形態的問題，給了非常確定的答覆。這樣，『神秘主義』以及『混亂與恣意』，都純然是杜林先生所獨有的成績，而成爲他的重農學派研究的『最可疑的一方面』及唯一『純粹的生產物』。

杜林先生對於重農學派的歷史影響，也和對於他們的理論一樣，祇有非常拙劣的認識。他教導我們道：『至士耳哥（Turgot 1727—81）時，法國重農學派，在實際上及理論上都告終了』。至于密拉波——（Mirabeau, 1715—81）在其經濟觀上，實在是一個重農學派。他在一七八九年的立憲會議上當第一個經濟的權威者，這一立憲會議在其經濟的改良上把極大部分的重農學派的主張，從理論譯成實際，特別是對于土地所有者『不勞』而得的純粹生產物，即地租，徵收這樣的重稅——所有這些，在『這樣的人』，即杜林看來，是不存在的。

好像把一筆一揮，即從一六九一至一七五二年，把休謨的一切先驅者，盡形勾去，同樣的，再把筆一揮，更把居于休謨及亞丹斯密之間的斯蒂華特（Sir James Steuart 1712—80）也勾去了。他（斯蒂華特）的大著（註）無論其歷史意義如何，總是在長時期內充實了政治經濟的領域，關於這部著作，我們在杜林的企業內，絲毫沒有聽到一字。可是杜林先生却對斯蒂華特，痛罵了一頓，把他的辭典內的最惡毒的文句，都用了出來，而且說在亞丹斯密時，他是一位『大學教授』。可惜，這種責難，完全是捏造的。

實際上，斯蒂華特是蘇格蘭的地主，他因有參加雅可賓陰謀的嫌疑，被英所逐，因其長期居於大陸並遊歷各處，所以他更切近地認識了各國的經濟狀況。

（註）An Enquiry into the Principles of Political Economy (1767)

簡言之：根據『批判史』，一切以前經濟學者之所以具有價值，祇是在於他們或者是一種發端，用來準備杜林先生的更深刻的與標準的基礎，或者是一種無用之物，可爲杜林先生的特出見解所掃除。可是無論如何，在經濟學上還存在着一些英雄，他們不但形成『更深刻的基礎』之發端，而且還供給這樣的見解，使杜林先生的深刻基礎——像杜林先生在自然哲學中所說的那樣——可以不必加以『展開』，而祇要加以『作曲』。這樣的英雄，如：『無可比擬地卓越的大人物』李斯特，他爲着德國製造業者的利益，把費利（Ferrier）及他人的『更微妙的』的重商主義理論，吹成『激烈』的辭句，再次凱雷（Carey 1793—1817），他直直爽爽地以下述的辭句，暴露自己智識的本質：『李卡圖的體系是相互鬥爭的體系……牠是要釀成階級的敵視……他的著作，是欲以分割土地，戰爭及掠奪等等方法來獲得權力的政治煽動者之嚮導』；最後，在這些英雄中還有倫敦市（Ci'y）．及倫敦商業中心的孔子——麥克烈奧特（Mac Leod，1821—1902）：

所以，誰要是欲在現在或最近的將來，研究經濟學史，那麼他與其憑照杜林先生的『大規模歷史記述』，還不如閱讀通俗教科書的『淡水似的作品』，『平淡無味』『冗長稀薄』的東西，更爲有理些。

在我們分析杜林先生經濟學的『自編的體系』之後，得到些什麼最後的結果呢？結果祇是：在一切大言壯語及偉大預約之後，我們也像在哲學上一樣，受了欺騙；除了這個事實，此外便別無所有。價值論乃『經濟學體系的眞實性之試金石』，杜林卻把價值理解爲五種完全不同的直接互相衝突的東西，所以最多也是自己不知道自己究竟要的是什麼東西。這樣莊嚴地所宣告的『一切經濟的自然法則』，祇是人所周知的，而且常時理解得不正確的，最壞的一種平凡的見解。自編的體系對於經濟事實的唯一的解釋，是說：這些事實，乃『暴力』的結果，——這是數千年來一切國家的俗物在一切不幸之中用以自慰的話，在讀了這些以後，我們絲毫沒有比未讀之時，知道得更多一些。杜林先生不去研究暴力的起原及其作用，而叫我們感謝深恩，安於『暴力』二字，把牠當作一切經濟現象的終極原因及最後說明。他既對于資本主義的勞動剝削，不得不作更詳盡的說明，於是他開始把這回剝一般地形容為一個基于課稅及價格增加之上的事實，因此在這上面就完全竊取了普魯東的『預徵論』(Prélèvement) 以後就特別地用馬克思的剩餘勞動，剩餘產物及剩餘價值的理論來解釋這種剝削。這樣，他就以狡滑手段，完全地把兩個直接矛盾的觀念調和起來，而以同一精神，剽竊下來。好像在哲學上他對黑格爾作了極其粗惡的非難，但同時卻不絕利用黑格爾並且使之庸俗化；同樣的，在『批判史』上對於馬克思的無限的誹謗，他祇是為着要遮掩這種事實，即，在『政治經濟學講義』中關於資本與勞動問題的一切比較合理的東西，都祇是對于馬克思的惡化的剽竊。在『講義』中，以為『大土地所有者』發生於文明民族的歷史之初，而對於真正為全部歷史出發點的，氏族公社與鄉村公社的土地公有制，則一字不知——這種在我們時代差不多無與倫比的無知，還更為『批判史』上所自傲為『歷史眼光的普遍廣大』之無知所超過，這種歷史眼光的可驚的例子，我們已在上面，指示一二。一言以蔽之：在開始之時，化了不可一世的自傲，大吹大擂其法螺，爭奇奪勝的預約等等之巨大『費用』，而其『結果』則祇等于零。

第三編　社會主義

一　歷史

我們在上面引論裏（指反杜林論的哲學一部）已經看到，十八紀的法國哲學家，這些革命的準備者，怎樣求助於理性，把牠當作一切現狀的裁判者。他們要求建立理性的國家，理性的社會；對於一切與永久理性相反的東西，應該無情地加以毀滅。我們也已看到，這個永久的理性，實際上不是別的，正是當時中等市民的理想化的悟性，此種中等市民，那時正在完成他們向近代資產階級進化的過程。可是後來，當法國革命實現了這個理性的社會與理性的國家之時，這個新的制度，雖然比較舊制度合理些，但還是遠非絕對的合於理性。理性的國家完全破產了。盧騷的社會公約在恐怖的時代中實現了；

失望於自己政治能力的資產階級，爲解脫這個恐怖起見，開始求助於墮落的執政府，更務托庇於拿破崙的專制政治。發過誓的永久的和平，變成了無窮的掠奪的戰爭。理性的社會，也遭同一的命運。富人與窮人間的對立，不但沒有融化爲全社會的幸福，而且反因那種溝通貧富的行會制及其他特權的廢除，因那種減輕貧富對立的宗教慈善設施的廢止，而更加尖銳化起來。建築於資本主義基礎之上的產業的勃興，引起勞苦羣衆的貧困與窮乏，使其成爲一種社會生存的必需條件。犯罪之數，一年一的增加起來。以前白晝橫行的封建的罪行，雖沒有消滅，但變成次要的了；可是以前暗下偸做的資產階級的罪惡，現在却狂放其花了。商業日益更甚地採取了欺詐的性質。革命的箴言，「博愛」，實際上祇表現於競爭中的詭計與嫉視。賄賂代替了暴力的壓迫，金錢代替尖槍，成爲社會權力的主要來源。初夜權（即初夜享受女子之權），從封建的領主，轉於有錢的廠主。賣淫的廣佈，爲以前所未有。婚姻的本身，依然和以前一樣，是一種法律所承認的官廳所保護的賣淫形式，而且此外還有普遍的姦通事件來補充。總而言之，和法國啓蒙學派所作的華美的約言相較，『理性的勝利』所造成的社會及政治制度，祇是一幅引人深刻失望的諷刺畫。所缺少的。祇是寫定這種失望情形的人罷了；可是這種人，在新世紀來到時，也就出現了。在1802年，出版了聖西蒙『日內瓦書翰集』，在1808年出版了傅立葉的第一部著作，雖然他的理論的基礎，在1799年時是已經規定的了；在1800年一月一日，歐文接收了紐拉納爾克廠的管理。

當這時候，資本主義生產方式，以及與之相聯的資產階級與無產階級間的對立，還很少發展。剛在英國產生的大工業，在法國還完全不知道。可是，祇有大工業，會一方面發展牠所造成的各階級中間的矛盾，並且發展牠所造成的生產力及交換形式間的矛盾；他方面也祇有大工業，在這些偉大的生產力之中，發展着可以解決這些矛盾的手段。如果在1800年時，那種從新社會制度上產生出來的矛盾，還正在開始產生，那裏可以解決這個矛盾的手段。自然更說不上了。如果巴黎的無產羣衆，在恐怖時期暫時的獲取了統治權，那麼這祇表示在那時的條件之下，這種統治，是如何的不能保持。無產階級，這新的階級的幹部，還祇從無產羣衆中分離出來，牠還完全不能作獨立的政治行動；大家還祇把牠看作受苦的被壓迫等級，牠（指無產階級）既無力幫助自己，所以最多祇能從外方從上層來幫助牠。

這種歷史的情勢，對於社會主義的創造者，有決然的影響。不成熟的理論，正和不成熟的資本主義生產狀態，不成熟的階級情形相適應。解決社會問題的方法，既然還隱藏於不發達的經濟關係之中，所以他們就不能不從腦子裏想出這種方法來。社會祇表現出一些不幸狀態；明達的理性之任務，即在消除這種不幸狀態。應該發明一種新的更完美的社會制度，根據這種制度，利用宣傳的方法，從外面改善社會，而且在可能的時候，更以模範的經驗底例子，來引動這個社會。這樣的新社會制度，自然不得不陷於空想之中。牠們愈是規定得詳細，愈是墮於純粹的幻想。

我們明瞭這些以後，再沒有時間來詳述這個已屬過去的事實了。我們可以讓杜林那種小書販，去莊嚴地探尋這些現在已是愉快幻想的東西吧，讓他以自己警策的思維超越這些『狂想』來自誇吧。但我們却要享用最初社會主義者的天才思想與意識的閃光，這些閃光，在幻想的外殼之下，普遍地散佈於他們的著作之中，可是那些俗物（指杜林之流的人——譯者），却瞎着眼看不見。

聖西蒙在『日內瓦書翰集』裏，已經提出這樣的命題、就是『一切人都應該勞働』。在這部著作中，他已經明白的瞭解，恐佈統治的時期，是無產羣衆統治的時期：他向他們宣告道：『看呵，當你們同志統治法國之時，法國的情形怎樣呢？他們引起了饑荒』。可是把法國革命，看作貴族，資產階級與無產階級中間的階級鬥爭，這在1802年時，是極高的天才的發現。在1816年，聖西門宣佈政治是一種關於生產的科學，而預告政治將完全溶解爲經濟。這雖然祇是經濟情形乃政治組織之基礎的這種認識的萌芽，可是在這上面已經明白地表現出這樣的思想，卽政治上對於人的管理，應該轉成對於物品的管理以及對於生產過程的領導，這也就是指示了近來這樣喧囂地所提的『廢止國家』的思想。同樣的，聖西門在1814年當聯盟軍進入巴黎之時，甚至在1815年百日戰爭之時，堅持英法兩國必須聯合，更後。英法與德也必須聯合，他以爲這是歐洲順利發展與和平的唯一保障，在這點上，聖西門也是極遠地高出他的同時代的人。在1815年時，向法國人宣傳與滑鐵盧的戰勝者締結同盟——要做這件事，無論如何，比較對於德意志大學教授宣佈紙上的戰爭，需要更有的勇氣。

如果聖西門具有天才的淵博的見識，因而包含着以後社會主義者一切思想（雖非嚴格經濟的）底萌芽，那麼傅立葉却對那時的社會制度，作了眞正法國人的尖俏與深入的批判。傅立葉痛斥資產階級，其革命以前的傾心的預言者及其革命以後的利害相共的傳道師。他無情地揭穿資產階級的物質上精神上的悲慘情況，而把牠與以前啓蒙學派所作的美滿的約言相對照以前啓蒙學派以爲在這新社會中，完全統治着理性，以爲這個文明使一切人快樂；以爲人具無限完成的能力等；傅立葉更把這種悲慘現狀，與同時代的資產階級思想代表所作的燦爛的文飾相對照；他指示出最響亮的辭句，到處都與最可憐的實際情形相適應，他以諷刺的嘲笑，蔑視這些空洞的辭句。傅立葉不但是批評家，他的永遠樂觀的天性，使他成爲一個諷刺家，而且是古今最大諷刺家之一。他還同樣巧妙地滑稽地形容那時乘革命潮流的低落而勃興起來的欺詐底投機，形容那時統治於法國商業上的卑下的商人根性。他對於資產階級兩性關係以及資產階級社會中婦女地位的批評，更是尖刻，他正是首先發表這個思想，以爲在每個社會中，婦女所達到的解放程度，可以作爲全部解放的天然的測量器。可是最特出的，却還是他的社會史觀。他把從古到今的歷史，分作四個發展的階級：蒙昧時代野蠻時代，宗法時代，文明時代；最後的一個時代，正和現在的公民社會相吻合。他證明，『文明制度，使每個罪惡採取了複雜的，二義的，虛僞的形式，而在野蠻時代，則這種罪惡，是很簡單明瞭的』，他證明文明社會，是運行於『罪惡的循環』之中，運行於矛盾之中，牠（文明）自已永遠產生着新的矛盾，而沒有能力來把牠們戰勝，所以牠所達到的，總與牠所希望的相反，或是落在牠所希望的目的之外。所以我們看到，『在文明社會中，貧窮從過剩中產生出來』。因之我們可以看到，傅立葉也和他同時代的黑格耳一樣，巧妙地應用着辯證法。他利用着這種辯證法的藝術，反對那種『人有無限完成能力』的空話，而鄭重地指示出，任何歷史的階段，不但有牠的興盛時期，而且還有牠的衰落時期，他把這個觀點，更應用到全人類前途的觀察上。好像康德在自然科學中，發表了未來地球會趨毁滅的觀念一樣，傅立葉也在歷史觀中，引入未來人類會趨毁滅的觀念。

當法國爲革命的大風暴所狂吹的時候，在英國也發生了比較靜寧的，但同樣偉大的變革。蒸汽以及新的機器工具，把家庭工業轉變爲近代的大工業，變更資產階級社會的幾個基礎。在生產上，狂風暴雨的時期，代替了緩慢發展的家庭工業時期，社會日益迅速地分成大資本家及無產者的兩大營壘，在他們之中，已沒有以前那種安定的中等階級，而祇有一種動搖不定的手工業者與小商人的羣衆，這是全人口中最浮沉不定的一部分。新的生產方式，還在興盛的時期中；牠還是那時情形之下的正當的唯一可能的生產方式。可是這時候，牠已經產生了許多顯著的社會罪惡：人民遺棄故土，而羣集於大城市的貧民窟中；一切傳統的血繫，家長式的主從關係，家族關係，都崩毀了；可驚的過度的勞働，特別是婦女及兒童；突然進入完全新境遇中的勞働階級大衆的墜落。在這個時候，一個二十九歲的廠主，出來作改良家，他具有像兒童那樣絕頂單純的性格。同時却又是歷史上稀有的天賦的羣衆領導者。歐文領會了啟蒙學派唯物的學說，以爲人的性格，一方面是遺傳的本質之產物，他方面又是人的生活特別是其發展期間的環境之產物。與歐文具同樣身分的人，大多數都以爲產業革命祇是一種紛亂及混沌狀態，在這中間，祇配乘亂打刼迅速發財。可是歐文國之相反，他以爲這是一個很好的機會，可以用來實施他的得意的觀點，而在這個混沌現象中，造成某種秩序出來。在這方面，他在孟却斯德作五百人的工廠的經理時，已經得了一種很好的成績；從1800年至1829年，他以股東及經理負責人的資格，以同樣的精神領導蘇格蘭，紐拉納爾克地方的大紡織廠，他在那裏有更大的行動的自由，得了更大的成功，而使他聞名於全歐。這廠的人數逐漸增至二千五百人，在開始的時候他們是最龐雜的而且大部分甚爲墜落的分子，可是歐文在這些人的中間，却造成了一種模範的殖民地，在這裏面。狂飲，警察，刑事裁判官，訴訟，貧民的救助，慈善事業的需要，完全成爲不相識的東西了。歐文之所以能够達到這樣的地步，祇是在他使工人處於一種較合於人的境遇，特別是周詳地注意於青年的教育。他是兒童幼稚園的創造者，最初的幼稚園，就是在此地產生。從二歲起，小兒開始上學，兒童在幼稚園裏，感覺到這樣的快樂，使他們甚至不願回家。那時在他競爭者的工廠裏，工作時間，爲十三小時至十四小時，而在紐拉納爾克，則祇有十小時半。當紡織業的恐慌，使歐文不得不停止生產四個月之時，他繼續付休業的工人以全部的工資。可是，工廠的價值，却增加了一倍以上，而在結果之時，給工廠的所有者，以極大的利潤。

可是，歐文對於這些，還不自以爲滿足。在他的眼中，他給工人所造成的情形，還遠不是適合於人的。他自己說：『這些人祇是我的奴隸呵』，他使他們所處的較好條件，還絕對不夠使他們能夠合理地多方面地發展他們的性格與悟性，至於他們自由的人生的活動，那更是說不到了。『可是這二千五百人中間勞働的一部分，共同給社會所生產的眞正財富，等於半世紀前六十萬人所勉能生產的數量。我就質問自己，這二千五百人所消費的財富與這六十萬人所消費的財富二者中間的差數：到了什麼地方去了呢』？答覆自然是明白的。這個差數，就是用來支付工廠所有者的不變資本之五釐利息，而且此外，還有三十萬英鎊的贏餘。對於紐拉納爾克廠是這樣，對於英國其他工廠更是這樣了。『如果沒有這些機器所造成的新財富，那末以推翻拿破崙、保持社會貴族制度爲目的之戰爭，就決不能維持。可是這種新的力量，是由勞働階級創造的』。所以新力量的應用之成果，也應該屬於這個階級。新的偉大的生產力，直到現在，都是爲着使個人發財，爲着奴役羣衆；這種新生產力，在歐文眼中，正是改造社會的基礎，而應該作爲公共的財產，用來謀公共的利益。

這樣、由純粹事務的方法，商人打算的結果，產生了歐文式的共產主義。這樣的實際性，他到以後還一貫地保存着。在1821年時，歐文提議以組織共產主義殖民地的方法，來消滅愛爾蘭人的貧窮，他甚至作了詳細的帳單，說明這事所需的建設費多少，每年用費多少，預計的收入多少。同樣的，在他最後確定的未來的計劃上，技術細目的考察，包涵這樣豐富的實際智識，使誰個要是承認了歐文式改造社會的方法，那麼從實際家的眼光看來，對於他的建設的細目，就很少可以反對的地方。

進於共產主義的轉變，是歐文一生的轉點。當他是慈善家的時候，他贏得了財富，贊許，名譽與光榮。他曾是歐洲最聞名的人物。不但他的廠主的同伴們，而且政治家及君主，都同情地聽從他的說話。但是當他發表了共產主義的理論以後一切部變更了。在他看來，阻擋着改造社會的去路的，有最大的三種障礙物：私有財產，宗教，及近代婚姻形式。在攻擊這些制度之時，他明知道他要身受何種變故：對於全體上層社會的決裂，社會地位的喪失。但是他不能讓自己噤口不言，而不出來反對牠們；結果自然發生了他所預料的變故。他爲上層社會所驅逐，爲報章所抹殺，且因美洲共產公社經驗的失敗，而喪失了全部財產——他於是直接與工人爲伍，在他們中間還進行了三十年的宣傳。

英國的一切社會運動，在英國爲工人階級利益而實行的全部眞正的進步，都是與歐文的名字相聯的。在1819年，經過五年的努力之後，他終究使第一條限制廠中女工與童工的法律通過了。在全英各工會建立聯合的巨大工會組織的大會上，他做了主席。最後他還建立了好些組織，作爲完全進於共產主義社會制度的過渡階段，他一方面建立了合作社（生產及消費合作社）這些合作社從這時起，至少在實際上證明沒有商人和廠主。是完全可以過去的；他方面，他還組織了勞動交換所，即應用勞働的貨幣。以勞働時間爲貨幣單位來交換勞働產品的組織。這種勞働交換所，是一定要失敗的，可是牠完全預示了後來普魯東的交換銀行的觀念，他和普魯東不同之點，即在交換所的創始者（歐文），以爲交換所並不是解放社會一切罪惡的萬應藥，而祇是向更急進的社會改造走去的最初步驟而已。

這就是權威的杜林先生從他的『終極的最後眞理』之高臺上目空一切地向下蔑視着的那些人們；他倨傲地蔑視着，這種蔑視的例子，我們在引論中，已經說過了。在某種意義上講來，這種蔑視，也有牠的充分的根據：在實質上講，這種蔑視，是根據於可驚的對於這三個烏托邦主義者的著作的無知。譬如關於聖西門，在杜林先生的著作上，這樣說：『實在說來，他的根本思想，是正確的；如果略去一些偏狹的意見，那麽牠卽在現時也給實際的社會改良，以一種刺激』。雖然杜林生先好似眞的在手上握着聖西門的幾部著作　可是我們在他論述聖西門的二十七頁上，絲毫找不到聖西門的『主要思想』，好像以前我們不到凱納的經濟表『對於凱納本人的眞正意義』一樣；歸根到底，我們祇聽到了一句空話，說『想像及博愛的情緒……及其特別的幻想的誇張，支配着聖西門的全部觀念』！對於傅立葉，杜林祇知道並且祇注目於小說似的將來社會幻想的描寫，——在指示杜林先生無限地高出傅立葉之時，注目這種幻想自然比較研究傅立葉怎樣『附帶地想批評現實存在的社會』，『更是重要』。附帶地！其實在傅立葉的著作中，每頁都輝耀着諷刺與批判的火花，他對於世所謳歌的文明無情地肆行諷刺與批判。其實，這正好似說：杜林先生『附帶地』宣布杜林先生爲古今最偉大的思想家。至於論述歐文的十二頁，那麽杜林先生沒有別的參考材料，而祇有俗物薩爾干時（Sar a t）的可憐的傳記，這位先生，連他自己，也不知道歐文的最主要的著作，卽關於婚姻及共產制度的著作。祇是因為這樣，杜林先生方有這樣的膽量，敢說歐文不『主張堅決的共產主義』。無論如何，假使杜林先生手裏提着歐文『的新道德世界書』（The Book of the New Moral world），那麽他在這本書裏不僅可以看到最堅決的共產主義，主張一切人應該有平等的勞働的義務，有平等的獲得產品的權利——歐文在此總是附帶加以說明，按照年歲的平等——而且還可以看到詳細規劃的將來共產主義社會房屋的圖樣，有橫面圖，縱面圖及鳥瞰圖等等。可是如果按照杜林的例，去『直接研究社會主義思想代表的自身的著作』，即祇看題目，或最多祇看著作的題句，那末，自然祇有作出這樣荒謬的論斷，或直接編造謊語。歐文不但提倡『堅決的共產主義』，而且在五年之中：還在海姆拍夏的 Harmony Hall（意為和合地）殖民地上，實際地施行了共產主義，在堅決的程度上講來，這共產主義可說是無出其右者了。我個人知道幾位以前這個模範共產主義試驗的幾位參加人。可是關於這一切，關於 1836—1850 年間歐文的活動，薩爾干特絲毫不知道，所以杜林先生的『更深奧的歷史敍述』，在這個問題上，也陷於無智的黑暗之中。在論歐文時，杜林說他『在各方面講來，都是慈善假面具下的真正怪物』。可是當杜林先生向我們敍述他祇看過題目與題句的那些書底內容時，我們絕不能說杜林『在各方面講來都是無智面具下的一個怪物』，因爲在我們口上，這就叫作『謾罵』。

我們已經看到烏托主義者之所以爲烏托邦主義者，正是因爲在資本主義生產的發展尙是這樣幼稚的時代，他們決不換成別個樣子。他們不得不從他們腦中，造出新社會的因素來，因爲在舊社會中間，新社會的因素，還沒有明白地爲大衆所見到；他們所以在規定自己新建設的計劃以後不得不限於向理性求助者，正因爲他們還不能根據於他們同時代的的歷史之上。可是在現在，在經過八十年之後，杜林先生出到舞臺上來，表示他的野心，他不是從已有的歷史發展的資料，引申新社會制度的標準體系，把他作爲這種資料的必然結果，而是從他權威的腦中，從他滿含最後決定的眞理之理性中，引申出新社會制度的標準體系；那麼這正指示出，到處嗅着模倣者的杜林先生，自己正是烏托邦主義的模倣者，自己正是最近的烏托邦主義者。他把烏托邦主義者，稱爲『社會的鍊金術者』。讓他如此吧。在當時，鍊金術也是必需的。可是自此以來，大工業已把那些蘊藏於資本主義生產方法中的矛盾，發展成這樣深刻的對立，使我們可以說，這種生產方法的日益迫近的毀滅，是可以用手去觸到了。祇在一種新的適合於現在發展階段之生產方法建立之後，新的生產力，方能保存與往發展。兩個階級間的鬥爭，爲現存生產方法所造成，而且經常地爲牠所再生產，使階級關係，益形尖銳化——這種階級鬥爭，現在籠罩了一切文明的國家，而日益激烈起來。這個歷史過程的了解，社會改造條件的了解（這個改造因此而成爲必需）以及他所造成的社會改造要點的了解，——這種了解，現在已經達到了。如果杜林先生現在不是從現存的經濟資料，而是從自己至高無上的腦蓋中來製造新的烏托邦社會制度，那麼我們祇說他從事於『社會鍊金術』還不夠。其實，杜林先生正好像在近代化學的法則發見並規定以後，還想使舊的鍊金術復活，還想利用原子重，分子式，原子價，結晶學，三稜鏡分析等等，來發見……哲學之硬石。

二　理論

唯物史觀，從下述的原則出發，即：生產及生產之後的產物交換，是任何社會制度的基礎，在每個歷史的社會形態中，生產品的分配。以及與之相伴的社會階級或等級底劃分是由如何生產，生產之後如何交換的情形來決定的。根據這個觀點，一切社會變革及政治革命的基本原因，不應該求之於人的頭腦之中，不是在於人們經過某個時期後更正確地了解永恆的眞理及正義，而應該求之於生產方式及交換方式的變更；這些原因，不應求之於哲學，而應該求之於各該時代的經濟。人們逐漸的覺悟到，現存的社會制度是不合理的，不公平的，以前曾是合理的，現在變成無意義的，以前的恩惠，現在變成了苦痛：——這種覺悟，祇是一種表徵，指示出在現在生產方式及交換形式之中，已經暗地裏發生這樣的變更，使適合於以前經濟條件的社會制度，已經不能與之相適應了。從這樣的歷史觀中，得出下述結論，就是，消滅這些已經發現的社會弊害之手段，也應該具備於多少發展的形式之中，具備於生產關係本身之中。這些手段，決不能從頭腦中發明出來，而應該用頭腦從現有的物質事實中去發見出來。

根據上述的見解，近代社會主義，究竟是什麼呢？

現存的社會制度——現在一般的都承認——，是由現在的統治階級，資產階級創立的。資產階級所特有的生產方式——從馬克思以來稱爲資本主義生產方式——是和封建制度的地方特權與等級特權，以及個人的相互束縛，不能並立的；資產階級破壞了封建制度，而在牠的廢墟上建立了資產階級社會制度，建立了自由競爭，自由來往，商品所有者平權等等的王國，以及其他資產階級的繁榮。資本主義生產方式，現在可以自由發展了，在資產階級統治之下所造成的生產力，自從以前的家庭工業因蒸汽機及機器工具的發明而轉大工業之後，以向所未見的速度，從所未有的範圍，往前發展。好像家庭工業及其影響之下所發展的手工業，在當時與封建的行會桎梏發生衝突，同樣的，大工業在其更完全發展的時候，就不得不與壓搾着的資本主義生產方式所限定的範圍，發生衝突。現在新的生產力，已經超越了資產階級的利用形式，正在興發的生產力與生產方式間的衝突，不是簡單的像人的原始罪惡與神的正義之間的衝突那樣，是一種發生於人們頭腦中的矛盾；牠（指生產力與生產方式間的衝突）客觀地，在我們之外，不管造成牠的人們本身的意志和希望如何，總是存在於現實的事實之中。近代社會主義，正是這種事實上矛盾的思想的反映，正是牠在頭腦中的觀念的反映，首先是牠在直接受苦的工人階級頭腦中的反映。

這種矛盾，究竟在什麼地方呢？

在資本主義生產未出現之前，卽在中世紀，到處存在了以工作者的生產手段私有爲基礎的小經濟形式——卽由的或農奴的小農經營，城市中的手工業。勞働手段——土地，農業工具，作場，手工業者器具——祇是單獨個人的勞働手段，祇備個人應用，所以不得不帶着碎小，狹隘的性質。正是因爲如此，所以牠們普通總是屬於生產者自身。把這些分散的碎小的生產手段，集中起來，擴大起來，把牠們轉爲近代強有力的生產的源泉——這就是資本主義生產方式及其代表，資產階級底，歷史供命。牠（資產階級）在歷史上，自十五世紀怎樣完成這個任務，生產怎樣經過三個發展階段——簡單協力，手工工廠，及大工業，——這些已由馬克思在『資本論』第四編中作了詳盡的敍述。像那裏所證明的，資產階級如要把這些有限的生產手段轉爲強有力的生產力，那麼牠祇有把牠們從單獨個人的生產工具，轉成社會的生產工具，這些生產工具，祇有多數人的集合，才能運用。紡紗機，織布機，機器鎚等，代替了手紡車，手織機及手用錘；需要數百數千人共同工作的工廠，代替了個人的作場。和生產手段一樣，生產本身，也從個人行動的系列，轉到社會行爲的系例。從個人的生產物，轉爲社會的生產物。現在工廠所出產的紗，布，金屬品等等，是許多工人的共同產品，這些產品在完成之前，先要順次經過他們許多人的手。沒有一個工人能夠說：這是我做的，這是我的產品。

在社會內的自然興發的分工成爲主要生產形式的地方，產品採取了商品的形式，商品的相互交換，賣買，使個別的生產者能夠滿足各種不同的要求。在中世紀，情形就是如此。例如，農民把農業品賣給手工業者，而從他那裏買得手工業品。再後，一種新的生產方式，浸入了這個個別商品生產者的社會之中。在全社會中，統治着自然興發的沒有計劃的分工，可是在個別工廠中，牠却建立了有計劃的分工；在個人的生產之外，出現了社會的生產。兩方面的產品，均在同一市場上發售，就是說價格大約相等。但是有計劃的組織，當然比較自然形成的分工，強大得多；包含着社會的有組織的勞働之工廠，自然比較散漫的小生產者，能够生產得更加便宜。個人的生產，到處被逐；社會化的生產，變革了全部以前的生產方式。但是他的這種革命性質，很少爲人所認識，因之人們甚至相反的把這種新的生產方式，用來提高和改進以前的商品生產。牠和一定的已有生產及商品交換的因素，直接相聯而產生，和商業資本，手工業，雇傭勞働相聯而產生。因爲社會的生產，祇是一種新的商品生產形式，所以商品生產所特有的佔有形式，也保持牠的全部的效力。

在中世紀所有的商品生產之下，甚至勞働產品究屬於誰的問題，也不會發生起來。個別的生產者，通常應用自己所有的常由自己生產的原料，應用自己的工具，自己或自己家庭的勞動，來製造他的產品。他甚至可以不必特地去佔有這些產品，這些產品是自然地屬於他的。這樣，產品的所有權，就是建築在自己的勞働之上。即使在有些地方，僱用了別人的勞働，但牠總是操次要的作用，而且在這時候，雇傭工人除工資以外，還獲得別種報酬；手工業的學徒及傭工，不是完全爲着賃金及工資去勞働，他們主要的還是爲着學習技藝去勞働。但是以後，生產手段，開始集中於大的作場及手工場，牠們開始轉爲事實上的社會的生產手段。可是這些社會的生產手段與產品，還是繼續與前一樣，被人看作個人的生產手段與產品。以前，生產手段所有者之所以佔有產品，正是因爲產品通常總是他的勞働的產品，而別人的助手的勞働，祇是一種例外；現在產品雖然不是爲生產手段所有者的自身勞働所生產，而是完全爲他人的勞働所生產，可是生產手段所有者，還是繼續佔有這些產品。因之，社會所生產的產品，已不是爲那些眞正推動生產手段，製造產品的人們所領有，而是爲資本家所佔有。生產手段及生產本身，在實質上，已經變成社會的了；但是與之相聯的佔有形式，還是以前當每人擁有自己產品，出賣於市場之時，個人私有的生產所要求的那一種。雖然生產方式，毀壞了這種佔有形式的前提，可是牠還是服從於這種佔有形式之下（註）。新的生產方式的資本主義性質，給與這方式以這樣的矛盾；近代社會的衝突，在萌芽之時，已經包含於這種矛盾之中了。當新的生產方式，在一切重要的生產部門上，在一切經濟上居主要地位的諸國裏，愈是成爲統治的生產方式，因之把個人的生產，毀滅到極不重要的殘餘之時——那時社會生產與資本家佔有之不能並存的性質，愈益顯明地表顯出來了。

（註）在這地方，儘可不必詳細解釋，就是：佔有的形態，雖然還是原來那樣，可是佔有性質本身在上述程序之下所受的革命影響，也不較生產爲少。我佔有自己勞働的產品，抑是佔有別人勞働的產品——這自然是兩種不同的佔有形式。此地可附帶說及，就是，包含着全部資本主義生產方式的萌芽之雇傭勞働，是

很古就存在的；牠以偶發的分散的形式，在好幾世紀內，已經與奴隸制度相並存。但是祇在必需的歷史前提已被造成之時，這一萌芽，方能發展爲資本主義生產方式。

像上面所說的，最初的資本家，已擁有現成的雇傭勞働的形式。但那時雇傭勞働，還是一種例外，一種副業，一種過渡階段。不時出去作短工的農業工人，有二三『摩爾根』(Morgen 面積量名)的土地，而且至少能够依此爲生。行會的規律，顧慮着現在的傭工，以後可以成爲師父。可是當生產手段，轉成社會化而集中於資本家手中之時，一切都變更了。個人小生產者的生產手段及產品，便失去了價值；小生產者結果祇得被傭於資本家。以前曾是例外或副業的雇傭勞働，現在變成了生產的通例及基本形式；牠往昔是種副業，現在已經變成工人專門活動形式了。暫時的雇傭勞働者，轉成了終身的雇傭勞働者。此外，因爲同時發生的封建制度的崩毀，封建諸侯衛隊的解散，農民從小塊土地上的被逐等等，終身勞働者的數量，絕大地增加起來。生產手段與生產者，發生了分裂，生產手段現在集中於資本家的手中，而生產者則除勞働力以外，別無任何財產。**社會生產與資本主義佔有之間的矛盾表現於無產階級與資產階級對立的形式上。**

我們已經看到，資本主義生產方式，侵入了商品生產者，個人生產者的社會裏，他們的連繫是用他們產品交換的方法來進行的。但是每個根據於商品生產之上的社會，都有這樣的特點，就是在牠裏面，生產者喪失了統制自己社會關係的權力。每個人以其偶然的生產手段，爲自己而生產，並用來滿足自己個人在交換中的需要。誰也不知道，他所生產的那種產品，要有多少數量供給於市上，不知道所需的數量，究竟要多少；誰也不知道，他的個人產品；究竟是否爲人所需要，不知道他是否能够抵償成本，不知道，一般的是否能够賣去他的產品。在社會的生產中，統治着無政府狀態。可是商品生產，和任何其他生產方式一樣，有牠自己的，牠所特有的，不能與牠分裂的那些原則，所以不管無政府狀態如何，這些原則，還是在此種狀態之中，因此種狀態之助，而實現着牠們的作用。牠們（法則）表現於所保留的唯一的社會連繫之中，即表現於交換之中，而以強制的競爭法則，顯露自己對於個人生產者的作用。在開始時候，這些生產者，也並不知道這些法則，後來他們經過長期的經驗，才逐漸把牠們發見。因之，牠們（法則）的表現，並沒有生產者的參加，而且是反對他們的意志的，因此這些法則，是他們生產形態的盲目進行的自然法則。生產物支配着生產者。

在中世紀的社會裏，特別是在初期時代，生產在實際上是以滿足自己需要爲目的的。牠主要的是爲滿足自己及其家庭的需要。在那些統治着人身隸屬關係的地方，例如在農業上，一部分生產還用來滿足封健領主的需要。在這時候，沒有何種交換，所以產品也沒有帶着商品的性質。農民的家庭，差不多生產了全部他們所需用的物品：工具，衣服以及生活資料等等。祇在除了他自己的需要以及必須繳納於封建領主的年貢以外還有剩餘之時，農民家庭才算生產了商品：這種進入於社會交換中預定出賣的剩餘產品，就成了商品。城市的手工業者，自然一開始就應該爲交換而生產。可是就是他們，也製造大部分他們自己所需要的東西：他們有菜園及小塊的土地，他們在共有的林地上放自己的牲畜，從這森林中，他們獲得建築的材料及燃料；婦女紡織麻與羊毛等等。以交換爲目的之生產，商品生產，還正在開始。交換的極少發展，市場的有限，固定的生產方式，本地對於外方的隔離，以及本地內部的團結，——所有這些，形成了：鄉村中的馬克(Mark，德意志的鄉村公社)；城市中的行會。

但是，因商品生產的擴張，特別是因資本主義生產方式的出現，以前潛伏着的商品生產的法則，就更明顯地，在更有力的形式之下，表現出來了。以前的團結，崩毀了，以前封鎖的牆壁，破壞了；生產者更甚地轉爲獨立的個別的商品生產者。社會生產的無政府狀態，明白地表現出來，而且採取了更尖銳的性質。但是資本主義生產方式在社會生產中用來加重這種無政府狀態的主要工具，却還是無政府狀態的反面：即生產的進一步的組織，即牠在每一產業中的社會化。牠因這一力量之助，結束了舊時社會關係的和平穩定的狀態。在一切開始應用新的生產方式之產業部門裏，牠不許舊的經營，存在於旁。在牠征服了手工業的地方，舊的手工業隨之消滅。勞働場地，一變而爲戰場。偉大的地理上的發見，以及其後殖民地的樹立，擴大了商品的銷場，促進了由手工業進於手工工場的轉變。爭鬥不但發生於個別的地方生產者之中：牠（爭鬥）發展爲國際上的鬥爭，爲十七世紀及十八世紀的商業戰爭。最後，大工業，及世界市場的形成，使鬥爭成爲普遍化的鬥爭，同時使牠採取了空前未有的激烈的性質。各個資本家間，整批生產部門間，整批國家間，都發生着鬥爭，在這鬥爭之中，存在的問題，是由自然及人工造成的生產特長來決定的。敗者無情地被人排斥。這正是達爾文式的個人謀生的鬥爭，這一鬥爭，更激烈地從自然移於社會之中。在我們目前，動物的自然觀點，變成了人類發展的焦點。社會生產與資本家佔有中間的矛盾，是在再生產着，而成爲個別工廠中生產組織與全社會中生產無政府狀態中間的對立。

資本主義生產方式，運行於這兩種矛盾的表現的形式之中，因其起源如此，此種矛盾，也就成爲牠的固有物，牠不能脫離『罪惡的循環』，這在以前是已爲傅立葉所發見了。自然傅立葉在當時還不能指出，這種循環，就漸縮小起來；運動成一螺旋之狀，結果和星球一樣，不得不與中心點發生衝突。社會生產的無政府狀態，造成這樣的動力，使最大多數的人民，轉成無產者；結果正是這些無產者的羣衆，起來結束此種無政府狀態。同樣的，社會生產無政府狀態的動力，逼着大工業機器的無限的能力，作進一步的改善，而使這種情形，成爲每個工業資本家的強制規律，逼迫他在滅亡的威脅之下，更甚地改進自己的機器。但是改良機器，這就是說，某一些人的勞働，變成了不必要。如果，機器的引用及其數量的增加，使數百萬手工工人，爲少數利用機器的工作者所代替；那麽他方面，機器的改進，把更多數量的機器工人，從工廠中驅逐出來，最後終至形成一定數量的，超出資本家對於勞働力的平均需要之上的，無工可做的工人，形成眞正的產業後備軍，——像我在1845年（『英國工人階級狀況』）所稱呼的——這種後備軍，準備在產業迅速發展的時候，爲資本家效力，可是在其後不可免的恐慌之時，他們又被擲到街頭路旁——這種後備軍，在無產階級與資本家爲生存而鬥爭之時，總是工人脚上的重壓，而且操着一種調劑物的作用，使工資處於極低的，合於資本家要求的水平上。這上面所生產的結果，是：機器——用馬克思的話來說——變成了資本家在與工人階級戰爭時的最有力的武器。勞働工具，不絕地剝奪工人手中的生活資料，工人自身的產品，轉成了使自己奴隸化的工具。由此就獲得了一種結果，即是：勞働手段上的節省，從開始時起，就同時引起勞働力的無限的浪費，引起勞働機能的通常先決條件之殘暴的破壞；機器，這個節省勞働時間的最有力的手段，成了一種必要的手段，使工人及其家庭的一生，變爲用來增殖資本的勞働時間；一部分人的過渡的勞働，變成了別部分人的失業的原因，在全世界上尋覓新消費者的大生產，却在國內把羣衆的消費限制到最低的飢餓點，因之破壞了自己的國內市場。『使相對的過剩人口或產業後備軍經常地與資本積累的範圍及力量保持均衡的那種法則——這種法則，把工人繩縛於資本之下，而且繩縛得比較煉火神黑法斯達（Hephaestos）把盜火者普羅梅特釘於巖上還要牢固些，這個法則，形成了那種與財富積累相適應的貧窮的積累。一個極端上的財富的積累，同時就是指別一極端上即工人階級方面的貧窮，勞働困苦，奴役，無智，兇暴，道德墮落等等的積累；工人階級自己所生產的產物，作成了資本』。（馬克思『資本論』第一卷第671頁）。如果想從資本主義生產方式上期待別一種的產物的分配方法，那末這就等於期待着，當電池內的電極與電池相連之時，不許水來分解，又不許陽極放出養氣，陰極放出輕氣一樣。

我們已經看到，近代機器的達於極點的改善能力，怎樣因社會生產的無政府狀態，轉成了個別工業資本家的強制法則，使他自己不能不改善自己機器，不得不經常提高其生產力。單純事實上擴張自己生產的可能，也轉成了他的強制的法則。大工業的巨大的擴張能力——氣體的膨漲力，與之相較，簡直成為兒戲——在我們之前，表現出是數量上質量上的擴張的要求，牠絲毫不顧慮在其路上所遇到的任何障礙。大工業產品的消費，銷路，市場，造成了這種障礙。但是市場的更廣更深的擴張之能力，受別種完全不同的，效力較弱的法則之支配。市場的擴張，不能與生產的擴張，並行前進。衝突成爲不可避免的了；因爲在資本主義生產方式本身未破壞之前，牠始終不能得到解決，所以牠（衝突），就帶着週期的性質　資本主義生產，造出新的『罪惡的循環』。

眞的，自1825年發生第一次普遍恐慌以後，整個工商世界，一切文明國家的生產及交換，以及牠們多少尚未開發的附屬地，都差不多每十年總要經歷一次危急的狀態。商業流轉停頓下來，市場擠滿着貨物，大批貨物堆積着沒有買主，現金絕跡，信用消滅，工廠停頓，工人羣衆，因爲生產了太多生活資料之故，所以自己失掉了生活資料，破產及強制標賣相繼而起。停滯狀態，繼續數年，大批生產力及產物，都被浪費或破壞，直至最後，山積的貨物，按照低下的價格銷賣出去；然後，生產與交換才逐漸再行運動起來。再後，工業運動的步調，漸次加速，轉成快步，快步轉成跑步，而這跑步又一轉而爲無韁的在工業上商業上信用上投機上對於障礙物的眞正的跳躍，終至在幾次跳躍之後，重新進入恐慌的泥坑之中。從開始以後，就是這樣地不絕反覆着。從1877年以來，我們已經經過五次恐慌，現在(1877年)正在經着第六次。所有這些恐慌，都帶着這樣鮮明表現的性質，使傅立葉恰切地把最初一次恐慌稱爲多血症的恐慌（Crise Plethorique），即由過剩而起的恐慌，這實可適用於一切的恐慌。

在恐慌之中，社會生產與資本家佔有之間的矛盾，轟然爆發起來。商品的流通，立刻停頓起來；流通的工具，貨幣，轉成流通的障礙；商品生產及商品數轉的一切法則，都顛倒轉覆。經濟的衝突，達於極點：生產方式，起來反對交換方式，生產力起來反對他們所已超越的生產方式。

在個別工廠內的生產的社會組織，發展到這個程度，使牠已不能與那種存在於牠之旁，凌駕於牠之上的生產無政府狀態相並存——這個事實，就是資本家自身也明瞭了，因爲在恐慌的時候，許多大的而且更多少的資本家們，都流於破產，而資本則猛烈地集中起來。資本主義生產方式的全部機構，在牠自己所造成的生產力的壓力之下，不能起來動揮。牠不能把所有這些生產手段轉成資本；許多生產手段，閒着沒有應用，因之，產業後備軍，也不得不閒着無事。生產手段 生活資料，及無事可做的工人，——換句話說，就是生產及一般財富的原素，太過豐富，可是「豐富變成了貧苦與缺乏的來源」（傳立葉）．因爲正是牠(豐富)阻礙着生產手段與生活資料轉爲資本。因爲在資本主義社會裏，生產手段，如果不預先變成資本，變成一種剝削人的勞働力的手段，那麽牠們是不能運行起來的。生產手段與生活資料須轉成資本的必要性，正好像怪物一樣，佇立於工人與生產手段生活資料兩方面之間；牠（這個必要性）妨礙着物的動力與人的動力之結合；牠不使生產手段 施行職能，不使工人，工作與生活。這樣一方面資本主義生產方式，表示出自己沒有能力來管理這些生產力，他方面，這些生產力，以更強大的力量，要求排除這種矛盾，解放牠們必須成爲資本的作用，在事實上承認牠們的社會生產力的性質。

強大地發展着的生產力，對於牠們資本主義性質的反抗，更迫切的承認牠們社會性的要求——正是這些情形，使資本家階級本身，在資本主義關係的一般的可能範圍之內，更甚地把生產力當作社會生產力看待。產業繁榮茂盛，信用無限澎漲的時期以及逼着巨大資本企業流於破產的恐慌時期，都推動極大部分的生產手段，採取某一種社會化的形式，在我們目前，就採取了各種股份公司的形式。這些生產手段與交通工具中，有許多，例如鐵路，本身已具這樣大的規模，使牠除了股份公司剝削形式以外，再不能有別種資本家剝削的形式。到了一定的發展的階段時，就是這個形式（股份公司的形式），也變成不夠了，於是國家，資本主義社會的正式代表，不得不（註）進去取得牠的管理權。這樣變為國家公產的必要性，首先表現於大規模的交通工具上：郵政，電報及鐵路。

（註）我說『不得不』，這是因為，祇有在生產手段及交通工具，實際上發展到不適於股份公司的管理，而國有在經濟上成為不可免的場合，——祇有在這場合上，這樣的國有，甚至現代國家手中的國有，纔是經濟上的進步，纔是準備一切生產力轉入社會手中的新階段之躍昇。可是，最近以來，自俾斯麥力倡『國營』以來，出現了某種假社會主義，在有些地方，甚至變成了阿諛逢迎的勾當，牠不問什麼，直把任何國有，甚至俾斯麥式的國有，都宣佈為社會主義的了。顯然的，如果國家的烟草專賣，也算是社會主義的，那麼拿破崙及梅特涅(Metternich)奧國首相，歐洲反動的『神聖同盟』的主腦——譯者註)也可以

算爲社會主義的創始者了。如果比利時國家，因通常的財政及政治理由，自己去建造主要的鐵路，如果俾斯麥沒有任何經濟上的必要性，而把普魯士的主要鐵路線，收歸國營，其唯一目的，是爲着使鐵路更適於戰時的應用，是使鐵路的辦事員，變成投政府黨贊成票的家畜，而且主要的，是爲着不求議會議之助，造成新的進款的來源，——所有這些，直接地，間接地，自覺地不自覺地，都絲毫不是趨向於社會主義的進步。不然，便應該把皇室海外貿易公司，皇室製磁廠，甚至陸軍製衣隊，都可以算成社會主義的 織了。

如果，恐慌指示出資產階級不能往前管理現代的生產力，那麼大規模產業機關及交通工具之轉爲股份公司及國有產業，顯示出資產階級對於這一目的之毫無用處。資本家的全部社會職能，現在已由領薪俸的辦事人來執行了。資本家除了收取款項，剪取息單，在各個資本家相互奪取資本的交易所中舉行賭博以外，再沒有執行任何其他的社會職能了。如果以前，資本主義生產方法，驅逐工人，那麼現在牠就驅逐資本家，把他們，和工人一樣，擠於過剩人口之中，所差的，在他們現在還沒有進入產業後備軍而已。

但是無論轉爲股份公司或轉爲國有產業，都沒有消滅生產力的資本主義性質。對於股份公司，這是非常顯明的， 至於現代國家， 那麼牠祇是資產階級社會所造成的組織，用來保護資本主義生產方式的共同的外部條件，並用來抵抗工人及個別資本家的侵害。現代國家，無論採取何種形式，牠在實質上總是資本家的機器，資本家的國家，觀念上集團的資本家，牠（現代國家）愈是把更多的生產力掌握於自己的手中，愈是成爲實際的集團資本家，愈是剝削更多的國民。工人還是雇傭勞働者，無產者；資本主義關係，非但沒有消滅，而且更是尖銳化了。可是達到了尖銳化的最高階段之時，這些關係，將完全要被改變。生產力之國有，沒有解決矛盾，可是牠却包含着這種解決的外表上的手段，這種解決的鑰匙。

這種解決 祇能是在事實上承認現在生產力的社會性質，因之，也就是使生產，占有，及交換等等方式，與生產手段的社會性質相適合。可是，祇在社會公開地直截地掌握生產力——那些發展到除了社會管理方式之外再不適合於其他管理方式的生產力——的時候。上述這點，方才成爲可能。同時，生產手段及產品的社會性，現在祇是與生產者相對立．週期破壞生產與交換的過程，表現出祇是一個盲目的自然的法則，發生強制的破壞的作用——這種社會性，在那時候，將完全自覺地為生產者引用於實際，而從攪亂及週期恐慌的原因，轉成生產本身發展的最有力的動力。

運行於社會中的力量，在未被我們認識及考慮以前，正是和自然的力量一樣，表現着盲目的強制的破壞的作用。可是我們一認識了牠理解了牠的活動方式，牠的方向，及牠的影響，那時就靠着我們來更甚地使他服從我們的意志，利用牠來達到我們的目的。這點特別可以適用於現代強大的生產力。在我們執拗地拒絕瞭解牠的性質與特質之時——資本主義生產方式及其擁護者，正是拒絕着這種了解——在這時候，這種力量總是像我們在上面所說的，反抗我們，逆對我們，把我們置於牠的統治之下。可是，牠的性質，一被了解之後，牠就可以在集體化生產者的掌握之中，從惡魔似的統治者，轉成順從的奴僕。這上面的區別，正如雷雨時所發電光的破壞力與電報上孤光燈上所統制的電力二者中間的區別一樣，也正如大火時的火與供人應用的火二者中間的區別一樣。當我們根據最後發現的牠們的特質而處置這些生產力之時，社會生產的無政府狀態，就要為社會生產的有計劃的調劑所代替，這種調劑，是以全社會及各個人的需要爲根據的。同時資本主義的佔有方式——在這形式之中，產品起始奴役自己的生產者，再後奴役佔有者——也將爲一種以現代生產手段本身性質爲根據的產品占有形式所代替，就是說，一方面有直接社會的占有，作爲維持及擴張生產的手段，他方面有直接個人的占有，當作生活及享樂的手段。

資本主義生產方式，把更多的人民轉成無產者，因之也就造成了一種力量，這種力量，在自身會趨毀滅的恐怖之下，不得不完成這個變革。資本主義生產方法，更厲害地推動大規模的社會的生產手段，轉變爲國有產業，因之牠也就自己指示了實現這一變革的道路。**無產階級將掌握政權，而首先把生產手段轉成國家的財產。**可是因此，牠就除去自己無產階級的性質，消滅一切階級的區別及階級的對立，因之使原來的國家（Staat als Staat）也趨於滅亡。以前建立於階級矛盾之上的社會，需要國家，作爲每一時代剝削階級所建立的組織，用來維持他的生產的外部條件，因之首先就是要強制地把彼剝削階級束縛於各該生產方式所決定的壓迫條件之下（奴隸制，農奴制，雇傭勞働制）。國家是整個社會合法的代表，是社會之綜合成爲明顯可見的集體之形式；但是國家之所以成爲社會的代表，祇是因爲牠是某一階級的國家，而這個階級在某一時期中是代表全社會的：在古代，有奴隸主的國家，在中世紀有封建貴族的國家，在我們這個時代，便有資產階級的國家。等到最後，國家眞正變成全社會代表的時候，牠本身便成廢物了，一旦社會上沒有任何被壓迫的階級，一旦階級的統治以及現代生產無政府狀態所造成的個人之生存競爭，和由此產生的衝突及極端的矛盾，都一起消滅了的時候——從那時起，便無須壓迫，便無須乎一種特殊的壓迫權力——國家——了。當國家眞正代表全體社會的時候，牠以社會的名義取得生產手段的所有權，牠的第一次這樣的行動，同時也便是牠（國家）本身最後的一個獨立行動。國家的權力對於社會關係的干涉，各處各地都將逐漸成爲不需要，而自行停止下來。此時物品的管理機關和生產過程的指導機關，便代替了治人的政府。國家不是『被廢除』(Abgeschaft)的，而是**自行衰亡**下去(Ab terbt)的。我們應該從這個觀點上來估量『自由人民的國家』的口號，這一口號暫時曾有理由，被看作純粹煽動性的口號，可是牠從科學意義上講來，畢竟是靠不住的；而無政府主義

者要求國家在今明兩日之內立當廢除的話，便也可以從這個觀點上去判定，

自從資本主義生產方式出現於歷史舞臺上以來，單獨個人或整個學派，多少模糊地提出一切生產手段轉入社會掌握的觀念，把牠當作未來的理想。可是，這種轉變，祇在實現的物質條件已經存在的時候，方才成爲可能，方才成爲一種歷史的必然性。和其他社會的進步一樣，一切生產手段之歸於社會，不是因爲洞察了階級的存在，不合於正義、平等，等等，也不是因爲有一種要去廢止階級的意志，便可以實現，而是因爲有一定的新的經濟條件，牠才能夠實現。社會的剝削階級與被剝削階級，統治階級及被統治階級的劃分，是以前生產不大發達時代所產生的必然的結果。當社會總勞働所得的生產，祇較全體人民貧困生活所必需的數量稍爲多些的時候，就是當勞働差多佔據着社會極大多數成員的全部時間的時候，在這時候，社會必然地分成各個階級　在完全致力於勞働的極大多數的人民之外，還形成了免除直接生產勞働的階級，牠顧慮着社會共同的事務：勞働的指導，國家的事業，法庭，科學，藝術等等。這樣，分工原是階級劃分的根基。可是，這並不妨礙，階級的劃分，還因暴力及掠奪，狡猾及欺騙等等方法之助而完成

：統治階級一旦佔着管理國事的地位，便永不會不利用機會，犧牲工人階級來鞏固自己的統治，而把公共事業的管理轉成對於羣衆的剝削。

可是，階級的劃分，卽使具有某種歷史的理由，但這祇是對一定時代，一定社會條件而言。此種劃分，以生產不足爲根據，到了現在，牠將爲近代生產力的完全發展所掃滅。事實上，社會階級的廢除，要有一定的歷史發展階段爲前提，在這階段上，不單是一定的某個統治的繼續存在，而且是一般的任何階級的統治，因之也就是階級劃分的本身，都將成爲時代的錯誤與陳腐的東西。所以，牠（階級的廢除）的前提，是這樣生產高度發展的階段，在這階段上，某一特殊社會階級對於生產手段與產品的占有，政治統治權的佔有，教育及精神上指導的獨占等，不但成爲無用，而且成爲經濟上，政治上及智識上發展的障礙。這樣的階段，現在已經達到了。資產階級在政治上智識上的破產，就是在牠自己看來，也不是一件隱事了；牠的經濟上的破產，更是有規則地十年一次地反覆着。在每個恐慌中，社會總是窒息於牠自己所造成的，牠所不能利用的生產力與生產物的重壓之下，而束手無策地受荒謬的矛盾底宰制，就是，一方面生產者得不到什麼消費物，而他方面則生產物找不到充分的消費者。現代生產手段所具有的澎漲力量，毀裂着資本主義生產方式所加的桎梏。脫出這種桎梏，是生產力不絕的更迅速的發展底唯一先決條件，因之，在實際的意義上講來，也就是生產本身無限發展的先決條件。不止如此。社會對於生產手段的領有，不但除去生產上現存的人爲的障礙，而且還消除生產力與生產物的直接浪費與荒廢，這種浪費與荒廢，現在正是生產的不可避免的伴隨現象，而且在恐慌中更達到了牠的頂點。社會對於生產手段的領有，不但除去生產上現存的人爲的障礙，而且還消滅現在統治階級及其政治代表的無謂與奢侈的浪費，而爲社會解放出多量生產手段及生產力。社會化的生產，不但可以給社會一切成員保證豐裕的不絕改進的物質生活，而且還可以保證他們體力上智力上才能之自由發展與表現——這樣的可能，現在才開始存在，可是牠確已存在着了。（註）

（註）少數幾個數字，儘可給出一種大約的觀念，指示出，就是在資本主義的壓制之下，現在生產手段，也具着何等巨大的澎漲力。根據幾芬（Giffen）氏的最新統計，不列顛及愛爾蘭的國富總額約計如下：

1814年	2 200	百萬金鎊

1865年 …… 6,100

187[illegible]年 …… 8,[illegible]00

至於恐慌時生產手段及產品的浪費，那麼根據德國工業家第二次大會（187[illegible]年二月二十一日，在伯林）的算，在最近一次恐慌中，單就德國鐵工業一項而論，總損失已達455百萬馬克。

生產手段既轉入社會的掌握中，商品生產以及生產物對於生產者的統治，也使同時歸於消滅。社會生產中的無政府狀態，爲有計劃的自覺的組織所代替。個人的生存競爭，因而停止了。祇在那時，人方在某種意義上，最後的脫離了動物界，祇在那時，人方從動物的生存條件，轉到眞正的人的生存條件。以前一切循繞着人，統治着人的生存條件，現在就處在人的支配及統制之下了；人類至此纔開始成爲自然界的自覺的及眞正的主人翁，因爲他們已經成了自己社會結合的主人翁。他們自己社會行動的法則直到現在都是與他們相對立，而成一種外來的統治於他們之上的自然法則；這種社會行動的法則，現在已爲人們所完全理解，而加以應用，因之也就處在他們的統治之下了。人類自身的社會結合，直到現在都是與他們相對立，好像是自然及歷史所強制形成的東西，這種社會結合，現在變成了他們的自由行動。從來統治於歷史中的客觀的及外來的力量，現在屈服於人的統制之下了。祇從這時起，人們方才完全自覺地自己創造自己的歷史；他們所運行的歷史因素，也將以日益增加的程度，給出他們所希望的結果。這將是人類由必然的王國進於自由的王國之飛躍。

這個世界解放事業的完成，就是現代無產階級的歷史使命。闡明這一事業的歷史條件，因此也就闡明牠的性質，而使現在的被壓迫階級，理解牠所負使命的工作的條件及工作的實質——這些就是無產階級運動的理論表現，即科學社會主義的任務。

三　生產

顧到上述的一切以後，讀者就不會奇怪，為何上一章所論述的社會主義的特徵，不合杜林先生的胃口。相反的，杜林一定把所有這些，拋棄於『歷史幻想及邏輯幻想之雜生物』『粗笨的觀念』『混亂的模糊的概念』等等的垃圾堆中。在他看來，社會主義，不是歷史發展的必然的產物，更不是粗惡的專為獲食目的之近代物質經濟條件的產物。

他更把事情窮根究底。他的社會主義，是最後的終極眞理，牠（社會主義）是『社會的自然體系』，牠建築於『普遍的公平原則』之上，如果他最後終於不能不顧到以前全部罪惡歷史所造成的現存狀態，以圖把牠改善，那麽這應該說是純粹公平原則的不幸。杜林先生用有名的兩個人來建立自己的社會主義，好像他用同樣方法來建立其他一切一樣。在這一次，兩個傀儡不是像以前那樣演着主僕的角色，這次爲掉換花樣起見，排演了平等的戲曲——於是杜林先生的社會主義，就在基本上完成了。

因此，自然而然地，在杜林先生看來，週期地反覆發生的工業恐慌，絕沒有我們所認爲應該具備的那種歷史的意義。在他看來，恐慌不過是脫離常態的偶然現像，最多不過是『更有規律的秩序之發展』的原由。以生產過剩解釋恐慌的『尋常方法』，決不能滿足他對於問題的『更確切的理解』。而且對於『個別部門上的特殊恐慌』，這樣的解釋方法『大概是不能通用的』。例如『可以大批販賣的著作，突然宣佈可以被盡人自由翻印，於是牠們就充斥於市面』，這就是一個例子。自然，杜林先生儘可以高枕安眠，抱着愉快的意識，以爲他的不死的著作、永不會惹起這樣的世界的不幸。可是在巨大的危慌之中，『貨物的聚藏及其消費之間的罅隙，其所以變成這樣的深刻，不因是爲生產過剩，而是因爲人民消費的減退……因爲人爲的消費的不足，……因爲人民需要（！）的自然發展所受的障礙』。

可是，不幸，羣衆的消費過少，他們的消費，僅僅限於維持生活及繁殖所絕對必需的東西——所有這些，都絕不是什麼新的現象。自從有了剝削及被剝削階級以後，這種現象就存在着。就是在羣衆的境遇特別良好的時代，例如英國在十五世紀的時候，羣衆的消費，還總是不夠，他們遠不會有過自己每年勞働的總產物，來滿足自己的需要。這樣說來，如果消費的不足，是數千年的不變的歷史現象，而生產過剩所引起的嚴重恐慌的販賣狀況，祇是最近五十年來的事情，那麼祇有杜林先生那樣的庸俗經濟學的全部淺薄見解，才能不用新的生產過剩的現象，而用數千年來所繼續存在的消費不足的舊事實，去解釋新的矛盾。這等於在數學上，不用可變量之變化這一點，而用不變量繼續不變的這一點，去解釋不變量與可變量二者之間的比例的變化一樣。羣衆消費之不足，是任何建立於剝削制度之上的社會形態的一種必然條件，因之，也就是資本主義社會的必然條件，可是祇有資本主義的生產方式，引起恐慌的產生。所以，雖然正確地可以說，羣衆的消費的不足，是恐慌的條件之一，且在恐慌中，操着素所承認的作用，可是這點還絲毫不能給我們說明爲什麼在現在發生恐慌的事實，以及爲什麼以前沒有的原因。

一般的說，杜林先生對於世界市場，具有非常奇特的概念。我們看到，他以眞正德國著作家的資格，企圖以萊浦齊城書籍市場上假設的恐慌，來說明實際發生的特殊的產業恐慌，以杯中之水的暴風雨，來說明海洋上的暴風雨。他更往下想像，以爲現在的企業生產，不得不在『有產階級自身的範圍內，造成牠的銷路』——可是這並不妨礙他在十六頁後，承認製鐵工業及紡織工業，爲最主要的近代工業，這兩個工業部門的產品，爲有產階級所消費的，是非常的少，牠們的全部產物，主要的是供給羣衆消費的。我們在他的書上無論往那部分看，總看到祇有空虛的滿含矛盾的東扯西拉的嘵說。試舉紡織工業爲例。在一個比較不大的城市，歐爾特亥姆(Oldham)——這是環繞孟却斯特周圍，經營紡織工業，有五萬至十萬人口的十數城市之一——在這一個城市裏，四年之中，卽從一八七二年至一八七五年，祇紡三十二號紗的紗錠，從二百五十萬增至五百萬，就是說達到整個德意志（包括阿爾塞斯）的紡織工業所有的紗錠總數。如果顧到，在英格蘭蘇格蘭的別個紡織工業部門及其他紡織工業中心上，也差不多發生同樣的擴張，那麽祇有具着一副鐵樣厚面皮的人，才會用英國民衆消費不足，而不是用英國工業產品的過剩，去解釋紗布銷路的一般的停滯。（註）

夠了。在政治經濟學上，這樣的無知，而把萊浦齊城的書籍市場，當作近代工業的市場——對於這樣的人，還爭辯些什麽東西呢。所以我們現在祇要指出，杜林先生在其往後的評論中，關於恐慌，僅僅能够告訴我們說，這是『過度緊張與弛緩的尋常交替』的事情，過度的投機，『不是祇由私人企業的無計劃的增加而起』，『個別企業家的倉卒與個人思慮的缺乏，亦應算入供給所以發生過剩的原因之中』。可是反過來看，究竟什麽是倉卒及個人思慮缺之的發生的原因呢？這都是因爲資本主義生產的無計劃的性質

（註）以消費不足來說明恐慌的見解，發原於薛斯蒙弟（Sismondi）。在他的見解中，這解釋還有相當意義。羅特盤多斯（Rodbertus）從薛斯蒙弟處取得了這種解釋，而杜林先生則從羅特盤多斯那裏抄來，而根據他的常例，使之帶着更淺薄的性質。

此種性質，表現於私人企業的無計劃的增加。把經濟的事實，翻譯成道德的非難，而把牠看成新的原因——這也是強度的『倉卒』之證明。

關於恐慌，我們就在此結束。在上一章，我們指示了在資本主義生產方式之下恐慌發生之不可避免及其意義，而把牠們看成這一生產方式本身的恐慌，看作社會革命的強制的手段——在我們說明了這些以後，我們再不要空費辭句，來反對杜林先生關於上述問題的淺薄的意見了。現在我們轉來講到他的積極的創造以及他的『社會的自然體系』。

這一體系，建立於『普遍的公平原則之上』，所以完全可以不必顧慮那些不堪忍受的物質事實，這樣的體系，由經濟公社的聯合來組成，在各公社之間存在着『根據一定法律與行政規範，可有行動的自由及接受新社員的必要』。經濟公社自身，首先就是『對於全體人歷史都有意義的廣泛的範疇』，牠很遠的超越馬克思那樣的『陷於迷途而不徹底性』。公社是說『一羣人的共同結構，他們根據處理一定面積的土地及處理某些生產企業的公法，所以相互聯合起來，共同行動，共同分配收入』。公法是『對於自然及生產設備純粹採取公的關係……之物主權』：這究竟是什麼意思，——讓將來經濟公社的法律家，去麼額苦思罷，我們在這上面，拒絕作任何的這樣的企圖。更往後，我們看到，這種公法，決不是和那排除相互競爭及排除僱用勞働剝削的『工人社會的團體所有』，相一致的。而且在表面上更說，『公共財產』(Gesammteig ntum)，像馬克思所指的，『至少是不清楚的，引起懷疑的，因爲這個關於將來的概念，總是具着這樣的形式，好像牠是指着個別工人團體的財產』。在這上面，我們又遇到杜林先生所常用的剽竊的『嘲笑方法』、『對於這種庸俗的性質，(像他自己所說的)儘可以適用一個庸俗的字——即令人作嘔』；這是絲毫沒有根據的假話，正好像杜林先生在別地方所作的虛構那樣，說馬克思所指的公共財產，是『個人的用時又是社會的財產』。

但是無論如何，那總是很顯明的，就是：每一經濟公社對於生產手段的所有權之公法，是獨有的財產權；至少這是對於任何其他經濟公社，對於整個社會及國家而言。但是這一權利，決不應該使自己『對於外界取排他的態度……因爲在各個經濟公社之間，根據一定法律與行政規範……好像……現在歸屬某一政治團體或參加村社的經濟事務那樣，有行動的自由及接受新會員的必要』。因之，經濟公社將有貧富之分，牠們中間的平衡，將採取人民脫離貧困公社而加入富裕公社的方法。這樣，杜林先生要以組織全國商業的方法，來除去各個公社在生產品上的競爭，可是他卻恬然地任生產者的競爭，繼續存在下去。在把事物置於競爭的範圍之外，可是把人留於依賴競爭的境況之中。

但上述的一切，還遠不能給我們說明『公法』的實質。兩頁之後，杜林先生向我們宣佈道：商業的公社『也和政治，社會的領域一樣，擴張得這樣的巨大；牠裏面的居民，全體聯合成一個權利的主體，他們既具這樣的資格，所以就有處置社會土地，住宅及生產設備之權』。這樣，處置之權，終究還不是屬於個別公社而是屬於全部國民。『公法』，『對於事物的權利』『對於自然的公的關係』等等——所有這些，不但『至少是不清楚的，引起懷疑的』，而且簡直是自相矛盾。實際上，我們看到——至少當個別經濟公社是權利的主體之時——『同時是個人的又是社會的財產』，因之，祇有在杜林先生本人那裏，看到『模糊的雜生物』。

可是無論如何，經濟公社，總是爲着生產目的來處理自己的勞働工具。這生產是怎樣進行的呢？如果根據杜林先生告訴我們的話來判斷，那麼這生產還是遵照從前那樣來進行，其不同的點，祇是在於資本家由公社來代替能了。此外我們還聽到，祇有從此以後，每人有權來自由選擇職業，並且規定了大家平等的勞働的義務。

從來一切生產方式的基礎，一方面是社會內部的分工，他方面是每個生產企業內部的分工。杜林先生的『共同社會（Sozia'itat）在這點上，是怎樣的呢』？

最初的大規模的社會分工，是城市和鄉村的分離。杜林先生以爲這個對立，在實質上講來，是不能除去的。可是『如果以爲農業與工業間的鴻溝，是不能超越的，那這並不是十分正確的……實際上，現在在他們之間已經存在着某種程度的不斷的移動，在將來，照全般的看來，一定更要巨大得多』例如，侵入於農業及農村經濟中的，已經有兩種工業：『第一，造酒業，第二甜菜製糖業……酒精類飲料的意義，是這樣的巨大，使牠祇有被人看得過少而無被人看得過大的危險』。如果因爲『某些發明的關係，能够造成這樣大的工業的範圍，使生產必須散處於鄉村之中，而直接依靠於本地原料的生產』那麼這時，城市與鄉村間的對立可以減弱，而『文明發展的最廣大的基礎，就可以獲得』。可是『同樣的情形，可以用別種方法來產生。除技術上的必要以外，社會的要求，獲得更大的意義，當這些要求在人類行動的各種分類上，獲得決定的影响之時，那麼從土地耕種及農產技術加工事業間的經常的嚴密聯繫上所產生之利益，就不能再被忽視了』。

可是在經濟公社中，最主要的問題，許是社會的要求，所以公社就趕緊利用上述的聯合農業與工業的好處，杜林先生現在或將以其所常有的冗漫態度來給我們說明經濟公社在這問題上所取地位的『更嚴密的見解』？如果讀者這樣的想，那麼他將受到嚴重的欺騙。上述關於普魯士國法行使區域內的造酒業與製糖業之平凡陳舊的見解，正是杜林先生在現在與將來的城市與鄉村對立的問題上所能告訴我們的一切。

讓我們來詳細說到分工吧。在這上面，杜林先生比較的『嚴密些』。他說到『應該專門投身於一種職業的人』。在說到建立新的生產部門之時，問題簡單的祇是在於能否以某種方法，造成專門生產某種物品的一些人，及其必需的消費(！)。在共同社會中，每一生產部門，是並不需要許多人口的』。在共同社會中，也將有人的「根據生活方法而異的經濟行爲』。這樣在生產的範圍內，什麼都差不多是照舊不變。是的，杜林先生承認在社會中，直到現在，總是統治着『錯誤的分工』，可是這種錯誤的分工何在，而且在經濟公社中，牠將爲何物所代替，關於這點，我們祇聽到下面的話：『至於分工本身的問題，那麼，我們已在上面說過，祇要顧到各種不同天性的事實及個人能力的事實，牠已經可以說是解決了』。除能力之外，個人的興趣，也有重要意義：『對於那種需要極大能力與訓練的活動之興趣，完全依靠着對於各該職業的興趣，以及歡喜從事於一種事物而不歡喜從事於別種事物（從事於一種事物）！的情形』。這樣，在共同社會中，將引起一種競爭，『生產本身，獲得了一定的興趣，而以生產爲獲利手段的愚蠢的經營，不再影响於一切社會關係』。

在生產自發地發展起來的一切社會中——近代社會正是這樣的社會——，不是生產者統治着生產手段，而是生產手段統治着生產者。在這樣的社會中，每種新的生產的促進，必然地轉成生產手段奴役生產者的新工具。在大工業發生前最有強大力量的生產的促進——即分工，特別是如此。最初的巨大的分工，即城市和鄉村的分離，已使鄉村人口陷於數千年的愚昧的狀況中，而城市居民，則爲各人特別的手工業所奴役。牠（城市與鄉村的分離）破壞了鄉村居民的精神發展的基礎，破壞了城市居民肉體發展的基礎。

如果農民擁有土地而手工業者具有手藝，那麼在同等之程度之下，土地統治着農民，而手藝統治着手工業者。因着這種分工的關係，人自己也分成幾部分。一種行動的發展，要犧牲各種其他的肉體及精神的能力。人體的萎縮，與分工同時並進，牠在手工工廠中，達到了最高的發展。手工工廠，把手工分成個別的精細的動作，而把每種動作，分給個別工人，作爲終生的職業 使他一生固定做某種精細的動作及某種勞働的工具。『牠（手工工業）入工地養成精細技藝的發展，抑壓整個生產興趣及能力的世界，所以牠摧殘工人，使他變成畸形人……個人的本身，分解開來，轉成一種執行部分工作的發條』（馬克思），——這種發條在許多場合上，簡直是經過工人肉體及精神的摧殘，才得完成的。大工業的機械，更把工人從機器的地位轉成機器附屬品的作用。『終身管理部分工具的特長，轉成終身爲精細機器服務的特長。他們濫用機器把工人從極早的兒童時代起，就轉成精密機器的組織部分』（馬克思），不僅是工人，而且直接和間接剝削工人的階級，都因分工而被奴役於自已行動的工具之下：精神上空虛的資本家，成爲自己資本及自己利潤慾的奴隸；律師成爲自己化石似的法律觀念的奴隸，這種觀念以獨立的力量，統治了他；一般的『有教養的階級，成爲各種地方限制及偏見的奴隸，自身肉體上及精神上近視的奴隸，自己專門傾向的教育及終身固定於這一專門技能的畸形狀態的奴隸——雖然他們的專門技能，祇是在於坐食無事。

烏托邦主義者已經非常明白地了解分工所引起的影響，即一方面是勞働者個人的萎縮，他方面是勞働行動的萎縮，這種勞働行動祇是在於單調地機械地終身重複地做同一的動作。歐文與傅立葉也要求廢除城市與鄉村間的對立，以爲這是消滅分工制度的基礎。他們兩人，都以爲人口應該分成一六〇〇——三〇〇〇人的集團，分佈全國，每個集團在其領土之中央據有極大的宮殿，而進行共同的家計。雖然傅立葉在有些地方也說到城市，但是這些城市本身就是由相互毗連的四五大宮殿來組成的。根據這兩個空想家的計劃，每個社會的份子，同樣的從事於農業及工業。在傅立葉的思想上，手藝及手工業在產業中操着最主要的作用，相反的在歐文看來，大的工廠生產，却已經操着最主要的作用，他還以爲在家政上也應該應用蒸汽以及機器的力量。但他們兩個都要求每人在農業上在工業上，要有更多的職業的替換，使根據這種情形，青年可在教育中儘可能的學會多方面的技術活動。根據這兩個人的意見，人應該經過多方面的活動，來進行多方面的發展，勞働應該重新獲得牠在分工以後所喪失對那種愉快的性質——首先是就像上面所說那樣，經常掉換事業，而且相適應地要使勞働的每一『會期』(Séance 用傅立葉的話）不能過長。上述的兩位空想家，遠遠的超出了杜林先生所承襲的剝削階級的見解，因剝削階級的見解，以為城市與鄉村間的對立，按照事物的自然形勢，是不能避免的，牠（這見解）陷於狹隘的觀念之下，以為一定數目的『人』，應該命定生產某一種東西，牠要使人們因生活方法而異的『經濟行為』之存在，永存不滅——人之感到滿足，不是因為從事多種事情，而是因為僅僅從事一種事情，所以人是這樣的空虛，使他們甚至以自身轉成奴隸轉成單調動物為快樂。和『傻子』傅立葉的最瘋狂的幻想中所包含的根本思想相較，和『粗野，無力及貧弱』的歐文之最貧弱的思想相較，自身為分工所奴役的杜林先生，正是一個不怕羞的侏儒。

社會掌握全部生產手段，使之可以根據社會的計劃，來應用牠們，這樣的社會，就消滅從來生產手段對於人的統治。自然，社會如不把每個人解放，牠自己也是不能得到解放的。舊的生產方式，應該徹底的被改變，特別是舊的分工，應該消滅。代之而起的，應該是這樣的生產組織，使在一方面，誰都不能把自己在生產勞働中，即在人類生存自然條件中所應參加的部分，推到別人身上，他方面，生產勞働供給每人以多方面地發展並應用自己的一切體力及智力之可能，牠（生產勞働）不再是奴役人的手段，而是解放人的手段，因此，生產勞働從一種重負，變成一種快樂。

所有這些，現在已不是什麼幻想，什麼虔誠的願望。在近代的生產力發展的狀況之下，祇要使生產力社會化，用以加增生產，祇要消滅資本主義生產方法所產生的妨害與擾亂、消滅牠所造成的生產物生產手段的浪費，祇要這樣，就可以使大家在勞働中所參加的工作時間，達到非常短促的——就現在眼光看來——程度。

消滅舊的分工制度，這個要求的實現，決不會毀損生產力，相反的，因大工業的存在，牠（要求）成了生產本身的條件。「機器的生產，使同一勞働者，祇顧及同一事情，因而各個工人集團祇按各種機器而固定分配的必要，就不復存在了。因為工廠的一般進程，不是依靠工人，而是依靠機器，所以在勞働的過程中，人員可以不絕掉換……最後，人在幼年時就可以學會運用機器。這種迅速的狀況，也消滅了訓練一種完全機器工人的特殊工人階級之必要』。資本主義的應用機器的方式，不得不繼續保留舊的分工及其化石似的特徵，雖然這種分工在技術上已經成爲不必要——可是機器的生產 却起來反對這種時代錯誤。大產業的技術基礎，是革命的。『因機器，化學作用及其他方法之助，牠（大產業）和生產的技術基礎一起，變革勞働者職能以及勞働過程的社會組合。同樣地，牠經常的變革社會內部的分工，不斷地把大批的資本及工人從一個生產部門移到別個生產部門。大工業的本身性質，造成工作的替換，職能的流動，以及工人的多方面的移動……我們已經看到，怎樣這個絕對的矛盾……靠着工人階級的不斷的犧牲，勞働力的無限的浪費，以及社會無政府狀態的橫行，而狂暴地解決下來。這是消極的一方面。可是，如果勞働的交替，現在祇被承認爲有力的自然法則，而以自然法則的盲目破壞力，到處遇到障礙 那麽大工業因其本身的危機，使承認勞働的交替——因之也就是承認勞働者更多方面的活動——爲社會生產總法則（對於這種法則，應該適合各種關係使其正常的實現）之問題，成爲生死關頭的問題。這樣奇異的事實，卽窮苦的人民，保留於後備軍中，來滿足資本在剝削上的變化着的需要——這樣事實的消滅，以及每人可以絕對適用於各種形式勞働的變化着的需要，——這一事實的建立；單純地担當某種精細社會職能的部分的個人，被充分發展的，以各種社會職能爲交替活動形式的個人所代替——所有這些，都被大工業提出來當作生死關頭的問題了』。（馬克思『資本論』）

大產業教導我們爲着技術的目的，去改組分子的運動，而這運動，多少的隨處可以轉爲大量的運動；這樣，大工業就極大地使工業生產解脫地方的限制。水力是和地方相聯的，蒸汽力則是自由的。如果水力必然地帶着一種鄉村的性質，那麼蒸汽力絕不必一定與城市相聯。祇有資本主義式的蒸汽力的應用，使牠主要地叢集於城市之中，而使工廠的鄉村，轉成工廠的城市。可是因此，牠就破壞企業的正確工作的條件。蒸汽機的首先的需要，以及大業產中差不多一切生產部門的主要需要，是要比較清潔的水。但是，工廠的城市，把一切都變成臭氣觸鼻的汚水。這樣，雖然趨向城市的集中，是資本主義生產的主要條件，可是每個工業資本家個別地總是經常努力想把自己的企業從工業生產所必然造成大城市遷移到農村區域去。這一過程可以詳細地在蘭開夏及約克夏的紡織工業區域裏看到；在那些地方，資本主義大工業不絕的從城市遷往鄉村，所以不絕的造成新的城市。在金屬製造工業的區域裏，也是如此、那裏同樣的結果，還部分地爲別種原因所造成。

要消滅這種新的惡循環，消滅近代工業所經常再生產着的矛盾，祇在消滅工業的資本主義性質之時，才有可能。祇有根據統一的總計劃來協調地配合生產力的那種社會，方能使全國工業的分配，最適合於牠自身的發展以及其他生產要素的保持與發展。

所以，城市與鄉村間對立的消滅，不但是可能的；牠甚至是工業生產自身以及農業生產的直接的必要，而且在社會衞生上，更是必需的。祇有用融合城市及鄉村的方法，才能除去現在的空氣、水及土地的汚穢，祇有在這樣的條件之下，現在衰弱的城市居民，方能達到這樣地位，使他們的糞尿不是生產疾病，而是成爲植物生產的肥料。

資本主義工業，已經可以使自己對於所需的原料的地方生產之狹隘範圍，採取比較獨立的地位。紡織工業所製造的，差不多都是從外輸入的原料。西班牙的鐵苗，在英國及德國創造，西班牙及南美的銅礦在英國製造。每個煤礦區域，把原料供給與那些遠在國外的逐年擴大的工業區域。在全部歐洲的沿岸地方，蒸氣機都用英國的煤，有地方用德國及比利時的煤。解除資本主義生產桎梏的社會，可以在這方面，更往前直進。牠（上述的社會）發展新的生產者的世代，這些生產者具有多方面的教養；懂得整個工業生產的科學基礎並實際研究個別部門以及從頭到底的生產部門的整個體系，這樣的社會，造成新的生產力，此種生產力，是綽綽有餘地可以超出那很遠地方原料以及燃料底運輸所要的勞働。

所以在全國大工業更平衡地分配的條件上看來，城市及鄉村間分裂的消滅，也不是什麼空想。自然，文明留給我們以大城市的遺產，要除去這些，自然需要更長的時間與更大的努力。但是無論如何，應該把這些遺產結束，雖然這是一種極長的過程，但這是應該做的。俾斯麥在棺材中，儘可以具着誇耀的意識，即他所懇切希望的大城市的沒落，大概是會實現的。

在說了上述這些之後，儘可以確切地評判杜林先生的觀念，以為社會可以掌握全部生產手段　而不在舊的生產方式中，產生根本的變革，首先是不消滅舊的分工；他以為一經『開始顧到自然條件及個人能力』，但整批的人依舊纏縛於某一種物品的生產之上，整批『人民』依舊從事於一個生產部門，人類還是和從來一樣，用各種方法分成萎縮的各種『經濟行爲』，像現在的『拖車者』和『建築家』一樣，他以爲這樣，任務就解決了。結果，社會之所以應該成爲生產手段的主人，祇是爲着要使每一社會成員依舊成爲自己生產工具的奴隸，而祇獲得選擇這種工具的權利。請讀者更注意到，杜林先生怎樣以爲城市與鄉村間的分離，是『順着自然形勢不能免去的』情形，怎樣在這上面，祇規定兩種在連繫上純是普魯士性的生產部門，造酒業及甜菜製糖業，來作微小的調和劑；怎樣他以爲全國工業的散佈，要依靠於將來的發見，以及工廠企業適應原料來源的必要——這些原料，卽在現在，已經製造於離開產地更遠的地方了；怎樣他在結束時企圖遮掩尾巴，而說，社會的要求，甚至和經濟的理由相反，——就是說作經濟的犧牲！——可是他終於使農業與工業聯合起來。

顯然的，要了解，那些應當消滅舊有分工，並消滅城市與鄉村間的分裂應當改造全部生產之革命因素，在近代大工業的萌芽狀態之中，已經存在，牠們的往前發展，祇在近代資本主義生產方式中，遇到障礙，——要了解這點，祇要有比較普魯士國法的行使範圍更大的——也就是比那個酒與甜菜糖，是主要的產品，而商業恐慌研究於書籍市場上底國家更大的——眼界，就夠了。要了解這點，祇要曉得大工業的歷史發展及其現狀，特別是大工業的發源地及其達到古典式發展的英國就夠了。誰要是具有這種知識，那麼他決不會想到去割裂近代科學社會主義，而使他墮落為杜林先生的特殊普魯士式的社會主義。

四　分配

我們在上面已經看到，杜林的經濟學的實質如此：資本主義的生產方式很好，可以留着不加改變，但是資本主義的分配方法很壞，應該立刻消滅。現在我們也已經完全可以相信，杜林的「共同社會」不是別的，正是這一實質在幻想上的實現。真的，杜林先生在資本主義社會本身的生產方式中，差不多看不到任何的壞處，他在各個要點上，要保持以前的分工，所以對於他所計劃的經濟公社裏的生產，差不多連一個字都不能說。

自然，在生產的領域內，應該說到確實的事實，在這領域內，『合理的幻想』祇能給他的自由心靈，以極小的飛翔的自由。至於分配那就不同了，據杜林先生意見，分配與生產，絲毫沒有連繫，牠（分配）不是由生產方式來決定，而是由自由意志的行動來決定；分配好像是上天豫定來適用他的『社會鍊金術』似的。

在經濟公社以及包括幾個經濟公社的商業公社裏，平等的消費的權利，是和平等的參加勞働的權利相適應的。在這裏，『一種勞働 按照平等估價的原則，與別種勞働相交換……給與別人的勞働，以及從別人取得的勞働，正是眞正平等的勞働量』。而且，『人的力量的平衡』。『不管每個人所生產的產品多少，少些多些，或甚乎完全沒有生產』，其意義還是保存着的，因爲任何行動 祇要牠化費時間及力量——因之，九柱戲以及散步也是——都應該看成是工作。可是，因爲公社是一切生產手段因此也就是一切產品的所有者，所以這種交換，不是發生於個人之間；牠（交換）一方而將完成於每個經濟公社及其個別的社員之間，他方明完成於各個經濟公社及商業公社之間。『特別是，個別的經濟公社，在其本身的範圍內，用有計劃的發賣，去代替小的商業』。批發貿易，也是同樣的組織起來，『自由經濟社會的體系……繼續是巨大的交換組織，這種交換的手續是根據貴重的金屬來進行的。因爲我們的方式，理解了這個基本特質的無條件的必然，所以我們的方式，與一切模糊的見解——現在流行的社會主義觀念之最合理形式，也還沒有脫離這種模糊的見解——是不同的』。

爲着交換的目的，經濟公社，以社會生產物最先佔有者的資格，一定要『給每類物品，規定一致的價格』，這價格是與生產費相適合的。『爲決定價值及價格起見，現在……所謂生產成本費所操的作用，在共同社會裏將由……所需勞働量的評價來負擔。根據每個人在經濟上平等的原則，最後還可以把這種評價，歸結爲對於參加勞働人數的顧慮——按照這種評價，將決定價格的比例，這比例是同時和生產的自然關係及社會的獲利權相適應的。貴重金屬的生產，還像現在一樣，是規定貨幣價格的決定因素……由此可以看到，在經過變更的社會狀態中，價值的規定法則與度量，以及產品所賴以交換的關係之規定法則與度量，不但沒有喪失，而且第一次確當地規定起來』。著名的『絕對價值』，終於實現了。

但在他一方面，公社一定要使各個人能夠向自己購買所生產的物品，因此每日，每星期或每月付給每個社員以一定數目的貨幣，以作他的勞働的等價物——這數目對於大家都是一樣的，『所以從共同社會的觀點看來，說工資應該消滅或是說工資是唯一的經濟進款形式，這都是沒有什麼關係的。可是，同等的工資，及同等的價格『即使不是造成質量上的消費平等，也是造成數量上的消費平等，因此在經濟上就實現了『普遍的公平原則』。至於將來這種工資的高度，如何決定，那麼對於這點，林杜先生在這裏如在別的地方一樣，僅僅說：『等量的勞働與等量的勞働相交換』，做了六點鐘工，就得着含有六點鐘勞働的貨幣數目，

但是，『普遍的公平原則』，決不能與那種引起有產者這樣憤怒地反對共產主義特別是反對幼稚的工人共產主義之粗野的平等，兩相混淆。這一公平原則，決不是初看那樣的不能假借。『經濟領域上權利平等的原則，並不拒絕這樣情形，就是：除公平所需的情形之外，還可加上自願的對於特別敬意與名譽的表彰……社會如果給與高等的工作，以適度的消費物品的增添，那麼社會祇是尊敬自己』。當杜林先生聯合鳩的良善與蛇

的智慧，而兩樣感動地顧慮將來杜林先生輩的加添的消費，這樣，杜林先生也是在尊敬自己』。

這樣，在共同社會裏，就最終地消滅了資本主義的分配方法。因爲『即使假定，在這樣的狀況之下，誰要是眞正具有剩餘的私人的資料，那麼他也是不能找得任何資本主義式的應用。單獨的個人或一個集團，如欲爲着生產目的向他取得這些剩餘，那麼他們祇有用交換或購買的方法，可是永不會被迫付他以利息及利潤。所以『與平等原則相適應的遺產』，是可以允許的。這而且必需的，因爲『某種形式的遺產，總是家族主義的必然的同行者』。遺產權也『不能引起巨大財富的積累……這裏再不能抱定一種目的去造成生產手段，以過取利人的生活』。

這樣，經濟公社好像是美滿地實現了。現在來看，公社如何經營經濟。

我們假定杜林先生的一切計劃，完全實現了；而經濟公社因社員都做六小時工作，所以每天付給每個社員以包含六小時勞働的貨幣量，譬如說十二馬克。同樣的，我們假定，價格確切地與價值相適應，就是根據我們前提，牠僅僅包含原料，機器的損蝕，勞働手段的消費及所付的工資。包含一百工作人員的經濟公社，每天就生產着1200馬克的商品，一年以三百天計，就生產360，000馬克的商品，公社以同樣的數目，付給社員，每個社員每日就獲得12馬克，或是一年3600馬克。在一年之來，而且甚至經過一年，公社財富決不會比較開始時增加一些。在這個時期中，假使牠（公社）不願染指於牠的生產基金，那麼牠甚至不能供給杜林先生以適度的加添的消費資料。在這上面，積累是完全被遺忘了。更壞的是：因爲積累是一種社會的必要，而貨幣的保存，却供給了適於積累的形式，所以經濟公社的組織，直接獎勵社員作私人的積累，因之引起自身的崩毀。

在經濟公社的性質上，怎樣避免這一矛盾呢？公社祇能採取得意的『課稅』辦法，增加價格，把牠的每年生產，不是賣成360,000盧布，而是賣成180,000盧布。因爲其他的經濟公社，也處於同樣的情形，而不得不同樣做去，所以每一公社在和別的公社交換之時，不得不償付與自己額外所得相等的『稅務』，所以『貢稅』還是完全落在自己社員的身上。

或是　公社用更簡單的方法，來解決這一問題，就是：——每個社員做了六點鐘工，公事却付給每人以包含不到六點鐘的勞働——假定說祇包含四點鐘勞働——之產品，就是說，不是付十二馬克，而祇付八馬克，商品的價格照舊。在這個場合上，公社直接地公開地做牠以前竭力隱掩地迂迴地所做的事情，就是，牠每年以純粹資本主義的方法，積累120,000馬克的馬克思所說的剩餘價值，也就是說，牠付給社員的數目，低於社員所產物品的價值，而社員祇能從公社去買得的那些產品，却要按照全部價值來算。所以經濟公社，祇有揭下假面具，公開地在最廣大的共產主義基礎上，採取『高貴的』物品工錢制（Truck system）（註）方能獲得準備的基金。

這樣，二者任擇其一；或是經濟公社『以等量的勞働交換等量的勞働』，在這場合上，就不能積累基金，來支持並擴大生產，這時祇有讓私人去做這事。或是牠要積累基金，那麼牠就不能以『等量的勞働，交換等量的勞働』。

經濟公社裏面交換的內容如此。至於交換的形式怎麼樣呢？交換是用金屬貨幣來實

（註）Truck System（物品工錢制）是英國人所稱的，在德國也很有名的工錢制度，在這制度之下，廠主自己開的店鋪，壓迫工人在這些店鋪中，購買他們所需的商品。

行的，杜林先生不少以這種改良的『世界歷史意義』自傲。可是在公社以及社員的交易上，這些貨幣，絕不是貨幣，絕不是盡貨幣的職能。牠們成爲眞正的勞働券，或是用馬克思的話來說，牠們祇指示『個別勞働者在總勞働中的參加，以及個人對於預定消費的那一部分產品的參加權』，在其作用上，牠們『並不是什麼貨幣，正好像某種戲院入場券一樣』。所以牠們可以爲任何證據所代替　譬如魏特林就以『商業帳單』來代替，在這帳單上，一方面寫明勞働時間，他方面寫明所得的消費資料。總而言之，在經濟公社及其社員之間，貨幣的作用，簡單的等於歐文的『勞働時間貨幣』，——杜林先生以這樣自尊態度所蔑視着的『怪物』，終於不能不引用於自己的將來經濟之中。無論是寫明所已完成的『生產義務』及所已獲得的『消費權利』之證券，或是一塊紙，或是徽章，或是金錢——這點對於我們現在的目的，是無關重要的。自然，對於其他目的，這並不是不重要的，牠在以後就可以看到。

這樣，如果在公社與其社員的交易中，金屬貨幣已經不是操着貨幣的作用，而是成爲隱掩着的勞働券，那麼在各個經濟公社間的交換上，牠們更不是操着貨幣的作用了。

在這裏，如果按着杜林先生的前提，那麼金屬貨幣，是完全可以不必要的。真的，這裏祇要單純的會計就够了，如果會計利用自然勞働度量，時間，以一小時爲單位，來計算而且預先把勞働小時轉成金錢，那麼會計就可以更簡單地實行一定勞働量的產品對於同樣勞働量的產品之交換。在這場合上，交換祇是純粹自然物的交換；一切需要的相差，可以容易地簡單地用其他經濟公社的來往，來抵補。如果某一公社對於其他公社眞的陷於虧折的地位，那麼『宇宙間所存在的金子』，無論怎樣是『自然的貨幣』，牠總不能不使虧折的公社——如果不願欠其他公社的債——用增加自己勞働的方法，來補足自己的虧折。請讀者總不要忽略，我們在這地方並不是規定將來。我們簡單地祇是採取杜林先生的提議，而從這上面作出邏輯的結論。

所以，無論在經濟公社及社員間的交換上，無論在個別公社間的交換上『天性上就是貨幣』的金子，並不能實行牠的天然的職能。可是，杜林先生卻硬要叫牠在『共同』社會中，實行貨幣的職能。在這樣的狀況之下，我們不得不爲這種貨幣作用，找出別的活動的舞臺來。這樣的舞臺，眞的是存在着的。雖然杜林先生給每人以『等量消費』之權，可是他並不能強迫每人這樣的做去。相反的，他正自傲，在他所建立的世界中，每人都可以任意處置自己的金錢。所以，他自然不能阻止這樣的情形，即，公社社員之中，有些人貯藏金錢，而別一些人則不能依賴所得工錢來自給　杜林先生使這種結果，成爲不可免，因爲他公開承認家族的共有財產，可以遺傳，因之父母有養育子女的義務，這點自然在數量相等的消費上，打了一個巨大的罅隙，獨身者可以用着每天八馬克或十二馬克的工資，過着極好的舒適的生活，可是家有八個未成年小孩的鰥夫，用着這種工資祇能過着非常困苦的生活。他方面，公社不經考慮，接受任何金錢的支付，因之就允許人民有一種可能，即他們可以不必一定由自己勞働來獲得金錢。金錢是沒有氣味的（No-nolet）。公社不知道牠是從那裏來的。這樣就造成了一切的條件，使以前祇當勞働券作用的金錢，眞的開始實行貨幣的作用了。現在已有便利的機會及動機，在一方面造成貯藏，他方面造成備貨。需錢的人，向積錢的人借債。借得的錢，爲公社所收，作爲必需消費品的價錢，這種貨幣，又成爲近代社會中的那樣的貨幣，就是，成爲人的勞働之社會的表現，成爲勞働的實際度量物，成爲總的流通手段。世界上的一切『法律及行政規範」無力來抵抗牠，正好像無力來抵抗九九乘法表及水的化學構造一樣。因爲金錢的積聚者，有力可使需要者償付利息，所以高利貸制，也就和那種盡着貨幣作用的金屬貨幣，一起恢復起來了。

直到現在，我們祇是研究這一問題：即，在杜林式經濟公社所統治的領域裏，金屬貨幣的保存，將有何種作用。可是在這一領域之外，在世界其他的不合宜的部分裏。一切都是按照老樣子進行着。在世界市場上，金銀繼續成爲世界的貨幣，一般的購買及支付的手段，以及絕對的財富的社會體現。這種貴重金屬的性質，對於經濟公社的個別社員，是新的貯藏貨幣致富以及高利貸之動機，是在公社內及公社外，自由行動及獨立行動，並在世界市場上優利地利用個人所積財富等等之動機。公社的高利貸債主，轉成了一種以流通手段爲營業的商人，轉成了銀行家，轉成了流通工具及世界貨幣的支配者，因之也就轉成了生產以及生產手段的所有者，——雖然生產手段，在許多年內，還在表面上繼續作爲經濟公社及商業公社的財產。這樣，轉成銀行家的貨幣貯藏者及高利貸債主。也轉成了經濟公社及商業公社的主人翁。——杜林先生的共同社會，眞的是和其他社會主義者的『模糊觀念』大不相同的。共同社會除了大資本家的再生產之外，再無其他目的；如果公社一旦成立並支持下去，那麽牠祇有在大資本家的統制之下，爲着他們的荷包，來盡心竭力地工作。牠的唯一出路，祇是：貨幣貯藏者，或許因世界貨幣之助，願意急急地………從公社逃出去。

在德國人對於舊時社會主義學說普遍無知條件之下，任何天眞爛漫的青年，都可以提出這樣的問題：歐文的勞働劵，是否會引起這樣的怪現狀呢？雖然我們的任務，不是在於詳細敍述這些勞働劵的意義，可是無論如何，爲着把杜林的『包羅萬有的範疇』與歐文的『粗野，無力，貧弱的觀念』比較起見，我們可以指出下面各點。第一，假使要把歐文的勞働劵，如此濫用，那麽，預先就要把牠轉成眞正的貨幣，可是杜林先生却以眞正貨幣爲前提，但禁止牠盡簡單勞働劵以外的作用。這樣我們看到在第一個場合上，眞的是種濫用，可是在第二個場合上，却正產生着那種脫離人之意志而獨立的內在的貨幣性質，貨幣在這地方，達到了本身所特有的正確的應用，而不是濫用，杜林先生因爲自己實在不懂貨幣的性質，所以強制把這種濫用加到牠們頭上。第二，在歐文看來，勞働券祇是進於完全公有財產，進於自由利用社會資源之過渡形式，也可以說，祇盡附屬的作用，使共產主義更易爲英國公衆所接受。所以，如果某種濫用，強制歐文式的社會，廢除勞働券，那麼這正是到達其所抱目的底一種進步，祇使公社進入更高的發展階段。反之，杜林先生的經濟公社，一旦廢除貨幣，牠就立刻喪失自己的『世界歷史意義』，喪失自身最特出的美點，不再是杜林式的經濟公社，而仍奮落到杜林先生用了這樣合理的幻想之大力所欲超越之模糊觀念。（註）

（註）此地可以附帶說及，杜林先生完全不知道勞働券在歐文共產社會所操的作用。他祇是從薩爾十特書上看到這種勞働券被引用於天然要失敗的『勞働交換所裏』，這是用直接交換勞働的辦法，從現存社會轉到共產社會的企圖，杜林先生祇在這些券上面知道勞働券。

杜林經濟公社中所有這些奇特的迷惑與混亂，是從什麼地方產生的呢？簡單的是因爲在杜林先生腦中，價值及貨幣的概念模糊不清，結果使他不能不努力想去發見勞働的價值。因爲杜林先生在德國並不是獨佔這種概念，而且在這上面還有許多競爭者，所以我們『不能不暫時淸理』他所陷入的『亂絲』。

政治經濟學所知道的唯一價值，就是商品的價值。什麼是商品？這是社會中多少孤立的私有生產者所生產的產品，就是說，首先是私有的產品。可是，祇在這些產品，不是爲生產者本身需要而生產，而是爲社會需要而生產之時，牠們方才成爲商品；牠們以交換方法進入社會的消費之中。這樣，私有生產者就相互處於一種社會的連繫之中，而形成了社會。他們的產品，雖然是每人個別的私有產品，但同時不自覺地，好像違反他們意志地，又是社會的產品。這些私有產品的社會性質，是在什麼地方呢？顯然的，在兩種性質上：第一，牠們都是滿足某種人的需要，不但對於自己生產者，而且對於別人，都是一種使用價值。第二，雖然牠們是各種最不同形式的私有勞働的產物，但他們同時是人的勞働一般的人的勞働之產物。因爲牠們對於別人也有使用價值，所以牠們可以一般的被人交換；因爲在牠們裏面包含一般的人的勞働，人的勞働力的單純的使用，所以牠們可以在交換中相互比較，根據其中所包含的勞働量，認爲相等或不相等。在同一社會關係之下，二個相等的私有產品，可以包含不等量的私有勞働，但總是包含着同量的一般人的勞働。不熟練的鐵匠，祇能作五個鐵蹄，但熟練的鐵匠却能作十個。社會並不把各個人偶然的不熟練性，也當作價值．社會祇承認那種在目前狀況下正常地具有平均熟練程度的勞働．爲社會的勞働。五個鐵蹄中之一，在交換中，並不比較同時所產的十個鐵蹄之一，具有更多的價值。私人勞働所能包含的社會勞働，祇是社會的必需勞働。

這樣，當我說，某種商品，具有某種價值，那在這上面我就是說：(1)，牠是對於社會有益的產品；(2)牠是由私人以私人力量來生產的，(3)牠雖然是私有勞働的產品，但同時是社會勞働的產品，這好像是不爲生產者所知而且是違反生產者的意志的：這種社會勞働的一定數量，是用社會方法，用交換來規定的；(4)，這個數量，我不是用勞働本身，不是用勞働時間來表現，而是用別的商品來表現。所以，如果我說，這個錶相這塊布，具有同樣價值，每物的價值等於五馬克，那麼這樣就是說，在這錶，這布與這錢之中，包含着同一數量的社會勞働。我規定，牠們所代表的社會勞働時間，可以爲社會所測定，而且找得是相等的。但是這種測定，不是直接的，絕對的，像其他場合上測定勞働時間一樣，就是說，牠不是用勞働時間或日子來測定，而是間接地．相對地用交換方法來測定。這就是爲什麼我不能把一定數量的勞働時間，勞働時間數來表現底原因、因爲這一數量，我還是不知道，我祇能迂迴地相對地用某種具有同一社會勞働時間量的商品，來把牠表現出來。錶和一塊布具有同樣的價値。

如果商品生產及商品交換，使建築在他們之上的社會，不得不採取這種迂迴的道路，那麼牠們同時也使這社會盡可能地縮短這條道路。牠們從一般的平常的商品中，選出一種貴重的商品，而其餘一切商品的價值，都可以永久由這一商品來表現，——這一商品。算是社會勞働的直接的體現，所以能够直接地無條件地與其他商品相交換：這商品我們就是指貨幣。貨幣在價值的概念中，已具萌芽狀態，貨幣祇是價值的發展的形式。可是當商品價值，與商品本身相離，而在貨幣中得到獨立的存在之時，那時在生產商品及交換商品的社會中，就出現了新的因素——這因素具着新的社會作用及影響。現在我們祇指出這一事實，而不加以詳細的評論。

商品生產的經濟學，決不是唯一的關於相對知道的因素之科學。在物理學上，我們也不知道，在某種氣壓與溫度之下，某種數量的氣體，包含着各種個別的分子。可是我們知道，假使鮑以耳的法則是正確的話，那麼在同一氣壓與溫度之下，某一容積的一種氣與同一容積的別種氣，包含着同量的分子。所以我們可以根據分子的內容，在不同的氣壓與溫度之下，把不同氣體的不同容積，拿來比較；如果我們以攝氏零度及760m.m.耗氣壓爲單位，那麼我們就可以利用這一單位，來測量上述分子的容積。——在化學上，我們也不知道個別原素的絕對原子重。可是我們知道牠們的相互關係，我們利用這點，就可以相對地知道牠們重量。好像，商品生產及其經濟學，用了把商品的相對勞働量拿來比較的方法，來相對地表現牠所不知的個別商品中所包含的勞働量，同樣的，化學把各種原素的原子重，拿來比較，而以其他原素（硫貢，養，輕）的倍數或分數，來表示一種原素的原子重。好像，商品生產選出金子，爲絕對的商品，其他商品的一般的等量物，及一切價值的度量，同樣的，化學也以氫（輕氣）爲化學上的貨幣商品。把牠的原子重，當作單位，而把一切其他原素的原子重，歸納於氫，而以氫原子重的倍數，表現其他原素的原子重。

可是，商品生產，決不是社會生產的唯一形式。在古代印度的公社裏，在南斯拉夫族的共產村落裏，產品是沒有轉爲商品的。公社社員，直接的爲着生產，而聯合爲社會，勞働是按照習慣及需要求分配的，直接供給消費的產品，也是如此的。直接的社會生產以及直接的分配，排除任何商品的交換，因之也就排除產品之轉爲商品（至少在公社內部）與產品之轉爲價值。

當社會一旦擁有生產手段，而以直接社會化的形式把牠用於生產之時，單獨個人的勞働，無論具着如何不同的特殊有用性，總是一開始就成爲社會的勞働。在這時候，爲決定產品中所包含的社會勞働的數量起見，儘可不必採取間接的道路；日常的經驗，直接地指示出平均所需的勞働量是多少。社會可以簡單地計算。在蒸汽機中，在最近收獲的一海克太立脫的小麥中，在一百平方米突的某種棉布中，包含着幾多小時勞働、因爲產品中所包含的勞働量，牠（社會）那時直接的絕對的知道，所以牠決不會想到用相對的動搖的不充分的度量物，——雖然以前是不可避免的——來作無可奈何的手段，以表示勞働量，就是說用第三種產品來表示勞働量，而不是用其自然的適當的絕對的尺度——時間——來表示。這是同樣的不必要，正好像化學家如果能夠以適當的尺度，即以原子的實際重量，以 $\frac{1}{1,000,000,000,000,000,000}$ 或 $\frac{1}{1,000,000,000,000,000,000,000}$ 格蘭姆的重量，來絕對地表不原子重，那麼他就可以不必以間接方法，即以牠們對於氫原子的關係來表示各種不同原素的原子量。所以，在上述前提之下，社會就可以不必使其產品帶上何種價值。譬如說一百平方米突的布，在生產上，需要一千點鐘的勞働，社會再不會對這一簡單的事實，用迂迴的無意義的方法，表現出來，說這布具有一千勞働小時的價值。自然在這場合上，社會應該知道，某種消費品的生產，需要多少勞働。牠應該使生產計劃，以生產手段為標準，勞働力亦正是屬於生產手段之中。各種消費品的利用效果——相互計較的並與牠們製造所需之勞働量兩相比較的利用效果，——最後決定着這一計劃。那時人可以非常簡單地處置一切事情，而再不必求助於有名的『價值』。（註）

價值的概念，是最一般的，因之也是包涵最廣的商品生產經濟關係的表現。包含於價值概念之中的，不但有貨幣的萌芽，而且，還有一切比較發展的商品生產及商品交換的形式。價值是私人產品中所含社會勞働的表現，這種情形，已經包含着社會勞働與同一產品中所含私人勞働二者之間的差別。如果某一私有生產者，繼續按照舊方法來生產，可是社會的生產方法，卻不絕前進，那麼上述的區別，將深刻地為他所感到。當某種

（註）在制定生產計劃時所應顧到的利用效果及勞動的化費，正是價値概念在共產社會中所能餘留的全部殘物，這點我在一八四四年時已經說過了，（德法年鑑）。可是，讀者可以看到這一見解的科學根據，只在『資本論』出版後，方才成爲可能。

商品的私有生產者之總合所產的商品，超過社會所需的數量之時，也會發生同樣的情形。這樣的情況，即，每個商品價値，祇在別個商品價値中表現出來，祇在與別個商品交換之時才能實現——這樣的情況，已經包含着這種可能，即交換或是不成立。或是不能實現商品的眞正價値。最後，如果在市場上出現特殊的商品——勞働力——之時，那麼牠的價値，和任何其他商品價値一樣，按照其生產的社會必需勞働時間來決定。所以在價値形式中，已經包含着整個資本主義生產方式，資本家與僱用工人的對立，產業後備軍，以及恐慌等等的萌芽。欲以規定『眞正價値』的方法來消滅資本主義生產方式——這等於欲以選舉『直正』教皇的方法，來消滅天主教，或是等於把那種最完全地表現生產者爲自己產品所奴役的經濟範疇，徹底實現、而欲以此，來建立生產者統治自己產品的那種社會一樣。

一旦商品生產的社會，更往前把商品所固有的價值形式發展爲貨幣的形式之時，其他隱藏於價值中的萌芽，也出現了。最先的最主要的結果，便是商品形式的傳播。甚至以前直接供給自己消費的物品，也被貨幣加上商品的形式，而吸入於交換之中。同時，商品形式及貨幣，又侵入那些爲生產而聯合的社會組織的內部經濟之中；牠們一一破壞公社的聯繫，而把牠分解成無數的私有生產者。最初，如在印度可以看到，貨幣使個別的耕種代替了公社的耕種，再次，貨幣更把其時尚表現於不時重分之上的耕地的共有制的破裂，而使之歸於最後的分割（這個現象，在莫遂耳河畔的『村落共產體』（Gehöfe'sc-haf(ten) 內，可以看到，在俄國那時的公社內，也已開始）；最後，貨幣經濟的統治，更引起餘留下來的公有的森林及牧場，也歸於分割。無論此外尚有何種基於生產發展之上的原因，促進這一過程，可是貨幣還是影響公社生活的最有力的工具。如果杜林式的公社，一旦實現的話，那麼貨幣也將以同樣的自然的必然性，違反一切『法律及行政規範』而破裂杜林的經濟公社。

我們在上面（政治經濟，第六章）已經看到，說勞働有價值——即是等於陷入內部的矛盾。因爲在一定的社會關係之下，勞働不但生產物品，而且生產價値，這些價値，是用勞働來測量的；牠自己不能有特殊的價値，正好像重量不能再有重量，溫度不能再有溫度一樣。但是一切高論『眞正價値』的社會糊塗蟲之特色，就是在於說：在近代的社會中，工人沒有獲得他的勞働的全價値，而社會主義則負着消滅這一罪惡的使命。要到達這點，首先自然要決定，什麼是勞働價値；並且他還不是用適當的尺度（時間）去度量，而是用其產品去測量。工人應該獲得『自身勞働的全部產品』。不僅勞働的產品，而且勞働的本身，也應該直接和產品交換：一小時的勞働，與別一小時的勞働的產品交換。可是在這上面就發生了『可疑的』難題。在這種狀況下，全部產品，將分配於工人之間，社會進步的一種最主要的機能，積累，即被剝奪，而陷於個人的掌握之中，個人的意志之下。單獨的個人，可以任意處置自已的『進款』，可是社會則最多也祇是和開始時一樣的富，一樣的貧。這樣，結果祇是：以前所積累的生產手段之所以集中於社會手中，祇是爲着要使將來所積累的生產手段，重新分散於個人的手中。因之對於自己的前提，就形成了深刻的矛盾，社會進於純粹荒唐的狀態之中。

流動的勞働，或活動的勞働力，應該與勞働的產品相交換。在這時候，牠就和牠所應該交換的產品一樣，同是商品。旣是如此，那麽這種勞働力的價值，絕不是根據牠的產品來決定，而是根據其中所體現的社會勞働，就是說根據近代的工資法則來決定的。

可是他給我們說，這正是不應該有的情形。流動的勞働，勞働力，應該與其全部產品相交換。這就是說，牠被交換時不應該根據價值，而應該根據使用價值；價值法則，應該適用於一切其他商品，而對於勞働力，則牠被廢除。正是這個自相矛盾的混亂觀念，隱藏於『勞働價值』之中。

『根據平等估價的原則，以勞働交換勞働』——這句話如有意義的話——那麽，就是說，相等社會勞働量的產品之相互交換的能可，或價值的法則，是商品生產的基本法則，所以也是商品生產最高形式——資本主義生產——的基本法則。牠在近代社會內所操的作用，正是經濟法則在私有生產者社會裏所能表現的作用；就是說，牠正是包含於事物本身及其關係中，不依靠於生產者意志及願望，而盲目地行動着的法則。杜林先生把這一法則，當作經濟公社的基本法則，而要求完全自覺地實行這個法則，這樣他就是把現在社會的基本法則，當作自己幻想社會的基本法則。他要保留現代社會，但不要牠的壞處。他完全和普魯東立在同一立場之上。像普魯東那樣，杜林想除去商品生產的發展所生產的惡現象，而提出那產生這些惡現象的資本主義生產方式的基本法則，來反對這些惡現象。像普魯東那樣，杜林先生欲以幻想的結果，來消滅價值法則的實際結果。

我們現代的唐吉柯（西班牙，依般尼思小說上的奇異的英雄）無論怎樣騎在高貴的羅新納特馬上，卽騎在『普遍的公平原則』之上，與潘薩（Sancho parza）及恩斯（Abra-ham Ens）一起（註）作英勇的遠征以獲取孟白林的鎧甲——『勞働價值』——可是我們無論如何非常擔憂，就是他在回家時恐怕除了古時有名的剃髮盤以外，再也拿不到什麼東西。

五 國家，家族，敎育

在最後兩章裏，我們大體地說完了杜林先生『新的共同社會結構』之經濟內容。但至少我們還應該說明，『歷史眼光的普遍的廣大』，絲毫沒有妨礙他在上述適度的附加

消費之外，更保持自己的利益。因爲舊時的分工，還繼續存在於共同社會之中，所以經

（註）恩斯乃反對馬克思恩格斯的『恩格斯對於常識的殺害或馬克思社會主義的科學的破產』（一八七七年）一書的作者，

濟公社除建築師及拉車者以外，還不得不顧到職業著作家而且發生了怎樣對付著作權的問題。這個問題，比任何其他問題，更引起杜林先生的注意，無論何處，例如在提到魯意白朗及普東之時，讀者將爲著作權的論述所厭煩。牠（著作權）以後又舖敍於『講義』的九大面上，而在神祕的『勞働報酬』——但沒有說，是否連帶適度的附帶消費的形式下，安全地被作者引入於共同社會的避難港中。其實，既是如此，那麼關於蚤在自然社會體系中地位的問題，也儘可以專門作出一章來，這和上面的敍述一樣的適當，至少也不會這樣的乏味。

關於將來的國家組織，『哲學』作了詳細的規定。在這個問題上，盧騷雖然是杜林先生的『唯一重要的先驅者』但是還沒有打定充分深刻的基礎，他的（盧騷的）更深刻的後繼者，給盧騷努力滲水，更加上黑格爾法理學殘屑的稀薄黃湯。『個人的主權』，形

成杜林先生的將來社會的基礎，在多數的統治之下，牠（個人主權）不會被抹殺，祇在那時，牠方才眞正達到全盛狀況。這是怎樣發生的呢。非常簡單。『如果有這前提，即一切人與人之間在各方面都有一種同意，如果這些條約』以相互幫助，反對不正侵害，爲自己的目的，那時保持權利所必需的力量，就鞏固起來了，而權利也不會從羣衆對於個人所佔的優勢以及多數對於少數所佔的優勢中產生出來了』。看，隱藏於現實哲學戲法中的生動力量，怎樣容易地應付最不易解決的困難，如果讀者說，他聽了並沒有得到新知識，那麼杜林先生將對他回答道，不要這樣輕易將事，因爲『在集體意志的作用之理解中，一有些少的錯誤，就可以引起個人主權的毀滅，祇從這個主權之中(！)方才產生實際的權利』。當杜林先生蔑視他的聽衆之時，他正是以聽衆所應受的，對付聽衆。杜林先生甚至還能更無禮些：聽現實哲學一課的學生，或許沒有顧到這些。

個人主權，主要的在於『單獨個人，絕對的服從國家的強制』，可是這種強制，祇在『眞正爲自然的公平服務』之時，才可算是正當的。爲着這一目的，將有『立法及司法』，可是牠們『應當操於整個集團的掌握之中』，再後還要有防衛的聯合，牠表示『

軍隊中以及國內保安事務執行機關內的共同工作』，所以軍隊，警察，憲兵等等，都要存在。雖然杜林先生不止一次地說明自己爲勇敢的普魯士人，可是在這裏，他更證明，他可以有充分權利，去和那些模範的普魯士人相並立，這些普魯士人，據已故的洛霍夫總長的話，『在自己的胸上佩着憲兵』。可是將來的憲兵，決沒有像現在憲兵那樣的危險。爲使憲兵，不至侵犯主權的個人起見，個人總是有一種慰籍之方：『個人按着環境從自由社會方面所遇到的公平或不公平，總不會比較自然狀態所能給與的爲壞』。更後，在重新令我們遇到不變的著作權之後，杜林先生更令我們相信在他的新世界中，將存在着『顯然地完全自由的普及的律師制』。『現在所發明的自由社會，變得更是混淆了。建築師，拉車者，著作家，憲兵還有律師。這個『鞏固的批判的思想王國』非常的像各種宗教內的天國，宗教信徒總是使世間生活的甘美之處，重新出現於改變的形式之下。杜林先生正是屬於那『大家都要爲自己的時髦擔憂』的國家。我們還要些什麼呢？

我們要些什麼東西——在這裏，這是沒有關係的。事情在於杜林先生所要的是什麼。杜林與德皇法萊台立哈第二不同之處，是：在杜林先生的王國中，不是什麼人都能爲自己的時髦擠憂』。在這個將來國家的憲法上，說道：『在自由的社會裏不應該有任何教派，因爲每個社會的分子，都能克服原始人的幼稚的想像，說在自然之後或自然之上存在着一種可以用犧牲或祈禱去感動的本體。所以正確理解的共同社會體系，……應該廢除一切精神的魔術之設備，所以也就要廢除一切現存教派的分子』。宗教於是被禁了。

在現在，每個宗教，僅是在日常生活中統治人們的外界力量在人的頭腦中之幻想的反映，在這反映中，人間的力量，採取了非人間力量的形式。在歷史的初期，自然的力，首先造成這樣的反映，在往後的發展上，自然力對於各個民族形成各種不同形式的人格之神。根據比較神話學，這個原始的過程，至少對於印度歐羅巴人，可以推溯到牠在『維大』經（Vedas 正統婆羅門教的基本法典）上的出現，在往後的發展中，牠更在印度人，波斯人，希臘人，羅馬人，日耳曼人，以及——如果有充分材料的話——凱爾特人立陶宛人與斯拉夫人等等中間，得到詳盡的證明。可是很快的在自然力之外，出現了社會的力，這種力量與人相對立，最初在人看來，也是和自然力一樣的神祕與不可思議，牠也像自然力一樣，以表面上的自然的必然性，統治於人之上。起初時表示自然神祕力的幻想形式，現在獲得了社會的屬性，而成爲歷史力量的代表者（註）。在更進一層的發展階段上，多數神的自然屬性與社會屬性的整個總合，轉移到一個萬能之神的身上，這個唯一之神，反過來祇是抽象人的反映。由此產生一神教，這在歷史上是希臘後期俗流哲學的最後產物，而表現於猶太教的純然民族性的雅谷神。在這個便於應用而且適應一切的形式之中，宗教正是人們對於上界神祕統治力，自然力及社會力，的關係之直接的基於感情之上的形式，宗教以此形式，可以繼續存在——也祇在人們實在處於這些力量的統治之下的時候，牠才能繼續存在。我們已經不絕地看到，在近代資產階級的社會裏，人們處於自己所造成的經濟關係，自己所生產的生產手段統治之下，而把牠當作一種外部的力量。這樣，宗教的反射作用的實際基礎：繼續存在，因之宗教的反映，也就繼續存在。即使資產階級經濟學使人對於這種外界支配的因果關係，有某種理解，可是事情並不因此而有絲毫的變更。資產階級的經濟學，決不能制止一般的恐慌，決不能使個個資本家避免損失，惡債及破產，也不能使個個工人避免失業及貧困。直到現在，還流行着這樣的俗諺：『人思想，而神（即資本主義生產方式的外部的統治）指揮』（即中國人所說『謀事在人，成事在天』——譯者）簡單的認識，即使是比資產階級經濟學更進步更深刻的認識，也還不够使社會力量，服從於社會。爲着這個目的，一定首先要有社會的行動。當這行動實現之時，當社會掌握全部生產手段，有計劃地加以利用，而使自己及一切社會分子脫離奴隸制——直到現在，他們自己所產生的，但以不能克服的外界力量之形式與他們相對立的生產手段，使他們處於這種奴隸狀態之中——就是說當人們不

（註）這種神的兩　性，是以使神話學上所發生的混亂見解的原因——比較神話學，忽略了這一原因，而繼續偏面地以爲神祇是自然力的反映。例如，在有幾個日耳曼部落裏　戰爭之神，按古代斯堪的那維亞文，稱爲替爾（Tyr），按古代上日耳曼文，稱爲齊奥（Zio），所以就適應於希臘文的宰歐司（Zeus），拉丁文爲猶西台爾（Jupiter）以代田烏西台爾（Diu-Pter）；在其他部落裏，他也稱爲愛爾（Er）愛奥爾（Eor）所以和希臘文的阿萊司（Ares）相合，在拉丁文爲馬爾斯（Mars）。

但能思想而且能指揮之時，祇在這時候，從來反映於宗教中的最後的外部之力，方纔消滅，同時宗教反映的本身，也就歸於消滅，簡單地因爲在那時已經沒有什麼東西，可以

反映了。

可是杜林先生不能等待宗教自然死亡下去　。他要採取急進的手段。他甚至超越俾斯麥之上：他加緊地頒佈五月條例，不但反對天主教，而且一般的反對任何宗教！他調遣他的未來的憲兵，攻擊宗教，因此爲宗教擔保殉難的機會，而使牠更能長時期地存在下去。我們無論往那處看，總看到特殊的普魯士式的社會主義。

在杜林先生這樣安全地把宗教剷除之後『祇以自身及自然爲根據的，成熟到認識自己集團力量的人，可以勇敢地向那事實進程以自身本性來開闢的一切道路，大脚步地前進』。爲變換口味起見，且看那些依靠着自己的人，在杜林先生的領導之下，按照那條道路往前直進。

在事實進程上人所賴以獲得獨立的第一點就是人的誕生。以後，在其自然的未成年期，他還是處生『兒童的自然教養者』，即母親的保養之下。『這個時期，如在古代羅馬法上所說的，可以延長到青春期，即大約到十四歲』。祇在更成長的未受教育的兒童，不充分尊敬母親威權之時，爲除去這種缺點起見，就不得不有父親威權的幫助，特別是要有社會教育設備的幫助。如果眞有這樣的無疑的父親，那麼兒童在達到青春期後，就處在『自然的父親保養』之下，不然，公社應該指定保養者。

好像杜林先生以爲完全可以不必改變生產本身，而即能以社會化的生產方式，代替資本主義的生產方式，同樣的，他想像着，可以不必改變家庭的形式，而把近代的資產階級家庭，從其整個經濟基礎上，分裂開來。這個家庭的形式，在他看來，是這樣的不應改變，使他甚至把『古代羅馬法』（雖然帶上比較高貴的形式）當作家庭所永遠應該遵守的東西，而設想家庭僅僅是「遺傳的」即擁有財產的單位。在這個問題上，烏托邦主義者無限地高出杜林先生。在烏托邦主義者看來，一旦人們自由形成社會結合，而私人家庭工作轉爲公共產業之時，社會化的青年教育以及家庭成員間的眞正自由的相互關係，也可以直接建立起來了。更次，馬克思已經指出（『資本論』第五一五頁），『大工業在家庭之外，在社會組織的生產過程中，給與婦女以及兩性的青年與兒童，以決定的作用，因之大工業就造成更高的家庭形式及兩性關係的新的經濟基礎』。

杜林先生說，『每個社會改良的幻想家，自然預先就具備與其新的社會生活相適應之教育論』。從這個觀點上看來，杜林先生正是社會改良幻想家中的『眞正的怪物』。他對於將來學校的注意，至少和對於著作權相等，這是有很大意義的。他不但對於『視線所及的將來』，而且對於還渡時期，都有一種最後規定的學校與大學的計劃。現在我們祇限於考察，在最終的完美的共同社會組織中，預定向男女青年教授的是些什麼東西。

普通國民學校，教給學生『以一切自身在原則上可以引人興趣的東西』，所以特別是那些『關於宇宙觀以及人生觀的一切科學之基礎與主要結論』。在這學校中，首先要教授數學，而且要『全部教完』一切原則概念及方法，從簡單的加減乘除起，直到微積分。這不是說，在這學校中眞的學習微分積分，不是的。在這學校中，將教授完全新的，綜合數學的因素——這些因素，包含尋常初等數學的萌芽，以及高等學的芽芽。雖然杜林先生告訴我們，這種將來學校的『教科書的內容』已經大概地『在他的眼前具有主要之點』，但可惜直到現在，他還不能發現這種『綜合數學的因素』；但他所不能做的事情，『應該在事實上待之於新社會形態的自由與成長之力量』。如果將來數學的葡萄之粒，還是靑酸不堪，那麼將來的天文學，機械學及物理學，將不成什麼困難，而成爲『全部學校教育的中樞』，至於植物學及動物學，那麼不管牠們的理論如何，主要的還是帶着記述的性質……牠們將供學生以輕易的讀物。在『哲學講義』的四一七頁上，這樣的說着，他直到現在，還祇知道記述式的植物學及動物學。包含着比較解剖學，胎生學，古生物學等的全部有機形態學，杜林先生甚至連名稱都不知道。當在他的背後，在生物學的領域上，發生差不多十數種的新的科學之時，杜林的兒童似的感覺，還是繼續的從拉夫的『兒童用自然史』中去採取『自然科學思維方法的最近代的教育要素』，而爲整個『視線所及的將來』，定出這種有機界的法則來。至於化學的存在，那麼他在這裏，是完全忘記了。

至於教育的審美方面，那麼杜林先生不得不把一切重新做起。以前一切的詩，都是沒有用的。在一切宗教都被禁止的地方，自然在學校中不能忍受以前詩人所常有的『神話式的及其他宗教式的著作』。同樣的，『例如歌德那樣所非常傾向着的詩的神祕主義』，也是要屛棄的。這樣，杜林先生自己不得不給我們以適合那種『與理性幻想相調和的更高要求』之詩的傑作，而描寫出『指示世界完成的眞正的理想，祇是，請不要遲緩。經濟公社如要征服世界，那麼牠祇能以調和理性的亞歷山大詩的速步，莊嚴地前進。

至於言語學，那麼未來青年的公民，可以不必多勞。『死的言語，完全屛棄……至於活的外國語的研究，則是次要的事情』，祇在民族間的關係，表現於民衆本身的移動之時，外國語方能按需要程度，以輕易的形式，爲每人所通曉。爲到達眞正教化的言語教育起見，應該用一種總的文法，特別是『本國文的材料及形式，——現代人的民族的偏狹，在杜林先生看來還是過於世界化了。他想把現在世界上稍能使人超越狹隘民族觀點的兩種工具，完全廢除——廢除古代言語的智識，這古代言語至少給各民族中受古典教育的那些人，以其所共通的更廣大的視線；同時又要廢除新言語的智識，因這新言語之助，各民族的人能夠相互接觸，並理解本國以外所發生的事情。可是本國文的文法，應該根本記得爛熟。但要懂得『本國文的材料及形式』，祇能研究牠的發生及其逐步的發展，如果一不顧本國語自身的已死形態，二又不顧類似的活的及死的言語，那麼上述研究，也是不可能的。這樣，我們又陷於禁止的領域中了。杜林先生既把全部近代的歷史的文法，從他的教課計劃中擯棄出來，那麽在他的言語研究上祇剩得一種採取舊時古典語言學模型的，舊式的技術文法——這種文法，因缺乏歷史的基礎，所以帶着無數的詭辯與胡說。杜林先生對於舊語言學的憎惡，使他竟至把牠的最壞的產品，當作『眞正教化的語言研究的核心』。顯然的，我們所遇的這位語言學者，從來沒有聽見過六十年來這樣巨大地這樣豐富地發展着的歷史的語言研究，所以他不是從波柏（Bopp1719—1867）格立姆（Grin兄Jakob(17 5—1863)弟Wilohelm(1786—1859)，均爲有名的語言學者）及狄芝（Diez，1794—1876）而是從已經去世的海以士（Heyse1764—1829）及培克耳（Becker1775—1849）去尋求『最近代的教育要素』。

可是就在受了所有這些教育以後，將來的青年市民，也還不能『把脚站穩』。要進抵這點，再應該經過『最後哲學基礎的領會』而打定更深的基礎。可是自從杜林先生在這領域上鋪下自由的道路以後，『這種深刻研究，更不是什麽巨大的任務了』。眞的，『如果存在的範疇論所引以爲榮的一些嚴密智識，清除掉錯誤的煩瑣的粉飾，如果決定到處承認『杜林先生『所保證的現實爲妥當』，那麽初等哲學，將爲未來青年所完全領會

『祇要記起，我們在使無限的概念及其批判帶上從來未有的意義之時，用的是怎樣絕頂簡單的方法』，祇要記起這點，就『堅決地沒有絲毫的理由，說現在已經加深，且更形確切而採取如此簡單形式的空間與時間普遍概念的因素，不能最後地轉入預備智識的行列之內……』。杜林先生的『最根本的思想，不應該在新社會的普遍的教育體系中，操着次要的作用。相反的，物質的不變狀態以及計算上的無量數，負着這樣的使命，『牠不但使人立住了脚，而且還使他用自己的力量來了解，所謂絕對物，是已經放在他的脚下了』。

這樣，讀者可以看到，將來的國民學校，在本質上看來，不是別的，祇是稍爲『高貴些』的普魯士的中學校，在這裏面，希臘文及拉丁文，爲數量比較多些的純粹應用數學，特別是爲現實哲學的因素所代替，而德文的教授則更退步到已故培克爾時代的情形就是說差不多退到第四年級的程度。真的，『堅決地沒有絲毫的理由』說，爲什麼杜林先生的認識——經過我們的研究之後，這種認識在一切所說的領域上，都是小學生似的非常幼稚——更正確點說，爲什麼經過先期的根本『淨化』之後所餘留下來的東西，不能最後地完全轉入於「預備智識的行列」內，其實牠也就從來沒有脫離過這一行列。自然杜林先生一隻耳朶聽到，在社會主義社會中，勞働及教育，將被合併起來，因之，新起的世代將擔保着有多方面的技術訓練，以及科學教育的實際基礎；他於是就按着老調子，利用這點於共同社會的公社之中，因爲我們看到杜林的將來生產中，以前的分工，大體都是平安地保存下來的，所以這種技術的學校教育，就喪失後日一切實際的應用，喪失任何對於生產本身的意義；牠在杜林體系上，祇抱着教育的目的，即代替體育，關於體育，我們的這位激進的革命者，就是連聽也不願意聽。這就是爲什麼杜林先生在這部分上除了『青年人及老年人應該在嚴格的意義下作工』那樣不可捉摸的幾句空話以外，再沒有說出什麼東西來。這種沒有根底的沒有內容的空話，和馬克思在資本論上所說的比較起來，眞是可憐到了極點，馬克思在資本論上（五〇八——五一八頁）闡發這樣的見解『像在歐文書上所能詳細看到的，從工廠制度上，產生將來教育的萌芽，在將來的社會中，某種年齡以上的兒童，將把教育體育和生產勞働聯合起來，這不但是增加社會生產的方法，而且，是造成多方面發展的人之唯一方法』。

我們不再說及將來大學的問題，在這大學中，現實哲學將是一切智識的中樞，而在醫科之外，還發展着法科；我們也不管『特殊專門學校』，關於這種學校，我們知道牠們預定祇有兩三種課程。我們假定，將來的青年公民，讀完了一切學校課程，這樣地『立住了脚』，使他能夠尋找妻子了。——杜林先生給他以什麽道路呢？

『因爲繁殖對於強健，淘汰，混和以及新質地的發展等等，具有這樣重要之意義，所以人的及非人的最後根據，大部分應該尋找於性的結合及選擇之中，進而顧及某種生殖的保證或預防。對於這個領域上的蠻暴與愚昧之審判，應該在實際上委之於更後的時代。可是『就是在現存的舊習的壓迫之下，也可以對人解說，在人的天性及人的注意是否成功的問題上，生殖的質量，比較他們的數量，更爲重要。眞的，在一切時代，在一切法律狀態之下　畸形人均被排除，可是從平常人到畸形人，到幾乎失去人形的人之間。還有許多階層的梯子。如果採取辦法，來預防醜惡的人的出現，那麽這顯然是有利之事』。在別一個地方，也是同樣的說着：『哲學的思考，毫不困難地理解到，尚未產生的世界，有權要求更好的體格……受胎的時機，至少生殖的時機，使人可以在這方面採用預防的辦法，至少也要除去不合宜的分子』。更往下：『當人們負担起比較地不藝術的，可是對於數百人命運更重要的任務之時，就是當人從血肉中完成人的體格之時，那種在大理石上把人理想化的希臘藝術，就再也不能保持牠的以前的歷史意義了。上述的任務，不祗是石頭的藝術；牠的美學也，不是在於死形式的觀察』等等。

我們將來的公民，從天空中跌下來了。在成婚之時，事情不是在於石頭的藝術，不是在於死形式的觀察，這些他即使沒有杜林先生，也是知道的可是杜林先生答應過，他可以按照事物進程及其自身本性所開闢的一切道路，自由前進，以尋找婦人的心及其所屬的肉體。可是『更深刻的嚴格的道德』厲聲地對他申斥道，『不能』。首先應該屏棄性的結合與選擇之領域上的蠻暴與愚魯，並且顧到新產生的世界要求更好體格之權利。在這個莊嚴的時機，我們的青年公民，負担起任務，要從血肉中，完成人的構造，而成爲這方面的費忌(Pnidias紀元前500？—432，有名的建築家及彫刻家)。怎樣去幹呢？杜林先生的上述神祕的話 絲毫沒有在這方面給他以一種指示，雖然自己說這是一種『藝術』或許已『在杜林先生眼前，大概地』具有這種藝術的指南，好像現時在德國書店內密封地流行着的那些本子一樣？——眞的，我們在這上面，已經不是處在共同社會的王國而是處在『魔笛』(『Zauberflöte』 Mozart 的作品）的王國，其差別之點，祇是在於共濟會牧師柴拉斯特羅(Sarastro，『魔笛』中之一個人物』)，和我們的更深刻更嚴格的道德家相較，簡直還算不上『二等僧侶』。牧師對於他們之下的一對戀人所作的試驗，和杜林先生在未允許二個主權的個人，進入『道德的自由的婚姻』狀態之前強迫他們去做的可怕的試驗相較，簡直是一種兒戲。結果或許這樣，雖然我們的『立住了脚』的泰明諾，兩隻脚都立在所謂絕對物之上，可是他的一隻脚，離開正常地位二三級，所以快口的人，就說他是跛足。同樣的，也會有這樣的可能：即他所愛的將來派明娜，不是完全平衡地立於上述的絕對物之上，因爲輕易地偏於右肩，於是猜忌的人們就把這種移動，稱爲小佝僂。那時怎麼辦呢？我們的更深刻與更嚴格的柴拉斯特羅，還是禁止他們從血肉中實行完成製人的藝術，還是對於他們採取受胎時的預防辦法，或是在『生殖』時採取淘汰無用分子的辦法呢？十分中有九分，是說事情將採取別一種結局，即，相愛的一對戀人，將掉首不顧我們的柴拉斯特羅——杜林，而直接去找登記婚姻的官員了，止，——杜林先生將立起來喊着。你們沒有懂得我。讓我來說，在具有『健全的性的結合之更高的眞相人間的動機之時，……性的衝動的人間最高貴的形態——其最高階段爲情熱的戀愛——正是雙方在結果上也很美滿的結合之最好保證；……從和協的關係上，得到一種具着和協特徵的產物，這是非常自然的自生的結果。從這上面，又得出結論，即任何強迫，一定要發生壞影響』等等。所以在『公共社會公社』的最好公社中，一切都非常美滿地解决。滿足的男與倜儻的女，相互戀愛，所以是雙方到達和協的『自生結果』的最好保證；一切都好像小說一樣，他們相互愛戀，於是結婚。深刻的嚴格的道德，還是照常的以和協的荒唐爲結束。

杜林先生在婦女問題上抱着怎樣高尙的觀念，這儘可以從他對於現代社會的非難上看到：『在那以壓迫及人的賣買爲根據的社會裏，賣淫被承認爲強制婚姻的自然的補充，這是爲男子而存在的；對於婦人不能有同樣的情形，這一事實，是很顯然的，同時是非常有意義的事實』。在這上面，婦人們對於杜林先生恭維話的感謝，我是無論如何也不願意受的。此外，難道杜林先生完全不知道現在並非怎樣特別的一種進款——所謂女子的倒貼，杜林先生曾候補過法官，並且住在伯林，在那個時候，即在三十六年前，不要說士官，就是候補司法官 Referendarius）也常是和倒貼（Schürzenstipendiarius）互相押韻的（即相聯的）。

讓我來高高興興地和那些常時乾燥無味的題目訣別罷。因爲我們不能不辯駁各個疑點，所以我們的判斷，總是和客觀的無可疑難的事實相聯的；根據這些事實，常時不能不說出尖銳的，甚至酷虐的話來。現在，當我們離開哲學，經濟學以及共同社會的公社之時，當以前我們祇就個別特殊之點去評判的這位作者之全身形像，已經呈現於我們眼前之時，——現在我們可以把人性的顧慮，提到前面來；現在我們可以讓自己用著者即（杜林）的個性，來說明許多非此不能明瞭的，著者的科學上的迷亂及其武斷，而把我們對於杜林先生的判斷，用下面的話總括起來：因誇大妄想而毫不負責。

反杜林論

一九三二年七月十日出版

1—2000册

實價一元五角

反杜林論

恩格斯著

吳理屏譯

筆耕堂書店發行

上海愛文義路西藏

路口植隆坊四號